九州文库

金融发展对银行危机与经济恢复的影响

——基于全球视角的实证研究

黄 迅 著

九州出版社
JIUZHOUPRESS

图书在版编目（CIP）数据

金融发展对银行危机与经济恢复的影响：基于全球
视角的实证研究 / 黄迅著 . -- 北京：九州出版社，
2025. 1. -- ISBN 978-7-5225-3480-0

Ⅰ. F830. 22；F014. 84

中国国家版本馆 CIP 数据核字第 20255AV739 号

金融发展对银行危机与经济恢复的影响：基于全球视角的实证研究

作　　者　黄　迅　著
责任编辑　沧　桑
出版发行　九州出版社
地　　址　北京市西城区阜外大街甲 35 号 （100037）
发行电话　（010）68992190/3/5/6
网　　址　www.jiuzhoupress.com
印　　刷　唐山才智印刷有限公司
开　　本　710 毫米×1000 毫米　16 开
印　　张　18
字　　数　284 千字
版　　次　2025 年 3 月第 1 版
印　　次　2025 年 3 月第 1 次印刷
书　　号　ISBN 978-7-5225-3480-0
定　　价　98. 00 元

前　言

　　近年来随着金融自由化政策的大力推行以及金融创新的持续推进，全球金融系统已经历了快速发展。在更为有效地管理风险与配置资源从而推动经济发展的同时，金融发展也很可能增加金融市场的信息不对称程度，导致道德风险上升，从而加深银行业的脆弱性，造成银行危机爆发的概率显著上升，甚至加深银行危机的破坏性。根据 Laeven and Valincia（2018）对于银行危机爆发时间的统计可知，银行危机爆发次数大幅增加的时期，也是金融发展最为猛烈的时期。而据 Reinhart and Rogoff（2014）统计，次贷危机后，德国、美国的人均产出在较短的时间就能得以恢复（德国为 3 年，美国为 6 年），但希腊、葡萄牙等国的人均产出却持续了较长的恢复时间（希腊、葡萄牙都为 12 年），恢复时间呈现出的差距也在一定程度上体现了不同国家（地区）金融发展水平的差异。尽管理论与实践皆表明了金融发展与银行危机爆发以及危机后经济恢复速度间具有紧密的联系，但这样的联系是否就客观存在？若存在，其紧密程度如何？通过金融发展是否能真正地实现对银行危机的预警？这些都成为当前学者需要探讨与解决的关键问题。

　　基于此，本书首先从"债务—通缩"理论、金融市场的信息不对称理论、行业生命周期假说、金融自由化理论、信贷周期理论与耗散结构理论出发，分析了金融发展对银行危机爆发以及对经济恢复速度的线性与非线性影响效应。其次，本书基于金融结构理论与金融功能理论，将机构与市场两大结构维度与深度、包容性与效率三大功能维度进行交叉，构建了矩阵型金融发展指标体系，并运用 PCA 方法合成金融发展指数，进而对全球部分国家和地区的金融发展水平进行了测度研究。再次，本书构建了面板 Logit 模型与 BCT 模型对金融发展与银行危机爆发间的线性与非线性关系进行了实证研究。然后，本书采用五年均值测度法对银行危机后经济恢复速度进行测度，运用K-M方法对经济恢复速度特征进行刻画，并构建Cox模型对金融发展与银行危机后经济恢复速度间的关系进行实证研究。最后，本书构建了包含银行危机爆发预测体系与经济恢复速度预测体系在内的银行危机预警体系，并从多角度探讨了本书构建的预警体系的准确性与科学性。通过上述实证研究，本书获得如下结论：

（1）本书构建的金融发展指标体系具有体系完整、指标丰富、时间跨度大等优势。且通过对全球各国（地区）的金融发展水平测度发现，金融发展水平较低的国家（地区）多集中在经济不太发达的区域，而金融发展水平较高的国家（地区）多集中在经济更为发达的区域，同时，高收入组别与中等收入组别以及与低收入组别的金融发展水平差距随时间的推进在逐步扩大。

（2）整体来看，金融发展水平过高将加大银行危机爆发的概率。但具体来看，金融深度和金融包容性的增强以及金融机构的发展更加容易引发银行危机；而金融效率的提升与金融市场的发展需要保持在合理的区间，越高或越低都更加容易引发银行危机；金融市场包容性的增强则能够提升银行体系的稳定性。

（3）银行危机后全球各国（地区）的经济恢复时间都不太长，恢复速度由快到慢分别为低收入、中等收入与高收入组别。更为重要的是，银行危机前金融发展水平越高，危机后经济恢复速度将越慢，这也体现在金融深度、金融包容性、金融效率、金融机构与金融市场上。进一步，危机前金融机构深度、金融机构效率与金融市场深度的扩张也会减缓危机后经济的恢复速度。

（4）基于本书的金融发展指数所构建的面板Logit模型和Cox模型分别在银行危机爆发预测以及经济恢复速度的预测上具有最为优异的性能。

本书得到国家自然科学基金青年项目（72201042）、教育部人文社会科学研究一般项目（21YJC790115）、四川省自然科学基金青年项目（2023NSFSC1027）、成都大学人文社会科学出版资助基金（CBZZ202410）的资助。

本书由我统稿总纂，成都大学马胜教授担任本书主审，对本书的总体设计与构思提出了很多宝贵有益的指导性意见，成都大学许欣欣副教授参与了"绪论"章节的撰写与其余部分章节的讨论，刘永冠老师参与了第一章的撰写并协助统稿，研究生赵晶鑫、张榕哲、李海荣、邵祥菁、李有权在文献与数据资料的收集与整理方面付出了辛苦。同时，在编写过程中，也得到了我的博士生导师、西南财经大学中国金融研究院王鹏教授的悉心指导。在此，谨向他们表示衷心的感谢。

受作者学识所限，书中难免有不足之处，恳请读者和同行批评指正。

黄　迅

2024 年 1 月

目 录
CONTENTS

绪　论

一、研究背景与意义

金融全球化与一体化趋势的迅猛发展，在加深各国金融市场联系、促进各国金融工具创新的同时，也削弱了金融体系的稳定性，从而催生了金融危机的多发性与系统性特征。从全球视角来讲，近几十年爆发的金融危机数量多达数百次，金融危机的多发性特征明显；同时，单个金融机构的危机也通常会演变成整个金融系统的危机，甚至单个国家的金融危机也很可能导致区域性乃至全球性金融危机，金融危机的系统性特征显著。正是金融危机逐渐呈现出多发性与系统性特征，使得全球金融安全面临着愈加严峻的威胁与挑战（靳玉英和周兵，2014）。如何有效地预警金融危机，从而维护金融安全与稳定，就成为各国政府关注的重要问题之一。

金融危机的表现形式主要为货币危机（Currency Crisis）、银行危机（Banking Crisis）和主权债务危机（Sovereign Debt Crisis）（Laeven and Valencia，2018）。据 Laeven and Valencia（2018）对全球绝大部分国家（地区）1970 年至 2011 年的数据资料进行统计发现，银行危机爆发的次数较主权债务危机更多（主权债务危机仅为 66 次，银行危机高达 147 次），而对产出造成的损失又较货币危机更大（货币危机的损失占潜在 GDP 的比重仅为 3.04%，银行危机的损失占潜在 GDP 的比重高达 19.74%）[①]。甚至大量研究证明，银行危机通常先于货

[①]　LAEVEN L，VALENCIA F. Systemic banking crises database [J]. *IMF economic review*，2013，61（2）：225-270.

币危机和主权债务危机爆发，表明银行危机对货币危机和主权债务危机具有预示意义①②③④。因此，银行危机表现出的高频发性、强损失性与可预示性使其较货币危机与主权债务危机更加受到学界与业界的关注，因而也使得银行危机预警这一主题具有更为重要的理论与现实意义。

为有效预警银行危机，目前最为普遍的做法是基于不同维度的先行指标构建模型对银行危机爆发进行预测，从而达到预警的目的。然而，预警的最终目的并非仅是对银行危机爆发的预防，因为事实上任何模型都无法实现对于银行危机的精准预测。譬如尽管自亚洲金融危机以来，对于预测模型的探索已如火如荼地展开，但次贷危机的爆发却有力地质疑了危机预测的有效性⑤。预警的最终目的是还需要尽可能地降低银行危机对于经济造成的损失，这就要求对银行危机后经济的恢复速度进行准确预测，从而才能提前采取措施缩短银行危机的持续时间，降低银行危机的负面影响。由此可见，要真正实现对于银行危机的预警，既要重视对银行危机爆发的预测，又不能忽视对银行危机后经济恢复速度的预测。

值得注意的是，近年来随着金融自由化政策的大力推行以及金融创新的持续推进，全球金融系统已经历了快速发展⑥。在更为有效地管理风险与配置资源从而推动经济发展的同时，金融发展也很可能增加金融市场的信息不对称程度，导致道德风险上升，从而加深银行业的脆弱性，造成银行危机爆发的概率显著

① FRATZSCHER M, MEHL A, VANSTEENKISTE I. 130 years of fiscal vulnerabilities and currency crashes in advanced economies [J]. *IMF economic review*, 2011, 59: 683-716.

② KAMINSKY G, REINHART C. The twin crises: The causes of banking and balance-of-payments problems [J]. *American economic review*, 1999, 89 (3): 473-500.

③ REINHART C, ROGOFF K. From financial crash to debt crisis [J]. *American economic review*, 2011, 101 (5): 1676-1706.

④ ROSSI M. Financial fragility and economic performance in developing countries [R]. IMF working papers, 1999, No. 99/66.

⑤ 杨权. 全球金融危机后早期预警模型的新进展及其困境 [J]. 国外社会科学, 2013 (1): 74-81.

⑥ BECK T, CHEN T, LIN C, et al. Financial innovation: The bright and the dark sides [J]. *Journal of banking and finance*, 2016, 72: 28-51.

提升，甚至加重银行危机的破坏性①。根据 Laeven and Valincia（2018）对于银行危机爆发时间的统计可知②，银行危机爆发次数大幅增加的时期，也是金融发展最为猛烈的时期。而据 Reinhart and Rogoff（2014）统计③，次贷危机后，德国、美国等国的人均产出在较短的时间就能得以恢复（德国为 3 年，美国为 6 年），但希腊、葡萄牙等国人均产出的恢复却持续了较长时间（希腊、葡萄牙都为 12 年），恢复时间呈现出的差距也在一定程度上体现了不同国家（地区）金融发展水平的差异。尽管理论与实践皆表明了金融发展与银行危机爆发以及危机后经济恢复速度间具有紧密的联系，但这样的联系是否客观存在？若存在，其紧密程度如何？通过金融发展能否真正地实现对银行危机的预警？这些都成为当前学者需要探讨与解决的关键问题。

基于上述分析，本书试图从全球视角出发，探讨金融发展对银行危机爆发以及危机后经济恢复速度的影响效应，并进一步基于实证结果构建银行危机预警系统，从而为银行危机预警的理论与实践提供参考价值。

二、核心概念界定

（一）银行危机

银行危机中的银行是指除中央银行、各种保险公司、各种类型的基金以外的金融中介机构，其核心是商业银行。当一国（地区）的一家或多家银行出现危机，则称为"Bank Failure"，这不能算作真正意义上的银行危机。只有当一国（地区）的大多数银行出现危机而导致整个银行业发生系统性危机，才能称为"Banking Crisis"。本书研究的主要对象特指"Banking Crisis"（如无特殊说明，书中提及的银行危机皆指"Banking Crisis"）。对于银行危机的界定，本书主要

---

① RAJAN R G. Has financial development made the world riskier? ［R］. NBER working paper, 2005, No. 11728.

② LAEVEN L, VALENCIA F. Systemic banking crises revisited ［R］. IMF working paper, 2018, No. 18/206.

③ REINHART C, ROGOFF K. Recovery from financial crises: Evidence from 100 episodes ［J］. *American economic review*, 2014, 104 (5): 50-55.

参考 Laeven and Valencia（2013，2018）的研究成果①②。Laeven and Valencia（2013，2018）认为若银行体系出现明显的财务困境现象，如明显的银行挤兑、银行经营亏损、银行清算等，则认定银行危机出现。但 Laeven and Valencia（2013，2018）也指出，财务困境这一条件无法定量化，因此，Laeven and Valencia（2013，2018）又增加了另一条件，即若政府被迫实施明显的政策干预措施，则也可以识别为银行危机事件爆发。并对"明显的政策干预措施"进行了解释，认为需要至少满足如下 6 项措施中的 3 项即可：（1）存款冻结或银行休假；（2）明显的银行国有化；（3）明显的政府担保；（4）明显的资产收购（资产收购总额占当年 GDP 的比重达到 5% 及以上）；（5）银行重组的总成本占当年 GDP 的比重达到 3% 及以上；（6）大规模的流动性支持（央行向商业银行的贷款超过银行体系总存款的 5%）。文献综述部分将对"银行危机"这一概念进行更为详细的阐述。

（二）经济恢复速度

经济恢复速度是指一国（地区）在爆发银行危机后，经济恢复到某种特定状态的快慢程度，一般用银行危机爆发后经济恢复到某个阈值水平所经历的时间来衡量。对于阈值水平的设定，本书将在第四章进行更为详细的阐述。而银行危机的爆发总会对经济造成损失，这是不争的事实。因此，尽可能提升经济恢复速度，从而降低银行危机带来的经济损失就显得特别重要。

（三）金融发展

尽管大量学者都围绕金融发展主题展开了研究，但对于金融发展这一概念迄今为止仍未形成统一的定义。通过对已有研究的分析可知，金融发展的定义既包含从金融结构理论进行的定义，也包含从金融功能理论进行的定义。

金融结构理论从宏观视角出发，认为金融资产的发展规模与金融中介的数量可以反映金融发展水平。Gurley and Shaw（1960）最早认为金融发展表现为金

---

① LAEVEN L, VALENCIA F. Systemic banking crises database［J］. *IMF economic review*, 2013, 61（2）：225-270.

② LAEVEN L, VALENCIA F. Systemic banking crises revisited［R］. *IMF working paper*, 2018, No. 18/206.

融市场中银行、非银行金融机构数量的增多以及金融资产流动性的提高①。
Goldsmith（1969）明确提出金融发展的概念，即金融发展是指金融结构的变化，
并将金融结构定义为各种金融工具与金融机构的相对规模②。进一步，
McKinnon（1973）和 Shaw（1973）将金融发展等同于金融深化，认为金融发展
表现为金融资产规模、金融工具和金融机构的扩张③④。显然，Gurley and Shaw
（1960）、Goldsmith（1969）、McKinnon（1973）和 Shaw（1973）都以金融结构
为切入点定义金融发展，虽然能够量化金融发展，使金融发展的测度直观容易，
但却忽略了对金融发展质量的重视，从而很可能导致一国为追求金融发展而盲
目扩大金融规模⑤。

　　金融功能理论是从微观视角出发对金融发展进行定义。Levine（1997）基于
Merton（1995）提出的金融功能观，将金融发展的定义与金融功能联系在一起，
认为金融发展就是金融体系所提供的服务和功能的优化过程⑥⑦。显然，较结构
理论注重金融发展的数量，功能理论则更为重视金融发展的质量。二者互为补
充，相得益彰。

---

① GURLEY J G，SHAW E S. *Money in theory of finance* ［M］. In：Washington D. C.，
brookings institution，1960.

② GOLDSMITH R W. *Financial structure and development* ［M］. In：New Haven，yale university
press，1969.

③ MCKINNON R I. *Money and capital in economic development* ［M］. In：Washington D. C.，
brookings institution，1973.

④ SHAW E S. *Financial deepening in economic development* ［M］. In：London，oxford university
press，1973.

⑤ 白钦先. 金融结构、金融功能演进与金融发展理论的研究历程 ［J］. 经济评论，2005
（3）：39-45.

⑥ LEVINE R. Financial development and Economic growth：Views and agenda ［J］. *Journal of
economic literature*，1997，35（2）：688-726.

⑦ MERTON R C. A functional perspective of financial intermediation ［J］. *Financial
management*，1995，24（2）：23-41.

基于上述分析，本书将金融结构理论与金融功能理论相结合，从宏观与微观视角出发，涵盖金融发展的数量与质量特征，对金融发展进行如下定义：金融发展是指金融规模不断扩大、金融结构不断优化、金融体系功能不断完善的过程。

三、国内外文献综述

（一）关于金融发展测度的文献回顾

探讨金融发展对银行危机爆发以及危机后经济恢复速度的影响，首先就需要对金融发展进行测度。其中既包含金融发展指标体系的构建，也包含金融发展指数的构建。

关于金融发展指标体系的构建，学者们最初仅通过单一指标来刻画金融发展水平。最早由 Goldsmith（1969）提出金融相关率（Financial Interrelations Ratio，FIR）指标，该指标是由某一时点上现存金融资产总额与国民财富之比来表示，并通过金融资产总值代表金融资产总额以及国内生产总值（Gross Domestic Product，GDP）代表国民财富，从而简化了金融相关率的计算方法①。后续部分研究，如 Butler and Cornaggia（2011）、周立和王子明（2002）、赵勇和雷达（2010）、黄智淋和董志勇（2013）、李苗苗等（2015）、钱雪松等（2017）、吕朝凤（2017）、方福前和邢炜（2017）、吕朝凤和黄梅波（2018）皆使用了金融相关率（大部分研究都以金融机构存贷款余额与 GDP 之比这一指标

---

① GOLDSMITH R W. *Financial structure and development* ［M］. In：New Haven，yale university press，1969.

来代表金融相关率）来刻画不同国家（地区）的金融发展水平①②③④⑤⑥⑦⑧⑨。

紧随其后，McKinnon（1973）从资金供给视角出发，认为"货币负债对国民生产总值的比率——向政府和私人部门提供银行资金的镜子——看来是经济中货币体系的重要性'实际规模'的最简单标尺"⑩，因而将货币供应量与国民生产总值之比作为刻画金融发展水平的指标，并简化为 M2 与 GDP 之比。然而，由于 M2/GDP 这一指标无法捕获金融中介储蓄向投资转化这一重要功能⑪，且无法真正衡量部分国家真实的金融深化程度⑫（黄昌利和任若恩，2004），因此仅有少数学者，如 Suleiman and Aamer（2008）、Čihák et al.（2012）、Mathonnat and Minea（2018）、王雅琦和邹静娴（2017）等，应用该指标对金融发展水平

① BUTLER A W, CORNAGGIA J. Does access to external finance improve productivity? Evidence from a natural experiment [J]. *Journal of finance economics*, 2011, 99 (1): 184-203.

② 周立，王子明. 中国各地区金融发展与经济增长实证分析：1978-2000 [J]. 金融研究，2002 (10)：1-13.

③ 赵勇，雷达. 金融发展与经济增长：生产率促进抑或资本形成 [J]. 世界经济，2010 (2)：37-50.

④ 黄智淋，董志勇. 我国金融发展与经济增长的非线性关系研究——来自动态面板数据门限模型的经验证据 [J]. 金融研究，2013 (7)：74-86.

⑤ 李苗苗，肖洪钧，赵爽. 金融发展、技术创新与经济增长的关系研究——基于中国的省市面板数据 [J]. 中国管理科学，2015 (2)：162-169.

⑥ 钱雪松，谢晓芬，杜立. 金融发展、影子银行区域流动和反哺效应——基于中国委托贷款数据的经验分析 [J]. 中国工业经济，2017 (6)：60-78.

⑦ 吕朝凤. 金融发展、不完全契约与经济增长 [J]. 经济学（季刊），2017, 17 (1)：155-188.

⑧ 方福前，邢炜. 经济波动、金融发展与工业企业技术进步模式的转变 [J]. 经济研究，2017 (12)：76-90.

⑨ 吕朝凤，黄梅波. 金融发展能够影响 FDI 的区位选择吗 [J]. 金融研究，2018 (8)：137-154.

⑩ [美] 罗纳德·麦金农. 经济发展中的货币与资本 [M]. 卢骢，译. 上海：三联书店上海分店，1998.

⑪ BECK T, DEMIRGUC - KUNT A, LEVINE R. A new database on the structure and development of the financial sector [J]. *The world bank economic review*, 2000, 14 (3)：597-605.

⑫ 黄昌利，任若恩. 中国的 M2/GDP 水平与趋势的国际比较、影响因素：1978-2002 [J]. 中国软科学，2004 (2)：61-65.

进行刻画①②③④。

　　进一步，King and Levine（1993）明确指出，Goldsmith（1969）提出的金融相关率指标仅揭示了金融机构的规模，并未揭示金融体系的功能⑤。因此，King and Levine（1993）从金融功能理论出发，提出了4个测度指标，即金融体系流动负债与GDP之比、存款货币银行的国内资产与存款货币银行国内资产和中央银行国内资产和之比、私营部门信贷与国内贷款总额之比、私营部门信贷与GDP之比。这为金融功能理论在金融发展中的应用开启了崭新的契机，同时也为金融发展指标体系从单一指标扩展到多指标奠定了基础。相当部分学者，如Beck et al.（2007）、Djankov et al.（2007）、Abiad et al.（2009）、Acrand et al.（2012）、Dabla-Norris and Srivisal（2013）、Bahadir and Valev（2015）、Ang and Fredriksson（2018）、Moyo and Roux（2018）、Zhu et al.（2020）、王晋斌（2007）、李富强等（2008）、周丽丽等（2014）、徐丽芳（2017）、李强和李书舒（2017）、周迪和钟绍军（2018）等，都基于King and Levine（1993）的研究

---

①　SULEIMAN A B, AAMER S A. Financial development and economic growth：The Egyptian experience［J］．*Journal of policy modeling*，2008，30（5）：887-898.

②　ČIHAK M, DEMIRGUC-KUNT A, FEYEN E, LEVINE R. Benchmarking financial systems around the world［R］．Policy research working paper，2012，No.6175.

③　MATHONNAT C, MINEA A. Financial development and the occurrence of banking crises［J］．*Journal of banking and finance*，2018，96：344-354.

④　王雅琦，邹静娴．本币币值低估、金融发展与经济增长［J］．世界经济，2017（2）：3-26.

⑤　KING R, LEVINE R. Finance, entrepreneurship and growth：Theory and evidence［J］．*Journal of monetary economics*，1993，32（3）：513-542.

成果，从银行机构视角出发设计了信贷类指标对金融发展进行测度①②③④⑤⑥⑦⑧⑨⑩⑪⑫⑬⑭⑮。

然而，由于 King and Levine（1993）构建的多指标金融发展指标体系仅针对银行机构，未涉及资本市场，因此 Demirgüc－Kunt and Levine（1996）和 Levine and Zervos（1996）从资本市场的角度构建了金融发展指标体系，从而完

---

① BECK T，DEMIRGUC－KUNT A，LEVINE R. Finance，inequality and the poor ［J］. *Journal of economic growth*，2007，（12）：27－49.

② DJANKOV S，MCLIESH C，SHLEIFER A. Private credit in 129 countries ［J］. *Journal of financial economics*，2007，84（2）：299－329.

③ ABIAD A，LEIGH D，MODY A. Financial integration，capital mobility，and income convergence ［J］. *Economic policy*，2009，24（58）：241－305.

④ ACRAND J L，BERKES E，PANIZZA U. Too much finance? ［R］. IMF working paper，2012，No. 12/161.

⑤ DABLA－NORRIS E，SRIVISAL N. Revisiting the link between finance and macroeconomic volatility ［R］. IMF working paper，2013，No. 13/29.

⑥ BAHADIR B，VALEV N. Financial development convergence ［J］. *Journal of banking and finance*，2015，56：61－71.

⑦ ANG J B，FREDRIKSSON P G. State history，legal adaptability and financial development ［J］. *Journal of banking and finance*，2018，89：169－191.

⑧ MOYO C，ROUX P L. Financial liberalisation，financial development and financial crisis in SADC countries ［R］. Department of economic working papers series，2018，No. 2018/35.

⑨ ZHU X Y，ASIMAKOPOULOS S，KIM J. Financial development and innovation－led growth：Is too much finance better? ［J］. *Journal of international money and finance*，2020，100：1－24.

⑩ 王晋斌. 金融控制政策下的金融发展与经济增长 ［J］. 经济研究，2007（10）：95－104.

⑪ 李富强，董直庆，王林辉. 制度主导、要素贡献和我国经济增长动力的分类检验 ［J］. 经济研究，2008（4）：53－65.

⑫ 周丽丽，杨刚强，江洪. 中国金融发展速度与经济增长可持续性——基于区域差异的视角 ［J］. 中国软科学，2014（2）：58－69.

⑬ 徐丽芳，许志伟，王鹏飞. 金融发展与国民储蓄率：一个倒 U 型关系 ［J］. 经济研究，2017（2）：111－123.

⑭ 李强，李书舒. 政府支出、金融发展与经济增长 ［J］. 国际金融研究，2017（4）：14－21.

⑮ 周迪，钟绍军. 空间外溢与金融发展的俱乐部趋同：以长三角城市群为例 ［J］. 管理评论，2018，30（9）：72－81.

善了 *King and Levine*（1993）提出的指标体系①②。Demirgüc–Kunt and Levine（1996）提出了如下几类指标来刻画以股票市场发展为代表的金融发展水平：（1）市场规模；（2）市场流动性；（3）市场波动性；（4）市场集中度；（5）资产定价效率；（6）监管与制度发展。Levine and Zervos（1996）则基于 Demirgüc–Kunt and Levine（1996）的指标体系，提出了包含股票市场规模、股票市场流动性以及国际资本市场融合指标三个维度的指标体系。部分学者，如 Rajan and Zingales（1998）、Love（2003）、Baltagi et al.（2009）、Xiao and Zhao（2012）、Ma and Lin（2016）、Chiu and Lee（2019）、贾俊生等（2017）、李红和谢娟娟（2018）等，综合了 King and Levine（1993）、Demirgüc–Kunt and Levine（1996）和 Levine and Zervos（1996）的成果，设计了包含银行机构和股票市场的金融发展指标体系，尤其普遍采用私营部门信贷与 GDP 之比与股市市值与 GDP 之比来刻画金融发展水平③④⑤⑥⑦⑧⑨⑩。

　　不过，尽管 King and Levine（1993）、Demirgüc–Kunt and Levine（1996）和 Levine and Zervos（1996）的结合能够使金融发展指标体系涵盖银行机构与股票市

---

①　DEMIRGUC–KUNT A，LEVINE R. Stock market development and financial intermediaries：Stylized facts［J］. *The world bank economic review*，1996，10（2）：291–321.

②　LEVINE R，ZERVOS S. Stock market development and long run growth［J］. *The world bank economic review*，1996，10（2）：323–339.

③　RAJAN R G，ZINGALES L. Financial dependence and growth［J］. *American economic review*，1998，88：559–586.

④　LOVE I. Financial development and financing constraints：International evidence from the structural investment model［J］. *Review of financial studies*，2003，16（3）：765–791.

⑤　BALTAGI B H，DEMETRIADES P O，LAW S H. Financial development and openness：Evidence from panel data［J］. *Journal of development economics*，2009，89（2）：285–296.

⑥　XIAO S，ZHAO S. Financial development，government ownership of banks and firm innovation［J］. *Journal of international money and finance*，2012，31：880–906.

⑦　MA Y，LIN X K. Financial development and the effectiveness of monetary policy［J］. *Journal of banking and finance*，2016，68：1–11.

⑧　CHIU Y B，LEE C C. Financial development，income inequality，and country risk［J］. *Journal of international money and finance*，2019，93：1–18.

⑨　贾俊生，伦晓波，林树. 金融发展、微观企业创新产出与经济增长——基于上市公司专利视角的实证分析［J］. 金融研究，2017（1）：99–113.

⑩　李红，谢娟娟. 金融发展、企业融资约束与投资效率——基于 2002–2013 年上市企业面板数据的经验研究［J］. 南开经济研究，2018（4）：36–52.

场的相关指标，但仍然忽略了与非银行金融机构等其余金融机构以及与债券市场等其余资本市场相关的指标，从而激发了学界对金融发展指标体系的进一步研究。

针对已有研究的不足，Beck et al.（1999）构建了更为完整的金融发展指标体系①。该体系包含了金融机构与金融市场两个维度下的规模、活动以及效率三个维度的众多指标。该指标体系首次将非银行金融机构，如保险公司、养老基金、非存款货币银行的相关指标以及一二级债券市场的相关指标纳入其中，从而丰富了已有指标体系的内容。部分学者，如 Zhang et al.（2015）、包群和阳佳余（2008）、杜思正等（2016）、湛泳和李珊（2016）、傅贻忙等（2018）、葛鹏飞等（2018）、易信和刘凤良（2018）、刘志东和高洪玮（2019）、张宽和黄凌云（2019）、胡宗义和李毅（2019）等，也借鉴了 Beck et al.（1999）构建的金融发展指标体系，从规模、活动与效率中选择了全部或部分维度对金融发展水平进行测度②③④⑤⑥⑦⑧⑨⑩⑪。需要说明的是，尽管在上述文献中出现金融结构这一维度，且通过股市或债市市值与 GDP 之比来代表，但这些指标其实就属

① BECK T, DEMIRGUC-KUNT A, LEVINE R. A new database on financial development and structure [R]. Policy research working paper series, 1999, No. 2146.

② ZHANG C S, ZHU Y T, LU Z. Trade openness, financial openness, and financial development in China [J]. *Journal of international money and finance*, 2015, 59：287-309.

③ 包群，阳佳余. 金融发展影响了中国工业制成品出口的比较优势吗 [J]. 世界经济，2008（3）：21-33.

④ 杜思正，冼国明，冷艳丽. 中国金融发展、资本效率与对外投资水平 [J]. 数量经济技术经济研究，2016（10）：17-36.

⑤ 湛泳，李珊. 金融发展、科技创新与智慧城市建设——基于信息化发展视角的分析 [J]. 财经研究，2016，42（2）：4-15.

⑥ 傅贻忙，周建军，周颖. 金融发展、空间效应与房地产库存——理论解释与实证检验 [J]. 系统工程，2018，36（10）：14-29.

⑦ 葛鹏飞，黄秀路，徐璋勇. 绿色全要素生产率提升——来自"一带一路"的经验证据 [J]. 财经科学，2018（1）：1-14.

⑧ 易信，刘凤良. 金融发展与产业结构转型——理论及基于跨国面板数据的实证研究 [J]. 数量经济技术经济研究，2018（6）：21-39.

⑨ 刘志东，高洪玮. 东道国金融发展、空间溢出效应与我国对外直接投资——基于"一带一路"沿线国家金融生态的研究 [J]. 国际金融研究，2019（8）：45-55.

⑩ 张宽，黄凌云. 金融发展如何影响区域创新质量？——来自中国对外贸易的解释 [J]. 国际金融研究，2019（9）：32-42.

⑪ 胡宗义，李毅. 金融发展对环境污染的双重效应与门槛特征 [J]. 中国软科学，2019（7）：68-80.

于 Beck et al.（1999）指标体系中股市与债市规模维度中的指标，因此可以将上述文献中金融结构这一维度归入规模维度中。

Beck et al.（2008）进一步关注了金融体系的包容性①，将可达性（Reach）这一维度纳入了 Beck et al.（1999）的指标体系中，并将 Beck et al.（1999）的指标体系中规模与活动两个维度合并成规模这一个维度。因此，Beck et al.（2008）构建的金融发展指标体系包含金融机构与金融市场两个维度下的规模、效率与可达性三个维度的 27 项指标，且其中 10 项指标被确定为核心指标：存款货币银行的私营部门信贷/GDP、银行存款/GDP、银行净息差、每 10 万人拥有的自动取款机（Automatic Teller Machine，ATM）数量、机构投资者总资产/GDP、股市总市值/GDP、上市公司数量、股市换手率、私营部门债券余额/GDP、公共部门债券余额/GDP。

与 Beck et al.（2008）一样，Beck et al.（2010）同样对 Beck et al.（1999）构建的金融发展指标体系进行了完善。但与 Beck et al.（2008）关注金融体系包容性不同，Beck et al.（2010）从影响金融体系的因素出发，纳入了稳定性这一维度，并通过设计银行体系的 Z 值，即（资产收益率+资本占资产之比）/资产收益率的标准差来表示②。

进一步，Čihák et al.（2012）吸收并改进了 Beck et al.（2008）与 Beck et al.（2010）的研究成果，将规模与活动维度合并为深度维度，保留了效率维度，替换可达性维度为包容性（也叫普惠性，Inclusion）或渠道（Access）维度，将稳定性维度从金融机构扩展到金融市场③。因此，Čihák et al.（2012）形成了一个 4×2 矩阵的金融发展指标体系，且在每个维度中都指定了一个核心指标：金融机构深度维度为私营部门信贷/GDP，金融机构包容性维度为每千人拥有的商业银行账户数，金融机构效率维度为银行净息差，金融机构稳定性维度为银行

①　BECK T, FEYEN E, IZE A, et al. Benchmarking financial development [R]. Policy research working paper series, 2008, No. 4638.

②　BECK T, DEMIRGUC‐KUNT A, LEVINE R. Financial institutions and markets across countries and over times: The updated financial development and structure database [J]. *The world bank economic review*, 2010, 24（1）: 77-92.

③　CIHAK M, DEMIRGUC‐KUNT A, FEYEN E, et al. Benchmarking financial systems around the world [R]. Policy research working paper, 2012, No. 6175.

体系的 Z 值，金融市场深度维度为股市总市值与国内私营部门债券未偿余额之和与 GDP 之比，金融市场包容性维度为除股票市值排前 10 的上市公司外的其余上市公司的股票市值总和占整个股市市值的比率，金融市场效率维度为股市换手率，金融市场稳定性维度为股指和主权债券指数的波动率。

然而，正如 Svirydzenka（2016）所指出的那样，金融发展指标体系的功能在于刻画金融发展的特征①，如金融深度、金融包容性与金融效率所体现的金融发展数量与质量特征，但金融稳定性却是影响金融发展特征的因素，不能作为特征本身来测度金融发展水平。因此，Sahay et al.（2015）、Svirydzenka（2016）仅保留了 Čihák et al.（2012）指标体系中的深度维度、包容性维度与效率维度来构建金融发展指标体系②。Naceur et al.（2019）应用 Sahay et al.（2015）和 Svirydzenka（2016）的研究成果对金融发展水平进行了测度，并探讨了其与银行危机爆发之间的关系③。

令人遗憾的是，上述大部分文献都只是构建了金融发展指标体系，并未进一步构建金融发展指数对金融发展水平进行测度，这大大限制了金融发展指标体系学术与实践价值的进一步挖掘。为此，Levine（2002）和 Beck and Levine（2002）提出运用主成分分析法（Principle Component Analysis，PCA）（Nardo et al.，2005）将所有单个指标汇总成为金融发展指数④⑤。随后，Sahay et al.（2015）、Svirydzenka（2016）、Mathonnat and Minea（2018）、Naceur et al.（2019）、姚耀军和董钢锋（2015）、杜思正等（2016）等学者都基于构建的金

① SVIRYDZENKA K. Introducing a new broad-based index of financial development［R］. IMF working paper，2016，No. 16/5.
② SAHAY R，CIHAK M，N'DIAYE P，et al. Rethinking financial deepening：Stability and growth in emerging markets［R］. IMF staff discussion note，2015，No. SDN/15/08.
③ NACEUR S B，CANDELON B，LAJAUNIE Q. Taming financial development to reduce crises ［J］. *Emerging markets review*，2019，40：1-15.
④ LEVINE R. Bank-based or market-based financial systems：Which is better?［J］. *Journal of financial intermediation*，2002，11（4）：398-428.
⑤ BECK T，LEVINE R. Industry growth and capital allocation：Does having a market-or bank-based system matter?［J］. *Journal of financial economics*，2002，64（2）：147-180.

融发展指标体系①②③④⑤⑥，运用 PCA 方法计算金融发展指数，并开展了各国（地区）金融发展水平对比、金融发展与经济发展关系研究、金融发展与危机爆发关系研究等不同主题的学术研究，从而奠定了 PCA 方法在金融发展指数构建中的重要地位。

　　基于以上分析可知，随着研究的不断深入，金融发展指标体系也逐渐完善，从最初的单变量指标扩展到多变量指标体系，从最初的仅基于金融结构理论的指标体系衍变为基于金融结构理论与金融功能理论的指标体系，从最初的银行维度指标体系发展为包含金融机构与金融市场维度的指标体系，从最初的单一维度扩展到多维度的指标体系，并最终形成了金融机构与金融市场两大结构维度交叉深度、包容性与效率三大功能维度的金融发展指标体系。同时基于该指标体系，PCA 又成为金融发展指数构建的核心方法。但值得注意的是，尽管上述 3×2 矩阵的金融发展指标体系最为科学可靠，但究竟各维度下的指标应该如何选择，以及金融发展指数究竟应该以何种方式通过 PCA 计算产生，学界都尚未达成统一，这也成为本书在金融发展测度研究中需要探讨的重要问题。

　　（二）关于银行危机界定的文献回顾

　　对于银行危机的界定，大量文献都予以了充分解释。Sundararajan and Baliño（1991）认为银行危机是指由于多家金融机构的负债超过其资产的市场价值，从而导致整个银行系统不良贷款率上升、出现大量挤兑、体系崩溃、银行部门大

---

①　SAHAY R，CIHAK M，N'DIAYE P，et al. Rethinking financial deepening：Stability and growth in emerging markets［R］. IMF staff discussion note，2015，No. SDN/15/08.

②　SVIRYDZENKA K. Introducing a new broad-based index of financial development［R］. IMF working paper，2016，No. 16/5.

③　MATHONNAT C，MINEA A. Financial development and the occurrence of banking crises［J］. *Journal of banking and finance*，2018，96：344-354.

④　NACEUR S B，CANDELON B，LAJAUNIE Q. Taming financial development to reduce crises［J］. *Emerging markets review*，2019，40：1-15.

⑤　姚耀军，董钢锋. 中小企业融资约束缓解：金融发展水平重要抑或金融结构重要？——来自中小企业板上市公司的经验证据［J］. 金融研究，2015（4）：148-161.

⑥　杜思正，冼国明，冷艳丽. 中国金融发展、资本效率与对外投资水平［J］. 数量经济技术经济研究，2016（10）：17-36.

规模国有化、政府被迫干预等困境①。但 Sundararajan and Baliño（1991）的研究并未确定出各国（地区）银行危机的具体时间，因而对于银行危机的后续研究并不能给予实质性的帮助。Caprio and Klinglebiel（1996，1999）认为银行危机是指大部分甚至所有银行的资本出现枯竭②③，并进一步通过公开资料与金融业专家的采访资料对各国（地区）银行危机的时间进行了确定，研究成果也被 Hagen and Ho（2007）、Noy（2004）、Duttagupta and Cashin（2011）应用于实证研究中④⑤⑥。然而，由于对银行资本枯竭这一事实无法准确地进行定量化描述，过多地依赖专家的主观判断使得 Caprio and Klinglebiel（1996，1999）对于银行危机爆发时间的确定缺乏可靠性。

在 Caprio and Klinglebiel（1996，1999）研究的基础上，Demirgüc-Kunt and Detragiache（1998）基于 65 个国家（地区）1980 年至 1994 年的样本数据进行研究认为，银行危机是指银行部门破产或出现流动性枯竭，在未受到来自于货币与监管部门特殊救助的情况下将无法持续经营⑦。并进一步提出了判定银行危机的四条具体标准：（1）政府救助银行体系所花费的财政成本不小于 GDP 的2%；（2）银行体系出现大规模国有化；（3）银行体系出现大规模银行挤兑或者政府为救助银行体系而采取诸如存款冻结、银行休假、全额担保等紧急措施；（4）整个银行体系中不良资产规模占总资产规模的比例超过 10%。只要满足上述一条及以上的标准，就认为银行体系出现的问题是系统性的，从而被定义为

①　SUNDARARAJAN V，BALINO T J T. *Banking crises：Causes and issues*［M］. In：Washington D. C. ，international monetary fund，1991.

②　CAPRIO G，KLINGEBIEL D. Bank insolvencies：Cross - country experience［R］. Policy research working paper，1996，No. 1620.

③　CAPRIO G，KLINGEBIEL D. Episodes of systemic and borderline financial crises［R］. World bank working paper，1999.

④　HAGEN J V，HO T K. Money market pressure and the determinants of banking crises［J］. *Journal of money credit and money*，2007，39：1037-1066.

⑤　NOY I. Financial liberalization prudential supervision and the onset of banking crises［J］. *Emerging markets review*，2004，5（3）：341-359.

⑥　DUTTAGUPTA R，CASHIN P. Anatomy of banking crises in developing and emerging market countries［J］. *Journal of international money and finance*，2011，30：354-376.

⑦　DEMIRGUC-KUNT A，DETRAGIACHE E. The determinants of banking crises in developing and developed countries［J］. *IMF staff papers*，1998，45：81-109.

银行危机。从 Demirgüc-Kunt and Detragiache（1998）设定的四条银行危机判定标准可以发现，前三条标准主要是从政府对银行危机的反应视角进行设定，而后一条标准主要是从银行系统自身的财务视角进行设定。进一步，Demirgüc-Kunt and Detragiache（2005）将研究区间扩展到 1980 年至 2005 年，从而对银行危机样本进行了更新①。Glick and Hutchison（1999）、Domaç and Peria（2003）、Beck et al.（2006）、von Hagen and Ho（2007）、Evrensel（2008）、Barrell et al.（2011）、Davis and Krim（2008）、Davis et al.（2011）、Karim et al.（2013）皆使用了 Demirgüc-Kunt and Detragiache（1998，2005）确定出的银行危机爆发时间进行实证研究②③④⑤⑥⑦⑧⑨⑩。

Caprio et al.（2005）仍然沿用了 Caprio and Klinglebiel（1996，1999）对于银行危机的定义，但却将样本扩展到 126 个国家（地区）并将研究区间也扩大到 1970 年至 2005 年⑪。尽管 Caprio et al.（2005）并未如 Demirgüc-Kunt and Detragiache（1998）一样设定银行危机的具体判定标准，但从 Caprio et al.

① DEMIRGUC-KUNT A, DETRAGIACHE E. Cross-country empirical studies of systemic bank distress: A survey [J]. *National institute economic review*, 2005, 192: 68-83.
② GLICK R, HUTCHISON M. Banking and currency crises: How common are the twins [R]. Working papers from Hong Kong institute for monetary research, 1999, No. 12.
③ DOMAC I, PERIA M S M. Banking crises and exchange rate regimes: Is there a link? [J]. *Journal of international economics*, 2003, 61 (1): 41-72.
④ BECK T, DEMIRGUC-KUNT A, LEVINE R. Bank concentration, competition, and crises: First results [J]. *Journal of banking and finance*, 2006, 30 (5): 1581-1603.
⑤ VON HAGEN J, HO T K. Money market pressure and the determinants of banking crises [J]. *Journal of money, credit and banking*, 2007, 39: 1037-1066.
⑥ EVRENSEL A Y. Banking crises and financial structure: A survival-time analysis [J]. *International review of economic and finance*, 2008, 17: 589-602.
⑦ BARRELL R, DAVIS E P, KARIM D, et al. How idiosyncratic are banking crises in OECD countries? [R]. Brunel university economics and finance working paper, 2011, No. 11-03.
⑧ DAVIS E P, KARIM D. Comparing early warning systems for banking crises [J]. *Journal of financial stability*, 2008, 4: 89-120.
⑨ DAVIS E P, KARIM D, LIADZE I. Should multivariate early warning systems for banking crises pool across regions? [J]. *Review of world economics*, 2011, 147 (4): 693-716.
⑩ KARIM D, LIADZE I, BARRELL R, et al. Off-balance sheet exposures and banking crises in OECD countries [J]. *Journal of financial stability*, 2013, 9: 673-681.
⑪ CAPRIO G, KLINGEBIEL D, LAEVEN L, et al. *Banking crises database* [M]. In Cambridge: cambridge university press, 2005.

（2005）确定出的银行危机样本所对应的银行危机事件描述中可以发现，94%的银行危机样本都是通过政府对银行危机的反应行为而确定出来，只有少量的银行危机样本是通过银行挤兑行为的发生以及不良贷款的统计数据而确定出来。由此可见，与 Demirgüç-Kunt and Detragiache（1998）类似，Caprio et al.（2005）也主要依靠政府对银行危机的反应行为这一重要标准来确定银行危机爆发时间。

无独有偶，Kaminsky and Reinhart（1999）也沿用了 Caprio and Klinglebiel（1996，1999）对于银行危机的定义，并结合相关的新闻纪实报道，确定出 20 个国家（地区）1970 年至 1995 年银行危机爆发时间甚至持续期①。但与 Caprio and Klinglebiel（1996，1999）不同的是，Kaminsky and Reinhart（1999）设定了两条银行危机判定标准：（1）银行挤兑导致银行体系出现破产、兼并或者被金融公共部门接管；（2）未出现银行挤兑，但银行体系出现破产、兼并、接管或者对重要金融机构实施大规模政府救助。只要满足上述至少一条标准，则可以判定一国（地区）出现了银行危机。von Hagen and Ho（2007）、Duttagupta and Cashin（2011）应用了 Kaminsky and Reinhart（1999）关于银行危机爆发时间定义的成果进行了实证研究②③。

进一步，Reinhart and Rogoff（2008，2013）也仍然沿用了 Caprio and Klinglebiel（1996，1999）对于银行危机的定义并使用了各种定量资料以及新闻信息，基于 Kaminsky and Reinhart（1999）设定的银行危机判定标准对银行危机的爆发时间进行了确定④⑤。实质上，Reinhart and Rogoff（2008，2013）是对 Kaminsky and Reinhart（1999）关于银行危机爆发时间的更新，但不同的是，Reinhart and Rogoff（2008，2013）并没有如 Kaminsky and Reinhart（1999）一样

---

① KAMINSKY G, REINHART C. The twin crises: The causes of banking and balance-of-payments problems [J]. *American economic review*, 1999, 89（3）: 473-500.

② VON HAGEN J, HO T K. Money market pressure and the determinants of banking crises [J]. *Journal of money, credit and banking*, 2007, 39: 1037-1066.

③ DUTTAGUPTA R, CASHIN P. Anatomy of banking crises in developing and emerging market countries [J]. *Journal of international money and finance*, 2011, 30: 354-376.

④ REINHART C M, ROGOFF K S. This time is different: A panoramic view of eight centuries of financial crises [R]. NBER working paper, 2008, No. 13882.

⑤ REINHART C M, ROGOFF K S. Banking crises: An equal opportunity menace [J]. *Journal of banking and finance*, 2013, 37（11）: 4557-4573.

识别银行危机的持续期，而仅确定出银行危机的爆发时间。不过从上述分析却可以发现，无论是 Reinhart and Rogoff（2008，2013）还是 Kaminsky and Reinhart（1999）都主要是基于政府对银行困境的反应这一标准对银行危机爆发时间进行识别。Reinhart and Rogoff（2008，2013）对于银行危机爆发时间的识别结果已应用在 Büyükkarabacak and Valev（2010）、Caggiano et al.（2014，2016）、Wan and Jin（2014）、万超等（2017）、万超和靳玉英（2014）等研究中①②③④⑤⑥。其至基于 Reinhart 等人多年收集的数据资料，在 Reinhart and Rogoff（2008，2013）成果的基础上，哈佛商学院将银行危机数据所覆盖的国家样本进行了扩充，且将研究区间扩展至 2014 年⑦，其样本数据也被 Candelon et al.（2018）应用于实证研究中⑧。

然而，Laeven and Valencia（2013，2018）认为已有研究设定的银行危机判定标准过于主观和随意。因此为修正银行危机判定标准，从而使其具有更少的主观性，Laeven and Valencia（2013，2018）认为若银行体系出现明显的财务困

① BUYUKKARABACAK B，VALEV N T. The role of household and business credit in banking crises ［J］. *Journal of banking and finance*，2010，34：1247-1256.

② CAGGIANO G，CALICE P，LEONIDA L. Early warning systems and systemic banking crises in low income countries：A multinomial logit approach ［J］. *Journal of banking and finance*，2014，47：258-269.

③ CAGGIANO G，CALICE P，LEONIDA L. ，et al. Comparing logit-based early warning systems：Does the duration of systemic banking crises matter？ ［J］. *Journal of empirical finance*，2016，37：104-116.

④ WAN C，JIN Y Y. Output recovery after financial crises：An empirical study ［J］. *Emerging markets finance and trade*，2014，50（6）：209-228.

⑤ 万超，周兵，靳玉英. 金融危机影响实体经济的机制及恢复特征 ［J］. 西南金融，2017（3）：26-29.

⑥ 万超，靳玉英. 金融危机后产出恢复分析：基于资本流入突然中断的视角 ［J］. 财贸研究，2014（1）：70-77.

⑦ 哈佛商学院的银行危机数据库来自如下网站：https：//www. hbs. edu/behavioral-finance-and-financial-stability/data/Pages/global. aspx.

⑧ CANDELON B，CARARE A，HASSE J B，et al. Globalization and the new normal ［R］. IMF working paper，2018，18/75.

境现象，如明显的银行挤兑、银行经营亏损、银行清算等，则认定为银行危机爆发①②。但 Laeven and Valencia（2013，2018）也指出，财务困境这一条件无法定量化，因此，Laeven and Valencia（2013，2018）又增加了另一条件，即若政府被迫实施明显的政策干预措施，则也可以识别为银行危机爆发。并对"明显的政策干预措施"进行了解释，认为需要至少满足如下 6 项措施中的 3 项即可：（1）存款冻结或银行休假；（2）明显的银行国有化；（3）明显的政府担保；（4）明显的资产收购（资产收购总额占当年 GDP 的比重达到 5% 及以上）；（5）银行重组的总成本占当年 GDP 的比重达到 3% 及以上；（6）大规模的流动性支持（央行向商业银行的贷款超过银行体系总存款的 5%）。这是由于在所有银行危机中上述 6 项措施并非都存在，因此在识别银行危机时并不用完全满足，而只用满足其中 3 项即可。由此可见，与其余研究文献一样，Laeven and Valencia（2013，2018）对于银行危机爆发时间的识别也主要依靠政府对银行困境的反应这一标准来实现。但与其余研究文献相比，Laeven and Valencia（2013，2018）设定的标准更加具体直观，且研究对象的覆盖面更广，从而受到后续大量研究的引用与借鉴，如 Drehmann and Juselius（2014）、Stolbov（2015）、Lang and Schmidt（2016）、Ambrosius（2017）、Mathonnat and Minea（2018）、Iacovone et al.（2019）、Nguyen et al.（2022）、Bouvatier and Ouardi（2023）、Huang and Zhang（2024）、Huynh and Uebelmesser（2024）、荆中博等（2012）、

---

① LAEVEN L，VALENCIA F. Systemic banking crises database［J］. *IMF economic review*，2013，61（2）：225-270.
② LAEVEN L，VALENCIA F. Systemic banking crises revisited［R］. IMF working paper，2018，No.18/206.

靳玉英和罗明津（2016）、万超等（2017）、张智富等（2020）、任建武和刘晓辉（2023）①②③④⑤⑥⑦⑧⑨⑩⑪⑫⑬⑭⑮。甚至在世界银行的全球金融发展（Global Fianancial Development）数据库中所设定的银行危机哑变量也是基于 Laeven and Valencia（2018）的研究成果而完成⑯。

---

① DREHMANN M，JUSELIUS M. Evaluating early warning indicators of banking crises：Satisfying policy requirements ［J］. *International journal of forecasting*，2014，30（3）：759-780.

② STOLBOV M. Anatomy of international banking crises at the onset of the Great Recession ［J］. *International economics and economic policy*，2015，12（4）：553-569.

③ LANG M，SCHMIDT P G. The early warnings of banking crises：Interaction of broad liquidity and demand deposits ［J］. *Journal of international money and finance*，2016，61：1-29.

④ AMBROSIUS C. What explains the speed of recovery from banking crises？［J］. *Journal of international money and finance*，2017，70：257-287.

⑤ MATHONNAT C，MINEA A. Financial development and the occurrence of banking crises ［J］. *Journal of banking and finance*，2018，96：344-354.

⑥ IACOVONE L，FERRO E，PEREIRA-LOPEZ M，et al. Banking crises and exports：Lessons from the past ［J］. *Journal of development economics*，2019，138：192-204.

⑦ NGUYEN T C，CASTRO V，WOOD J. A new comprehensive database of financial crises：Identification，frequency，and duration ［J］. *Economic modelling*，2022，108：105770.

⑧ BOUVATIER V，OUARDI S E. Credit gaps as banking crisis predictors：A different tune for middle- and low-income countries ［J］. *Emerging markets review*，2023，54：101001.

⑨ HUANG X，ZHANG C Z. What explains the recovery speed of financial markets from banking crises？［J］. *Research in international business and finance*，2024，70：102314.

⑩ HUYNH T，UEBELMESSER S. Early warning models for systemic banking crises：Can political indicators improve prediction？［J］. *Euuropean journal of political economy*，2024，81：102484.

⑪ 荆中博，杨海珍，杨晓光. 基于货币市场压力指数的银行危机预警研究 ［J］. 金融研究，2012（5）：45-55.

⑫ 靳玉英，罗明津. 政策选择对金融危机后股市恢复的影响研究：基于生存分析方法 ［J］. 财贸研究，2016（2）：18-28.

⑬ 万超，周兵，靳玉英. 金融危机影响实体经济的机制及恢复特征 ［J］. 西南金融，2017（3）：26-29.

⑭ 张智富，郭云喜，张朝洋. 宏观审慎政策协调能否抑制国际性银行危机传染？——基于跨境金融关联视角的实证研究 ［J］. 金融研究，2020，（7）：21-37.

⑮ 任建武，刘晓辉. 财政政策、经常账户失衡及治理——来自局部投影工具变量法的经验证据 ［J］. 云南财经大学学报，2023，（10）：1-13.

⑯ 世界银行全球金融发展数据库来自如下网站：https：//databank. worldbank. org/source/global-financial- development.

由于对银行危机的定义出现上述众多观点而使得银行危机爆发时间的确定存在不一致性，因此，为了对已有研究进行系统性分析，从而获得一个关于银行危机爆发时间的统一认识，Chaudron and de Haan（2014）对 Caprio et al.（2005）、Reinhart and Rogoff（2008）、Laeven and Valencia（2008，2013）在关于银行危机爆发时间上的研究结果进行对比分析发现，上述三类研究结果在统计上存在明显的不一致性①。进一步 Chaudron and de Haan（2014）对 20 世纪 80 年代美国的储贷危机、20 世纪 90 年代日本的银行危机、20 世纪 80 年代和 90 年代的挪威危机以及 20 世纪 90 年代末期的土耳其危机中银行破产的数量、规模等信息进行分析发现，确定出的银行危机爆发时间与 Laeven and Valencia（2008，2013）的研究结果极为相似，而与 Caprio et al.（2005）、Reinhart and Rogoff（2008）的研究结果差异较大。因此，Chaudron and de Haan（2014）的实证结果认为，当前对于银行危机爆发时间识别的文献研究成果中，Laeven and Valencia（2008，2013）的研究成果最为可靠。

基于上述分析可知，尽管当前对于银行危机定义的文献较多，但鉴于数据的收集难度与界定的主观随意性，大多数研究都从政府对于危机采取的应对措施这一视角来开展银行危机识别，从而确定出具体的银行危机爆发时间。并且在众多研究成果中，由于 Laeven and Valencia（2013，2018）的成果具有研究手段更加客观、研究对象更广且时间更新、研究结果更加符合实际等一系列优势，使其成为当前银行危机研究中借鉴频率最高的研究成果。

但需要注意一点的是，Laeven and Valencia（2013，2018）将界定出的银行危机称为"系统性银行危机（Systemic Banking Crises）"，但其实质为本书所探讨的银行危机。如 Stolbov（2015）、Lang and Schmidt（2016）、Ambrosius（2017）、Huang and Zhang（2024）、Huynh and Uebelmesser（2024）、荆中博等（2012）、靳玉英和罗明津（2016）在研究中皆使用了 Laeven and Valencia（2013，2018）界定出的系统性银行危机爆发时间这一研究成果，但在文献中却都称为银行危机，甚至使用 Laeven and Valencia（2018）成果的世界银行在全球

---

① CHAUDRON R，DE HAAN J. Dating banking crises using incidence and size of bank failures：Four crises reconsidered ［J］. *Journal of financial stability*，2014，15：63-75.

金融发展数据库中也并未设定系统性银行危机哑变量，而是银行危机哑变量（Banking Crisis Dummy，1＝Banking Crisis，0＝None）。因此，本书尽管在实证研究中将借鉴 Laeven and Valencia（2018）对于系统性银行危机爆发时间的识别结果，但将"系统性银行危机"统称为"银行危机"，特此进行说明。

基于以上分析可知，由于 Laeven and Valencia（2013，2018）界定出的银行危机爆发时间具有诸多优势，受到学界的普遍认可，因此，本书将基于 Laeven and Valencia（2018）的银行危机样本资料进行实证研究，并在稳健性检验中纳入其余文献所界定的银行危机样本数据进行实证对比，从而增强本书实证结果的稳健性。

（三）关于金融发展与银行危机爆发关系的文献回顾

金融体系越发展，银行危机爆发的概率是越大还是越小，又或者并无关系？这一问题随着次贷危机的爆发而愈加引发学界的关注。大量学者都以信贷/GDP和信贷增速为代表的信贷类变量作为金融发展的代理变量，探讨其与银行危机爆发概率之间的关系。

Demirgüc-Kunt and Detragiache（1998）以 65 个国家（地区）1980 年至 1994 年的 31 次银行危机为研究样本，实证验证了信贷/GDP 的上升会增加银行危机爆发的概率[1]。进一步，Demirgüc-Kunt and Detragiache（2005）将样本扩大到 94 个国家（地区）的 77 次银行危机进行实证检验发现，信贷/GDP 与银行危机爆发概率之间仍然保持显著的正相关关系[2]。荆中博等（2014）选择了 108 个国家（地区）1980 年至 2009 年的样本数据，采用 Logit 模型探讨了多种因素对银行危机的影响效果，实证发现，信贷/GDP 对银行危机爆发的概率具有正向影响[3]。Davis et al.（2011）发现信贷/GDP 越高越容易引发信贷风险，从而会

---

① DEMIRGUC-KUNT A，DETRAGIACHE E. The determinants of banking crises in developing and developed countries [J]. *IMF staff papers*，1998，45：81-109.
② DEMIRGUC-KUNT A，DETRAGIACHE E. Cross-country empirical studies of systemic bank distress：A survey [J]. *National institute economic review*，2005，192：68-83.
③ 荆中博，杨海珍，杨晓光. 银行危机宏观影响因素变迁的实证研究 [J]. 南方金融，2014（11）：22-30.

增加银行危机爆发的概率①。Acosta-Gonzalez et al.（2012）通过实证认为信贷/GDP 对于银行危机的爆发具有良好的警示作用②。Jorda et al.（2011）观察了 1870 年至 2008 年间的银行危机发现，无论基于国内视角还是全球视角，在银行危机爆发前 4 年信贷/GDP 都会出现快速上升③。Eichengreen and Arteta（2000）、Bekaert et al.（2011）、Caggiano et al.（2016）、Geršl and Jašová（2018）、Beutel et al.（2019）、Audit and Alam（2022）、Huynh and Uebelmesser（2024）、郑振龙（1998）等也获得了与上述学者相同的研究结论④⑤⑥⑦⑧⑨⑩⑪。

与上述研究结论不同，Davis and Karim（2008）基于 105 个国家（地区）样本数据进行实证研究发现，信贷/GDP 并不会显著影响银行危机爆发的概率⑫。Hahm et al.（2012）针对发展中国家样本，通过控制银行外债水平变量发现，信

① DAVIS E P, KARIM D, LIADZE I. Should multivariate early warning systems for banking crises pool across regions? [J]. *Review of world economics*, 2011, 147（4）：693-716.

② ACOSTA-GONZALEZ E, FERNANDEZ-RODRIGUEZ F, SOSVILLA-RIVERO S. On factors explaining the 2008 financial crisis [J]. *Economcs letters*, 2012, 115：215-217.

③ JORDA O, SCHULARICK M, TAYLOR A M. Financial crises, credit booms and external imbalances：140 years of lessons [J]. *IMF economic review*, 2011, 59：340-378.

④ EICHENGREEN B, ARTETA C. Banking crises in emerging markets：Presumptions and evidence [R] Center for international and development economics research（CIDER）working paper, 2000, No. C00-115.

⑤ BEKAERT G, HARVEY C R, LUNDBLAD C. Financial openness and productivity [J]. *World development*, 2011, 39：1-19.

⑥ CAGGIANO G, CALICE P, LEONIDA L, et al. Comparing logit – based early warning systems：Does the duration of systemic banking crises matter? [J]. *Journal of empirical finance*, 2016, 37：104-116.

⑦ GERSL A, JASOVA M. Credit-based early warning indicators of banking crises in emerging markets [J]. *Economic systems*, 2018, 42（1）：18-31.

⑧ BEUTEL J, LIST S, VON SCHWEINITZ G. Does machine learning help us predict banking crises? [J]. *Journal of financial stability*, 2019, 45：1-28..

⑨ AUDIT D, ALAM N. Why have credit variables taken centre stage in predicting systemic banking crises? [J]. *Latin American journal of central banking*, 2022, 3：100047.

⑩ HUYNH T, UEBELMESSER S. Early warining models for systemic banking crises：Can political indicators improve prediction? [J]. *Euuropean journal of political economy*, 2024, 81：102484.

⑪ 郑振龙. 构建金融危机预警系统 [J]. 金融研究, 1998（8）：28-32.

⑫ DAVIS E P, KARIM D. Comparing early warning systems for banking crises [J]. *Journal of financial stability*, 2008, 4：89-120.

贷/GDP 与银行危机爆发概率之间无显著关系①。von Hagen and Ho（2007）通过实证研究也并没有发现能够证明信贷/GDP 显著影响银行危机爆发概率的证据②。Rose and Spiegel（2011）尽管运用了与 Acosta-Gonzalez et al.（2012）相同的研究样本进行实证研究，却并未发现信贷/GDP 对银行危机爆发的概率能产生显著影响③。Filippopoulou et al.（2020）利用 Logit 回归分析探讨了欧元区系统性银行危机的预测因素，发现信贷/GDP 并不能对银行危机爆发概率产生显著影响④。同样，国内学者王道平（2016）基于全球 88 个国家（地区）1970 年至2012 年的面板数据进行研究发现，信贷/GDP 与银行危机爆发概率之间的关系并不显著⑤。

不仅信贷/GDP 与银行危机爆发概率之间的关系存在争议，信贷增速作为金融发展的另一代理变量在是否会增加银行危机爆发概率这一问题上也仍然没有形成统一定论。Bunda and Ca'Zorzi（2010）发现滞后 2 年的信贷增速与银行危机爆发概率之间存在明显的统计关系⑥。Bordo and Meissner（2012）也发现滞后 5年的信贷增速能够对银行危机爆发概率产生正向影响⑦。Schularick and Taylor（2012）针对发达国家样本探讨了各种滞后期下的信贷增速对银行危机爆发概率的影响，结果发现信贷增速能够有效地预测银行危机的爆发⑧。Babecký et

① HAHM J H, SHIN H S, SHIN K. Non - core bank liabilities and financial vulnerability [R]. NBER working paper, 2012, No. 18428.

② VON HAGEN J, HO T K. Money market pressure and the determinants of banking crises [J]. *Journal of money, credit and banking*, 2007, 39: 1037-1066.

③ ROSE A K, SPIEGEL M M. Cross-country causes and consequences of the crisis: An update [J]. *European economic review*, 2011, 55: 309-324.

④ FILIPPOPOULOU C, GALARIOTIS E, SPYROU S. An early warning system for predicting systemic banking crises in the Eurozone: A logit regression approach [J]. *Journal of economic behavior and organization*, 2020, 172: 344-363.

⑤ 王道平. 利率市场化、存款保险制度与系统性银行危机防范 [J]. 金融研究, 2016 (1): 50-65.

⑥ BUNDA I, CA'ZORZI M. Signals from housing and lending booms [J]. *Emerging markets review*, 2010, 11: 1-20.

⑦ BORDO M D, MEISSNER C M. Does inequality lead to a financial crisis? [J]. *Journal of international money and finance*, 2012, 31: 2147-2161.

⑧ SCHULARICK M, TAYLOR A M. Credit booms gone bust: Monetary policy, leverage cycles and financial crises 1870-2008 [J]. *American economic review*, 2012, 102: 1029-1061.

al.（2014）基于 40 个发达国家 1970 年至 2010 年的季度数据进行实证研究发现，信贷增速是预测银行危机爆发的有效指标①。Cesa-Bianchi et al.（2019）、Boyd et al.（2019）、Tambakis（2020）也获得了与上述文献相同的结论②③④。与之相反，Barrell et al.（2010）、Barrell et al.（2011）针对发达国家样本进行实证研究发现，滞后 1 年的信贷增速对银行危机爆发概率无显著影响⑤⑥。Büyükkarabacak and Valev（2010）针对 1990 年至 2006 年不同收入水平的国家（地区）进行研究认为，信贷增速无法准确预测银行危机的爆发⑦。Demirgüç-Kunt and Detragiache（2002）同样也未发现信贷增速与银行危机爆发概率间的显著关系⑧。Rhee and Kim（2018）运用面板数据分别对发达国家与发展中国家进行实证对比研究发现，发达国家的信贷增速并不能显著影响其银行危机爆发的概率，但发展中国家的信贷增速却对其银行危机爆发的概率具有显著的正向影响⑨。Hamdaoui（2016）、Eberhardt and Presbitero（2021）通过研究也并未发现

① BABECKY J, HAVRANEK T, MATEJU J, et al. Banking, debt and currency crises in developed countries: Stylized facts and early warning indicators [J]. *Journal of financial stability*, 2014, 15: 1-17.

② CESA-BIANCHI A, MARTIN F E, THWAITES G. Foreign booms, domestic busts: the global dimension of banking crises [J]. *Journal of financial intermediation*, 2019, 37: 58-74.

③ BOYD J H, NICOLO G D, RODIONOVA T. Banking crises and crisis dating: Disentangling shocks and policy responses [J]. *Journal of financial stability*, 2019, 41: 45-54.

④ TAMBAKIS D. A Markov chain measure of systemic banking crisis frequency [J]. *Applied economics letters*, 2020, 28 (16): 1351-1356.

⑤ BARRELL R, DAVIS E P, KARIM D, et al. Bank regulation, property prices and early warning systems for banking crises in OECD countries [J]. *Journal of banking and finance*, 2010, 34: 2255-2264.

⑥ BARRELL R, DAVIS E P, KARIM D, et al. How idiosyncratic are banking crises in OECD countries? [R]. Brunel university economics and finance working paper, 2011, No. 11-03.

⑦ BUYUKKARABACAK B, VALEV N T. The role of household and business credit in banking crises [J]. *Journal of banking and finance*, 2010, 34: 1247-1256.

⑧ DEMIRGUC-KUNT A, DETRAGIACHE E. Does deposit insurance increase banking system stability? An empirical investigation [J]. *Journal of monetary economics*, 2002, 49: 1373-1406.

⑨ RHEE D E, KIM H. Does income inequality lead to banking crises in developing countries? empirical evidence from cross-country panel data [J]. *Economic systems*, 2018, 42: 206-218.

信贷增速与银行危机爆发概率之间的统计关系①②。

从已有研究可以发现，无论是基于信贷/GDP 还是信贷增速变量都无法证明金融发展与银行危机爆发概率之间呈现显著的正向影响关系。同时，从前述对于金融发展测度的文献回顾中可知，仅从信贷/GDP 以及信贷增速两个单独的变量来刻画金融发展也过于片面。而也可能正是由于这样的片面性，才导致了金融发展与银行危机爆发概率之间的关系始终存在争议。

不过，也有极少数学者通过构建更为复杂的金融发展指标体系来探讨金融发展与银行危机爆发概率间的关系。Mathonnat and Minea（2018）构建了银行部门规模与银行部门活动两个维度共 5 项指标变量的水平值、增长率以及波动性 3 类值来刻画金融发展，并进一步考察金融发展指数以及规模维度和活动维度两个分指数与银行危机爆发概率间的关系③。实证结果表明，银行活动指数的水平值、规模指数的增长率、M3/GDP 的增长率以及存贷比的水平值都会对银行危机爆发的概率产生正向影响，而银行资产比率却与银行危机爆发的概率存在负向关系，同时，金融发展指数与银行危机爆发的概率间并不存在显著的相关关系。然而，Mathonnat and Minea（2018）构建的金融发展指标体系相比前文提及的 3×2 矩阵的金融发展指标体系，在维度上远远不足，因此该研究并不足以充分证实金融发展与银行危机爆发概率间的关系。Naceur et al.（2019）基于金融机构与金融市场两大维度下的深度、包容性与效率三个维度构建了金融发展指标体系，并探讨了各维度与银行危机爆发概率之间的关系④。实证结果证明，金融发展指数、金融机构指数、金融市场指数以及金融机构深度指数、金融机构包容性指数、金融市场深度指数都能显著影响银行危机爆发的概率。但 Naceur et al.（2019）指标体系中涵盖的指标变量不足，无法准确刻画各维度在金融体

① HAMDAOUI M. Are systemic banking crises in developed and developing countries predictable? [J]. *Journal of multinational financial management*，2016，37-38：114-138.

② EBERHARDT M，PRESBITERO A F. Commodity prices and banking crises [J]. *Journal of international economics*，2021，131：103474.

③ MATHONNAT C，MINEA A. Financial development and the occurrence of banking crises [J]. *Journal of banking and finance*，2018，96：344-354.

④ NACEUR S B，CANDELON B，LAJAUNIE Q. Taming financial development to reduce crises [J]. *Emerging markets review*，2019，40：1-15.

系中的作用,因而所得结论必然不够可靠。同时,在确定银行危机爆发时间上,2011 年及之前的银行危机爆发时间数据来自 Laeven and Valencia(2013),而 2012 年至 2016 年的银行危机爆发时间数据则来自 Candelon et al.(2018)。但如前所述,Laeven and Valencia(2013)与 Candelon et al.(2018)在银行危机的界定上本就存在差异,Naceur et al.(2019)将两者的研究结果合并在一起进行实证研究,其结论必然值得商榷。因此,尽管已有少数研究构建了更为复杂的金融发展指标体系来探讨金融发展与银行危机爆发概率间的关系,但由于指标体系不完备、指标变量不充分、银行危机界定不一致等问题,为本书开展金融发展与银行危机爆发概率间关系的探讨提供了充分的研究契机。

(四)关于金融发展与经济恢复速度关系的文献回顾

与探讨金融发展与银行危机爆发概率间的关系一样,学者们通常也是使用信贷类变量作为金融发展的代理变量来研究其与经济恢复速度的关系。Wan and Jin(2014)以 81 个国家(地区)1975 年至 2008 年间 131 次银行危机为研究样本,运用 Cox 比例风险模型进行实证研究发现,危机前信贷/GDP 越高,危机后经济恢复速度越慢[1]。Ambrosius(2017)则以 1970 年至 2012 年间全球 138 次银行危机为研究样本,运用 Cox 比例风险模型从多个视角解释了危机后各国(地区)经济恢复速度存在差异的原因[2]。结论认为,危机前过快的信贷/GDP 将会延长危机后经济的恢复时间。Berkmen et al.(2012)以 141 个国家(地区)为研究对象,通过实证研究证明了银行危机前信贷增速的上升会导致银行危机后经济恢复速度降低[3]。Jorda et al.(2011)同样发现,信贷增速的上升会导致银行危机后更为严重的经济萧条与更慢的经济恢复速度[4]。万超和靳玉英(2014)

① WAN C, JIN Y Y. Output recovery after financial crises: An empirical study [J]. *Emerging markets finance and trade*, 2014, 50(6): 209-228.

② AMBROSIUS C. What explains the speed of recovery from banking crises? [J]. *Journal of international money and finance*, 2017, 70: 257-287.

③ BERKMEN S P, GELOS G, RENNHACK R, et al. The global financial crisis: Explaining cross-country differences in the output impact [J]. *Journal of international money and finance*, 2012, 31: 42-59.

④ JORDA O, SCHULARICK M, TAYLOR A M. Financial crises, credit booms and external imbalances: 140 years of lessons [J]. *IMF economic review*, 2011, 59: 340-378.

选取了 1985 年至 2008 年 81 个国家（地区）的银行危机样本，运用 Weibull 分布模型对银行危机后经济恢复速度进行实证研究发现，银行危机前信贷增速的上升会阻碍银行危机后经济的恢复[1]。Baldacci et al.（2009）、Abiad et al.（2009）、Detragiache and Ho（2010）、Hoggarth et al.（2005）、Devereux and Dwyer（2016）、Huang and Zhang（2024）、Liu et al.（2024）等也获得了与上述学者相同的结论[2][3][4][5][6][7][8]。然而，Wilms et al.（2018）通过对 40 个国家（地区）共 44 个银行危机样本的考察发现，无论是银行危机前的信贷/GDP 还是信贷增速，对银行危机后经济的恢复都无显著影响[9]。同样，Hoggarth et al.（2002）基于 1977 年至 1998 年发达国家与新兴市场国家的 47 次银行危机样本进行实证研究发现，银行危机前的信贷增速对银行危机后经济的萧条无显著影响[10]。Angkinand（2009）以信贷/GDP 和金融体系流动负债/GDP 来刻画金融发展水平，并进一步探讨了其与银行危机后产出损失的关系。结果表明，银行危机前金融发展水

① 万超，靳玉英. 金融危机后产出恢复分析：基于资本流入突然中断的视角 [J]. 财贸研究，2014（1）：70-77.
② BALDACCI E, GUPTA S, GRANADOS C M. How effective is fiscal policy response in systemic banking crises [J]. *IMF working paper*, 2009, No. 09/160.
③ ABIAD A, BALAKRISHNAN R, BROOKS P, et al. What's the damage? Medium – term output dynamics after banking crises [R]. IMF working paper, 2009, No. 09/245.
④ DETRAGIACHE E, HO G. Responding to banking crises: Lessons from cross – country evidence [R]. IMF working paper, 2010, 10/18.
⑤ HOGGARTH G, JACKSON P, NIER E. Banking crises and the design of safety nets [J]. *Journal of banking and finance*, 2005, 29: 143-159.
⑥ DEVEREUX J, DWYER G P. What determines output losses after banking crises? [J]. *Journal of international money and finance*, 2016, 69: 69-94.
⑦ HUANG X, ZHANG C Z. What explains the recovery speed of financial markets from banking crises? [J]. *Research in international business and finance*, 2024, 70: 102314.
⑧ LIU X W, WANG P F, YANG Z C. Delayed crises and slow recoveries [J]. *Journal of financial economics*, 2024, 152: 103757.
⑨ WILMS P, SWANK J, DE HAAN J. Determinants of the real impact of banking crises: A review and new evidence [J]. *The North American journal of economics and finance*, 2018, 43: 54-70.
⑩ HOGGARTH G, REIS R, SAPORTA V. Costs of banking system instability: Some empirical evidence [J]. *Journal of banking and finance*, 2002, 26 (5): 825-855.

平与银行危机后的产出损失并无明显的关系①。Cecchetti et al.（2009）也得到
了相同的实证结论②。Berglöf et al.（2010）对欧洲国家的银行危机样本进行研
究发现，银行危机前信贷/GDP 的上升将加速银行危机后经济的萧条，但银行危
机前信贷增速的上升却会减缓银行危机后经济的萧条③。

从上述研究可以发现，关于金融发展与经济恢复速度的研究，都普遍使用
信贷类变量作为金融发展的代理变量，但从前文可知，金融发展指标体系涵盖
内容十分丰富，仅通过信贷类变量远远无法刻画金融发展，这应该也是上述文
献在结论上出现相互矛盾的原因所在。而这恰好为本书深入探讨金融发展与经
济恢复速度的关系提供了研究空间。

（五）关于银行危机预警的文献回顾

从前述可知，预警既需要对银行危机的爆发进行预测，又需要对银行危机
后经济恢复速度进行预测，从而才能真正实现预警的目的。

关于银行危机爆发的预测研究，自 20 世纪 90 年代开始，随着新兴市场一
系列银行危机的爆发而使得这一主题成为国内外研究的热点之一。目前最为主
流的预测模型当属 KLR 信号模型和受限因变量模型。

国内外学者 Lainà et al.（2015）、Geršl and Jašová（2018）、Audit and Alam
（2022）、郑振龙（1998）、谭福梅（2009）等都通过构建 KLR 信号模型对全球

---

① ANGKINAND A P. Banking regulation and the output cost of banking crises [J]. *Journal of international financial markets*，*institutions & money*，2009，19：240-257.
② CECCHETTI S，KOHLER M，UPPER C. Financial crisis and economic activity [R]. NBER working paper，2009，No. 15379.
③ BERGLOF E，KOMIYENKO Y，PLEKHANOV A，et al. Understanding the crisis in emerging Europe [J]. *Public policy review*，2010，6：985-1008.

大部分国家近几十年的银行危机的影响因素进行了分析①②③④⑤，进而对 KLR 信号模型的预测性能进行了检验，实证研究结果表明，资产价格、资本流动、汇率波动、信贷变量等诸多因素都与银行危机的爆发存在一定的关系，同时，KLR 信号模型在一定程度上能够预测银行危机。

与 KLR 信号模型相比，以 Logit 和 Probit 模型为代表的受限因变量模型由于在实证中展示出更低的第一类错误（Type I Error）与第二类错误（Type II Error），具有更为优异的预测性能，因而关于银行危机预测模型的研究成果更大部分集中在受限因变量模型的应用研究上。Qin and Luo（2014）、Lang and Schmidt（2016）、Filippopoulou et al.（2020）、Wang（2023）、王道平（2016）、尹雷和卜志村（2016）等运用二元 Logit 模型对全球各国的银行危机样本进行研究发现，宏观经济环境、实际利率、存款保险计划、银行集中度、信贷/GDP、信贷增速等变量都与银行危机的爆发具有较强的关系，且能够较为准确地预测

① LAINA P，NYHOLM J，SARLIN P. Leading indicators of systemic banking crises：Finland in a panel of EU countries［J］. *Review of financial economics*，2015，24：18–35.

② GERSL A，JASOVA M. Credit–based early warning indicators of banking crises in emerging markets［J］. *Economic systems*，2018，42（1）：18–31.

③ AUDIT D，ALAM N. Why have credit variables taken centre stage in predicting systemic banking crises?［J］. *Latin American journal of central banking*，2022，3：100047.

④ 郑振龙. 构建金融危机预警系统［J］. 金融研究，1998（8）：28–32.

⑤ 谭福梅. 银行危机 KLR 早期预警系统的开发与构建［J］. 开发研究，2009（6）：33–38.

银行危机①②③④⑤⑥。Caggiano et al.（2014）、Caggiano et al.（2016）、Hamdaoui
（2016）、Roy（2022）等将二元 Logit 模型扩展为多元 Logit 模型，并通过实证研
究证明了多元 Logit 模型在银行危机预测上具有优异的效果⑦⑧⑨⑩。Klomp
（2010）、Roy and Kemme（2012）、Antunes et al.（2018）、Huynh and Uebelmesser
（2024）、陈雨露和马勇（2013）、欧阳远芬和李璐（2014）等通过构建 Probit
模型也证明了金融自由化、实际 GDP、真实利率、信贷增速等指标能够显著

①　QIN X，LUO C Y. Capital account openness and early warning system for banking crises in G20
　　countries［J］. *Economic modelling*，2014，39：190-194.

②　LANG M，SCHMIDT P G. The early warnings of banking crises：Interaction of broad liquidity
　　and demand deposits［J］. *Journal of international money and finance*，2016，61：1-29.

③　FILIPPOPOULOU C，GALARIOTIS E.，SPYROU S. An early warning system for predicting
　　systemic banking crises in the Eurozone：A logit regression approach［J］. *Journal of economic
　　behavior and organization*，2020，172：344-363.

④　WANG S Q. Income inequality and systemic banking crises：A nonlinear nexus［J］. *Economic
　　systems*，2023，47：101123.

⑤　王道平. 利率市场化、存款保险制度与系统性银行危机防范［J］. 金融研究，2016
　　（1）：50-65.

⑥　尹雷，卞志村. 利率市场化、存款保险制度与银行危机——基于跨国数据的实证研究
　　［J］. 国际金融研究，2016（1）：49-59.

⑦　CAGGIANO G，CALICE P，LEONIDA L. Early warning systems and systemic banking crises
　　in low income countries：A multinomial logit approach［J］. *Journal of banking and finance*，
　　2014，47：258-269.

⑧　CAGGIANO G，CALICE P，LEONIDA L，et al. Comparing logit-based early warning systems：
　　Does the duration of systemic banking crises matter？［J］. *Journal of empirical finance*，2016，
　　37：104-116.

⑨　HAMDAOUI M. Are systemic banking crises in developed and developing countries predictable？
　　［J］. *Journal of multinational financial management*，2016，37-38：114-138.

⑩　ROY S. What drives the systemic banking crises in advanced economies？［J］. *Global finance
　　journal*，2022，54：100746.

影响银行危机爆发的概率，同时证明了 Probit 模型也具有良好的预测效果①②③④⑤⑥。

　　尽管受限因变量模型在银行危机预测研究中卓有成效，且能够考察先行指标与银行危机爆发间的边际关系，但由于金融系统的复杂性，先行指标与银行危机间不一定必然存在线性关系，也有可能呈现出非线性关系（Cavalcante et al.，2016；苏治等，2017）⑦⑧。因此在银行危机预测研究中，除运用受限因变量模型考察先行指标与银行危机爆发间的线性关系外，还应该运用更为先进的模型挖掘先行指标与银行危机爆发间的非线性关系，以剖析出先行指标与银行危机爆发间真实存在的复杂关系，从而进一步实现对于银行危机的准确预测。

　　针对受限因变量模型在面对金融体系复杂的非线性问题上束手无策的困境，Celik and Karatepe（2007）、Gutiérrez et al.（2010）、Ristolainen（2018）引入了机器学习中的人工神经网络（Artificial Neural Network，ANN）模型，基于宏观经济变量、外部金融体系结构等指标变量对银行危机进行了预测研究，结果验

---

①　KLOMP J. Causes of banking crises revisited［J］. *North American journal of economics and finance*，2010，21：72-87.

②　ROY S，KEMME D M. Causes of banking crises：Deregulation，credit booms and asset bubbles，then and now［J］. *International review of economics and finance*，2012，24：270-294.

③　ANTUNES A，BONFIM D，MONTEIRO N，et al. Forecasting banking crises with dynamic panel probit models［J］. *International journal of forecasting*，2018，34（2）：249-275.

④　HUYNH T，UEBELMESSER S. Early warning models for systemic banking crises：Can political indicators improve prediction？　［J］. *Euuropean journal of political economy*，2024，81：102484.

⑤　陈雨露，马勇. 大金融论纲［M］. 北京：中国人民大学出版社，2013.

⑥　欧阳远芬，李璐. 逆房地产周期调控政策对抑制银行危机的有效性分析［J］. 国际金融研究，2014（9）：52-60.

⑦　CAVALCANTE R C，BRASILEIRO R C，SOUZA V L F，et al. Computational intelligence and financial markets：A survey and future directions［J］. *Expert systems with applications*，2016，55（1）：194-211.

⑧　苏治，卢曼，李德轩. 深度学习的金融实证应用：动态、贡献与展望［J］. 金融研究，2017（5）：111-126.

证了 ANN 模型在银行危机预测中的有效性①②③。但令人遗憾的是，由于 ANN 模型的建模过程是在黑箱中进行（吴冲等，2004）④，缺乏对于指标变量与危机爆发间非线性关系的解释，因此对于银行危机的防范并不具有较强的指导意义。

　　为克服 ANN 模型缺乏可解释性的缺陷，部分学者也尝试引入机器学习中的另一新模型——二元分类树（Binary Classification Tree，BCT）模型对银行危机进行预测研究。Duttagupta and Cashin（2011）引入了 BCT 模型对 50 个新兴市场国家和发展中国家 1990 年至 2005 年的银行危机进行实证分析⑤，结果证明银行危机的爆发受多个先行指标共同作用，且通过 BCT 模型能够非常清晰地刻画各先行指标与银行危机爆发间复杂的非线性关系，甚至能够挖掘出各先行指标的预警阈值，同时在银行危机预测上具有良好的效果。无独有偶，Davis et al.（2011）也运用 BCT 模型对亚洲和拉丁美洲国家的银行危机进行预测研究发现⑥，不同区域国家的银行危机受不同先行指标的共同影响，且分区域构建的 BCT 模型比基于混合样本构建的 BCT 模型具有更高的银行危机预测精度。在此基础上，Manasse et al.（2013）运用 BCT 模型对 85 个新兴市场国家 1980 年至 2010 年的银行危机样本进行了样本内与样本外实证研究⑦，结果发现无论是样本内还是样本外的预测性能上，BCT 模型都明显优于 Logit 模型。Stolbov

①　CELIK A E，KARATEPE Y. Evaluating and forecasting banking crises through neural network models：an application for Turkish banking sector ［J］. *Expert systems with applications*，2007，33：809-815.

②　GUTIERREZ P A，SEGOVIA-VARGAS M J，SALCEDO'SANZ S，et al. Hybridizing logistic regression with product unit and RBF networks for accurate detection and prediction of banking crises ［J］. *Omega*，2010，38：333-344.

③　RISTOLAINEN K. Predicting banking crises with artificial neural networks：The role of nonlinearity and heterogeneity ［J］. *The scandinavian journal of economics*，2018，120（1）：31-62.

④　吴冲，吕静杰，潘启树，等. 基于模糊神经网络的商业银行信用风险评估模型研究 ［J］. 系统工程理论与实践，2004（11）：1-8.

⑤　DUTTAGUPTA R，CASHIN P. Anatomy of banking crises in developing and emerging market countries ［J］. *Journal of international money and finance*，2011，30：354-376.

⑥　DAVIS E P，KARIM D，LIADZE I. Should multivariate early warning systems for banking crises pool across regions？［J］. *Review of world economics*，2011，147（4）：693-716.

⑦　MANASSE P，SAVONA R，VEZZOLI M. Rules of thumb for banking crises in emerging masrkets ［R］. Quaderni DSE working paper，2013，No. 31.

（2015）以 2007 年至 2011 年共 25 次银行危机作为研究样本，引入 BCT 模型对银行危机进行预测研究，实证结果依然证明了 BCT 模型在自动确定先行指标预警阈值以及刻画金融市场复杂的非线性特征上的明显优势，因而也获得了最高的预测精度[①]。而 Joy et al.（2017）引入 BCT 模型对 36 个发达国家 1970 年至 2010 年的银行危机样本进行实证研究发现[②]，从短期来看，利差与收益率曲线是最重要的危机预警先行指标，而从长期来看，房价的通胀水平却在危机预警中扮演最重要的角色，此外，国家结构特征与国际经济发展水平也是与银行危机预测联系较为紧密的先行指标。同时，BCT 模型也具有良好的预测效果。从上述分析可以发现，与已有的其余模型相比，BCT 模型不仅能够根据数据特征自动确定各先行指标的预警阈值，而且也能勾勒出各先行指标与银行危机爆发间复杂的非线性关系，因而具有其余模型无法比拟的优势。尽管与受限因变量模型相比，BCT 模型在银行危机爆发的预测研究中还屈指可数，但仅有的文献研究成果却为 BCT 模型在银行危机爆发的预测研究中进一步扩展与深入提供了重要的借鉴价值。

关于银行危机后经济恢复速度的预测，目前学者们仅围绕银行危机后经济恢复速度的影响因素进行研究，并未如银行危机预测研究一样，还进一步基于挖掘出的影响因素来预测经济恢复速度。但如前所述，预警体系仅包含银行危机预测这一内容是片面的，因为预警的最终目的并非仅是对银行危机爆发的预防，还需要尽可能地降低银行危机对于经济造成的损失。因此，在当前银行危机预警研究中，纳入经济恢复速度预测这一内容是顺理成章的。

基于上述分析可知，关于银行危机爆发的预测研究，受限因变量模型与 BCT 模型分别在先行指标与银行危机爆发间的线性与非线性关系的刻画上都具有明显的优势。但是，从金融发展视角开展银行危机预测的相关研究上，都只运用了受限因变量模型来挖掘金融发展与银行危机爆发间的线性关系，进而开

① STOLBOV M. Anatomy of international banking crises at the onset of the Great Recession [J]. *International economics and economic policy*，2015，12（4）：553-569.

② JOY M，RUSNAK M，SMIDKOVA K，et al. Banking and currency crises：Differential diagnostics for develped countries [J]. *International journal of finance and economics*，2017，22：44-67.

展预测研究，忽略了探讨二者的非线性关系并基于该关系开展的预测研究。更为重要的是，已有研究都仅对金融发展与银行危机后经济恢复速度间的关系展开研究，并未进一步基于研究成果开展经济恢复速度预测的实证。显然，已有研究所构建的银行危机预警体系并不完善，这也成为本书研究的内容之一。

四、研究思路

金融体系的发展在有效地管理风险与配置资源从而推动经济发展的同时，也可能会增加金融市场的信息不对称程度，导致道德风险上升，从而加深银行业的脆弱性，造成银行危机爆发的概率显著提升，甚至加重银行危机的破坏性[①]。从实践来看，银行危机爆发次数大幅增加的时期，也往往是金融发展最为猛烈的时期[②]，而不同金融发展水平的国家（地区）在银行危机后的经济恢复速度又存在明显的差异[③]。因此，无论从理论还是实践来看，都不禁令人疑惑：金融体系越发展，银行危机爆发的概率会越高吗？且危机后经济恢复速度会更慢还是更快呢？这都成为本书研究的出发点与需要解决的关键问题。围绕这些问题，本书拟从以下几方面内容开展研究工作：

（1）如何测度金融发展水平？探讨金融发展对银行危机爆发以及危机后经济恢复速度的影响效应，其前提在于准确测度金融发展。因此，本书将结合金融结构理论与金融功能理论，将金融机构与金融市场两大结构维度与深度、包容性、效率三大功能维度进行交叉，从而构建 3×2 矩阵的金融发展指标体系，进而运用 PCA 方法合成金融发展指数，并对全球的金融发展水平进行考察与分析。

（2）如何探讨金融发展对银行危机爆发的影响效应？从已有的研究来看，银行危机爆发的影响效应既存在线性效应，又存在非线性效应，因此，本书将基于面板 Logit 模型以及 BCT 模型分别探讨金融发展对银行危机爆发的线性与非

---

① RAJAN R G. Has financial development made the world riskier？［R］. NBER working paper，2005，No. 11728.

② LAEVEN L，VALENCIA F. Systemic banking crises database［J］. *IMF economic review*，2013，61（2）：225-270.

③ REINHART C，ROGOFF K. Recovery from financial crises：Evidence from 100 episodes［J］. *American economic review*，2014，104（5）：50-55.

线性影响效应。

（3）如何探讨金融发展对银行危机后经济恢复速度的影响效应？本书首先运用 Kaplan-Meier（K-M）生存函数法（以下简称"K-M 方法"）对经济恢复速度特征进行刻画，进而引入 Cox 比例风险模型探讨金融发展对经济恢复速度的影响效应。

（4）如何构建银行危机预警体系？无论是探讨金融发展对银行危机爆发的影响效应，还是探讨金融发展对银行危机后经济恢复速度的影响效应，其最终目的都在于能够准确地预测银行危机的爆发以及预测银行危机后经济恢复速度，从而实现对于银行危机的准确预警。显然对于银行危机预警体系而言，不仅应该包含对银行危机爆发的预测，也应该包含对于银行危机后经济恢复速度的预测。因为事实上任何模型都无法实现对于银行危机爆发的精准预测，而银行危机的爆发又总会造成经济损失，因而在面临银行危机爆发预测失败时，准确预测银行危机后经济的恢复速度，从而降低银行危机的负面影响就显得难能可贵。显然，应该将银行危机爆发的预测以及银行危机后经济恢复速度的预测都共同纳入银行危机预警体系的构建中。而上述探讨金融发展对银行危机爆发的影响效应以及探讨金融发展对银行危机后经济恢复速度的影响效应，又恰好为银行危机预警体系的构建提供了充分的基础。基于此，本书将基于前述的实证结果，构建包含银行危机爆发预测模型以及经济恢复速度预测模型在内的银行危机预警体系，从而为银行危机管理提供针对性的思路与可操作性的应用工具和方法。

综上所述，本书的上述四方面内容环环相扣，逻辑紧密：第一部分对于金融发展水平的测度，为随后开展金融发展对银行危机爆发以及对经济恢复速度的影响效应的研究提供了坚实的基础；第二部分和第三部分内容，既承接了第一部分的研究成果，又为第四部分开展银行危机预警体系的构建提供了充分的依据；第四部分又将第二部分与第三部分的研究成果统一在共同的预警体系中，从而升华了第二部分与第三部分内容的研究价值。

五、研究方法

本书采取从理论到现实，由现象到本质的研究路径，具体运用规范分析和实证研究相结合，以实证研究为主的研究方法。

一方面，在围绕金融发展、银行危机、经济恢复主题进行文献梳理的基础上，对金融发展、银行危机、经济恢复速度等概念进行界定，并采用规范研究方法（逻辑演绎）提出理论框架，进而分析金融发展与银行危机爆发以及与经济恢复的内在机理，并基于实证研究进一步验证内在机理的准确性。

另一方面，采用实证研究方法，主要分为以下几部分：（1）在金融发展测度方面，本书构建 3×2 矩阵的金融发展指标体系，并运用 PCA 方法合成金融发展指数，进而开展全球金融发展水平、不同金融发展分指数等实证对比分析；（2）为探讨金融发展对银行危机爆发概率的影响效应，本书既运用面板 Logit 模型分析两者的线性效应，并运用豪斯曼（Hausman）检验以及似然比（Likelihood Ratio，LR）检验对面板 Logit 模型的混合效应、固定效应与随机效应进行判断，从而选择最为合适的面板 Logit 模型进行实证分析。同时，本书还运用 BCT 模型分析两者的非线性效应。在此基础上，通过纳入不同金融发展指数、替换银行危机变量、加入多重危机变量、改变解释变量的滞后期、变换不同研究区间等多种形式的对比研究，充分验证本书实证结果的稳健性；（3）为探讨金融发展对银行危机后经济恢复速度的影响效应，本书首先运用 K-M 方法描述经济恢复速度的特征，进而采用 Cox 比例风险模型探讨金融发展对经济恢复速度的影响效应，在此基础上，通过纳入不同金融发展指数、替换银行危机变量、加入多重危机变量、变换所有变量均值区间、采用不同的经济恢复速度测度方法、纳入参数回归模型、进行 Cox-Snell 残差分析等多种形式的对比研究，充分验证本书实证结果的稳健性；（4）为构建银行危机预警体系，本书首先采用交叉验证法将研究样本划分为不同的训练样本集与测试样本集，进而构建银行危机爆发的面板 Logit 线性预测模型以及构建银行危机爆发的 BCT 非线性预测模型，同时又构建经济恢复速度的 Cox 比例风险预测模型，并进一步通过纳入不同金融发展指数、加入多重危机变量、改变解释变量的滞后期、纳入不同预测模型、变换所有变量均值区间等多种形式的对比研究，充分验证本书构建的预警体系的优势。

六、研究的主要贡献

本书可能的创新点主要体现在如下几方面：

1. 完善了金融发展测度体系。金融发展测度体系的构建既包含金融发展指标体系的构建，也包含金融发展指数的构建。在以往的研究中，关于金融发展指标体系构建部分，要么存在维度不充分问题，要么存在各维度下的指标不全面问题，而关于金融发展指数的构建部分，也仅针对金融机构与金融市场两个结构维度运用 PCA 方法合成金融发展指数，而忽略了从功能维度构建指数的思路。因此，本书将金融机构、金融市场两大结构维度与深度、包容性、效率三大功能维度相互交叉，从而构建了 3×2 矩阵的金融发展指标体系，共包含 32 项指标变量，较已有的金融发展指标体系具有更加丰富的维度以及更为全面的指标变量。同时，除根据金融机构与金融市场两大结构维度运用 PCA 方法合成金融发展指数外，本书还根据金融深度、金融包容性与金融效率三大功能维度也运用 PCA 方法合成新的金融发展指数，从而创新了已有的金融发展指数构建思路。

2. 为金融发展对银行危机爆发以及对经济恢复速度影响效应的探讨提供了新证据。在以往的研究中，由于绝大部分文献都是通过信贷类指标刻画金融发展，尚未构建全面的体系来测度金融发展，因而使得上述研究在探讨金融发展对银行危机爆发以及对经济恢复速度影响效应所获得的最终研究结果上往往相互间存在矛盾，因而结果的可靠性值得商榷。因此，本书基于构建的更加完善的金融发展测度体系计算得到了更为准确的金融发展指数，进而实证研究了金融发展对银行危机爆发的线性与非线性影响效应以及金融发展对经济恢复速度的影响效应，并通过多种形式的稳健性检验充分证明本书实证结果的稳健性，为准确地把握金融发展对银行危机爆发以及对经济恢复速度的影响效应提供了新的可靠的实证依据。

3. 丰富了已有的预警体系。在已往的研究中，尚未专门从金融发展视角开展银行危机预测，且忽略了将经济恢复速度预测纳入预警体系中。因此，本书独辟蹊径，从金融发展视角构建了银行危机预警体系，并在传统只考虑银行危机爆发预测的基础上，纳入了经济恢复速度的预测，从而完善了已有的预警体系。

第一章

理论基础

围绕金融发展的传统理论皆是从金融发展与经济增长关系的视角展开，尚未提出专门的金融发展理论探讨金融发展与银行危机爆发以及与银行危机后经济恢复速度的关系。因此，本书从银行危机的相关理论中挖掘出涉及金融发展主题的理论，从而梳理出关于金融发展对银行危机爆发以及对银行危机后经济恢复速度影响的理论机制。同时，考虑到金融体系的非线性特征，本书从非线性理论中寻找相关理论对金融发展与银行危机爆发以及与银行危机后经济恢复速度间的非线性关系进行理论分析，以期为后续的实证研究提供坚实的理论基础。

第一节　"债务—通缩"理论

"债务—通缩"理论最早由 Fisher（1933）提出①，他认为企业在经济繁荣时为获得更高利益会选择过度借债来扩大生产，一旦出现资产价格下跌或信贷收缩等负面冲击，企业就会因缺乏流动性无法偿还债务而不得不廉价抛售资产或商品以获得所需要的流动性，或者债权人会选择低价处理债务人的抵押资产

---

① FISHER I. The debt-deflation theory of great depressions［J］. *Econometrica*：*Journal of the econometric society*，1933，1（4）：337-357.

或商品，又由于抵押资产或商品的市场价值受到低估，从而将加速债权人回收贷款，因此债务人只能进一步低价抛售资产或商品，引起物价水平下降，导致企业利润和产出迅速下滑，业绩和市场净值大幅下降，企业债务恶化，导致不良贷款增加，使得作为债权人的银行的资产遭受严重损失，从而增加银行危机爆发的概率。同时，过度借债量越大，在遭受负面冲击时企业利润和产出下滑将更为严重，因而对经济会造成更大冲击，从而也将减缓银行危机后经济恢复的速度。

通过"债务—通缩"理论可以发现，银行危机爆发的重要前提在于过度负债。而与私营部门信贷、国内外债券等相关的负债行为又直接体现了金融发展。因此，从"债务—通缩"理论可以判断，金融发展水平的提升会增加银行危机爆发的概率，同时也会降低银行危机后经济的恢复速度。

第二节　金融市场的信息不对称理论

Black（1986）提出，金融市场上的信息不对称性必然会带来金融市场上的噪声和噪声交易[①]。所谓噪声，是指与金融资产基础价值变动无关的但却可能会影响该资产价格发生变化的失真信息。把噪声视为真实信息并据此进行的交易被称为噪声交易。噪声交易者会错误地认为他们掌握了有关金融资产未来价格的特殊信息，从而对未来价格表现出过分主观而事实上错误的看法。由于金融市场中交易者之间在收集和加工信息上存在差异，因而这种信息不对称情况的存在会使得噪声交易者作为整体交易者的一部分始终存在于金融市场之中，从而导致资产价格衍变为一种噪声价格，造成金融市场的有效性大大降低。由于噪声交易者会不断地通过交易将噪声累加到资产价格中，导致资产价格越来越偏离其基本价值，从而形成资产泡沫。但泡沫的存在并不能持久，一旦泡沫破灭，投资者将严重受损而无法还贷，导致银行不良贷款增加，使得银行危机爆

---

① BLACK F. Noise [J]. *Journal of finance*, 1986, 41 (3): 529-543.

发的概率上升，又或者因为金融资产泡沫的破灭导致市场恐慌情绪增强，从而会引发货币流动性需求的增加，进而导致银行挤兑现象频繁出现，使得银行危机爆发的概率上升。

通过 Black（1986）提出的"金融市场的信息不对称"理论可以发现，金融资产泡沫的产生，将加大金融体系的脆弱性，从而使得银行危机爆发的概率上升。而与股市市值增加、股市交易总额增长、股市换手率增大等相关的金融资产泡沫形成过程又直接体现了金融发展。因此，从"金融市场的信息不对称"理论可以认为，金融发展水平的提升会增加银行危机爆发的概率。

第三节　行业生命周期假说

根据行业生命周期假说，银行业的生命周期通常会经历萌芽期、成长期、成熟期与衰退期四个时期①。在银行业的成长期初期及中期，通常经济增长快速，这既会对银行的信贷资金形成较大需求，又会导致国民收入迅速提升，从而增强人们的储蓄能力，保证了银行资金的来源。此时银行数量与银行业务会快速增长，从而能够提升银行的收益水平。但在银行业的成长期后期，银行数量虽然仍然在扩张，但银行业务的增长却逐渐放缓，从而导致部分银行由于收入的大幅下降而成本的大幅上升出现亏损甚至倒闭。此时，银行间业务链条的存在使得亏损银行的倒闭引发稳健银行的损失，从而引起存款人的恐慌，导致挤兑出现和银行业的停止支付，最终造成银行危机的爆发②。而危机爆发后留下的银行将具有更为稳健的经营能力，银行业由此进入成熟期。对上述从成长期到成熟期的银行危机爆发路径可通过如下理论模型进行刻画：

假设银行业在成长期初期的总收益为 TR_0，总收益的增长率为 r_0，行业内

---

① GREINER L E. Evolution and revolution as organization grow [J]. *Harvard business reviews*, 1998, 76: 3-11.

② ALLEN F, GALE D. Financial contagion [J]. *Journal of political economy*, 2000, 108 (1): 1-33.

银行数目为 BN_0；在成长期中期的总收益为 TR_1，总收益的增长率为 r_1，行业内的银行数目为 BN_1；银行业在成长期后期的总收益为 TR_2，行业内的银行数目为 BN_2。又假设银行家在期初根据银行业上一期的收益增长率来决定本期银行数目的增长率，则在成长期初期时银行家将以萌芽期后期的总收益增长率作为该时期银行数目的增长率，假设为 r_{-1}，且 $r_{-1} < r_0$ 以及 $r_1 < r_0$。于是有：

$$TR_1 = TR_0(1 + r_0) \tag{1.1}$$

$$TR_2 = TR_1(1 + r_1) = TR_0(1 + r_0)(1 + r_1) \tag{1.2}$$

$$BN_1 = BN_0(1 + r_{-1}) \tag{1.3}$$

$$BN_2 = BN_1(1 + r_0) = BN_0(1 + r_{-1})(1 + r_0) \tag{1.4}$$

在银行业成长期的初期、中期和后期，银行业的平均收益 A_0、A_1、A_2 为：

$$A_0 = \frac{TR_0}{BN_0} \tag{1.5}$$

$$A_1 = \frac{TR_1}{BN_1} = \frac{TR_0(1 + r_0)}{BN_0(1 + r_{-1})} = A_0 \times \frac{(1 + r_0)}{(1 + r_{-1})} \tag{1.6}$$

$$A_2 = \frac{TR_2}{BN_2} = \frac{TR_0(1 + r_0)(1 + r_1)}{BN_0(1 + r_{-1})(1 + r_0)} = A_0 \times \frac{(1 + r_1)}{(1 + r_{-1})} \tag{1.7}$$

由于 $r_{-1} < r_0$ 以及 $r_1 < r_0$，若 $r_{-1} > r_1$，则 $A_2 < A_0 < A_1$；若 $r_{-1} < r_1$，则 $A_0 < A_2 < A_1$。但无论何种情况，A_2 都小于 A_1，且在前一种情况下 A_2 甚至小于 A_0，从而表明在成长期后期，银行数量的扩张不利于银行收益的增加，反而会降低银行业的平均收益，使其较成长期中期甚至初期出现下滑。这将导致部分银行大幅亏损甚至倒闭，并通过银行间业务链条影响稳健银行的正常经营，从而引发挤兑，增加银行危机爆发的概率。

在银行业成熟期的后期，随着居民财富增加，民众对金融资产的需求出现多样化，新型金融机构的出现与发展，对银行业务形成冲击，使得银行业进入衰退期。此时银行业务萎缩加快但银行数量依然稳定，因而导致部分银行亏损甚至倒闭，进而通过银行业务链条引发稳健银行的经营问题，并进一步引起挤兑，增加银行危机爆发的概率。对上述从成熟期到衰退期的银行危机爆发路径可以通过如下理论模型进行刻画：

假设银行业在成熟期初期的总收益为 MR_0，总收益的增长率为 r_0，行业内

银行数目为 BN_0；在成熟期中期的总收益为 MR_1，总收益的增长率为 $-r_1$，行业内的银行数目为 BN_1；在成熟期后期的银行业的总收益为 MR_2，行业内的银行数目为 BN_2。又假设银行业在成熟期内的银行数目不变。于是有：

$$MR_1 = MR_0(1 + r_0) \tag{1.8}$$

$$MR_2 = MR_1(1 - r_1) = MR_1 = MR_0(1 + r_0)(1 - r_1) \tag{1.9}$$

$$BN_2 = BN_1 = BN_0 \tag{1.10}$$

则在银行业成熟期的初期、中期和后期，银行业的平均收益 V_0、V_1、V_2 为：

$$V_0 = \frac{MR_0}{BN_0} \tag{1.11}$$

$$V_1 = \frac{MR_1}{BN_1} = \frac{MR_0(1 + r_0)}{BN_0} = V_0(1 + r_0) \tag{1.12}$$

$$V_2 = \frac{MR_2}{BN_2} = \frac{MR_0(1 + r_0)(1 - r_1)}{BN_0} = V_0(1 + r_0)(1 - r_1) \tag{1.13}$$

若 $r_0 < \dfrac{r_1}{1 - r_1}$，则 $V_2 < V_0 < V_1$；若 $r_0 > \dfrac{r_1}{1 - r_1}$，则 $V_0 < V_2 < V_1$。但无论何种情况，V_2 都小于 V_1，且在前一种情况下 V_2 甚至小于 V_0，从而表明尽管在整个成熟期银行数量保持稳定，但受外部冲击影响，成熟期后期银行业的平均收益较成熟期中期甚至初期出现下滑。这将导致部分银行大幅亏损甚至倒闭，并通过银行间业务链条影响稳健银行的正常经营，从而引发挤兑，最终增加银行危机爆发的概率。

通过行业生命周期假说可以发现，在成长期及成熟期，不断扩张银行数目并维持其处于较高水平，将降低银行业的平均收益，最终增加银行危机爆发的概率。而银行数目的扩张以及维持较高水平又直接体现了金融发展水平的提升。因此，从行业生命周期假说可以认为，金融发展水平的提升会增加银行危机爆发的概率。

第四节　金融自由化理论

以金融深化理论为代表的金融自由化理论认为，要克服金融抑制带来的诸多弊端，就需要实行一系列金融自由化措施来实现金融深化，从而达到金融发展的目的①②。而金融自由化理论主张消除金融抑制，实施金融自由化以提高金融效率，从而促进经济增长。的确从理论上讲，金融自由化可以通过提高实际利率来提升储蓄率，从而有利于资本积累；也可以使金融市场以及金融中介能够更好地发挥分散风险、监督代理人、完善公司治理、甄别并监督贷款申请人等作用③④；还可以通过改变金融结构（比如金融自由化取消了金融机构的准入限制、刺激竞争、鼓励金融部门发挥规模经济等），使金融体系更为有效地提供金融服务⑤。

但事实上，20 世纪 80 年代和 90 年代爆发的一系列银行危机却又无不与金融自由化措施的推行息息相关。相当部分学者，如 Loayza and Rancierel（2005）、Williamson and Mahar（1998）、Sundararajan and Baliño（1991）、Mishkin（1996）等已通过大量的实证研究证明，金融自由化会增加金融系统的脆弱性，从而提高银行危机爆发的概率⑥⑦⑧⑨。

为什么金融自由化会增大银行危机爆发的概率呢？Demirgüc－Kunt and Detragiache（1998）进行了如下解释：金融自由化引发银行危机爆发的原因之一

---

① MCKINNON R I. *Money and capital in economic development*［M］. In：Washington D. C. , brookings institution, 1973.

② SHAW E S. *Financial deepening in economic development*［M］. In：London, oxford university press, 1973.

③ SIKORSKI T. *Financial liberalization in developing countries*［M］. Edward elgar publishing company, 1996.

④ LEVINE R. Financial development and Economic growth：Views and agenda［J］. *Journal of economic literature*, 1997, 35（2）：688-726.

⑤ 林毅夫，章奇，刘明兴. 金融结构与经济增长：以制造业为例［J］. 世界经济，2003（1）：3-21.

⑥ LOAYZA N, RANCIERE R. Financial development, financial fragility, and growth［J］. *Journal of money, credit and banking*, 2005, 38（4）：1051-1076.

⑦ WILLIAMSON J, MAHAR M. A survey of financial liberalization［R］. Essays in international finance, 1998, No. 211.

⑧ SUNDARARAJAN V, BALINO T J T. *Banking crises：Causes and issues*［M］. In：Washington D. C. , international monetary fund, 1991.

⑨ MISHKIN F S. Understanding financial crises：A developing country perspective［R］. NBER working paper, 1996, No. 5600.

在于利率自由化和利率上限的取消所引起的银行行为的变化①。在一个采取金融抑制的金融体系中，银行的贷款利率通常被监管当局设置一个上限，这就使得银行不可能收取较高的风险溢价。而一旦实施金融自由化措施，利率上限将逐渐被抬高甚至最后被取消，这就使得银行有可能为获取较高的风险溢价收益而将贷款配置给高风险客户。由于风险性贷款本身的脆弱性以及风险管理的复杂性，使得银行难以有效地评估风险项目以及监督借款者的行为，从而加大了银行的信用风险，使得银行危机爆发的概率增加。Caprio and Summers（1993）和 Hellmann et al.（1996）指出，以利率上限和进入限制为代表的金融抑制创造了一种租金，这种租金能够使银行执照对持有者来说具有很高的价值，即特许权价值②③。因而失去特许权价值的风险会激励银行更加稳健经营、更好地监督借款者以及更好地管理贷款组合风险。然而，当金融自由化实施导致银行竞争加剧且收益减少时，特许权价值将被侵蚀，从而扭曲银行进行风险管理的激励，造成银行体系脆弱性增加，最终提高了银行危机爆发的概率。金融自由化增加银行危机爆发概率的上述机制可以通过如下理论模型进行刻画：

假设银行业的全部收入来源于贷款的利息收入，银行所吸收的存款 D 和发放的贷款 L 都是永久性的，每年均支付利息，银行与银行之间处于完全竞争的长期均衡状态，这意味着银行与银行是无差别的，即每家银行的业务以及每家银行的成本与收入状况是无差别的；银行数目为 N，存款利率为 R_D，贷款利率为 R_L，经营一家银行的固定成本为 FC。于是，银行的利润 PR 如下：

$$PR = (L \times R_L + D \times R_D)/N - FC \tag{1.14}$$

因此，在固定成本不变的情况下，银行利润的大小取决于存贷款利率差和银行数目。在政府管制下，银行数目以及存贷款利率差均由政府决定，因而可以保证银行的 PR 大于 0，这实际上是管制为银行业带来的租金。

---

① DEMIRGUC‐KUNT A，DETRAGIACHE E. Financial liberalization and financial fragility ［R］. IMF working paper，1998，No. 98/83.

② CAPRIO G，SUMMERS L. The relationship between capital and earnings in banking ［J］. *Journal of money，credit and banking*，1993，27：432-456.

③ HELLMANN T，MURDOCK K，STIGLITZ J. *Financial restraint：towards a new paradigm* ［M］. The role of government in east Asian economic development comparative institutional analysis，M. Aoki，H‐K. Kim & M. Okuno‐Fujiwara，eds.，clarendon press：oxford，1996.

然而，当管制政策改变时，银行危机就很容易出现。假设在实行进入管制与退出管制的同时，政府解除利率管制，获得存贷款利率定价权的银行就会进行价格竞争。于是对存款的竞争会导致存款利率 R_D 上升，而对贷款的竞争则会导致贷款利率 R_L 下降，此时存贷款利差缩小将导致银行的 PR 下降。当 PR 降到与 FC 相等时，意味着每家银行从存贷款业务中得到的收入仅能够弥补固定成本，银行业处于收支平衡状态；如果存贷款利差进一步缩小，则 PR 将下降到低于 FC，此时银行业就会出现全面亏损，从而爆发银行危机。

此外又假设另一种情况，在实行利率管制的同时政府解除进入管制，则银行数目 N 会迅速增大到 N^*，若 N^* 使 $PR=(L\times R_L+D\times R_D)/N^*-FC=0$，则银行业处于盈亏平衡状态；若 N^* 使 $PR=(L\times R_L+D\times R_D)/N^*-FC<0$，则银行业将陷入全面亏损，从而爆发银行危机。如果再假设利率管制与进入管制同时解除，那么存贷款利差的缩小与银行数目的增加将大大提高银行危机爆发的概率。

通过对金融自由化理论的分析可以发现，金融自由化将会加大银行体系的脆弱性，从而增加银行危机爆发的概率。而以利率自由化、机构准入自由等为代表的金融自由化措施又直接体现了金融发展。因此，对金融自由化理论的分析可以认为，金融发展水平的提升会增加银行危机爆发的概率。

第五节　信贷周期理论

信贷周期理论是研究外部冲击如何通过信贷市场传导至实体经济的理论。一般而言，经济冲击的信贷传导机制包括金融加速器机制和银行信贷机制。

早期对经济波动的研究都是建立在完美的信贷市场假设基础上，即信贷市场不存在摩擦，如传统的实际经济周期（Real Business Cycle，RBC）理论就假定金融信贷市场对于实际经济不产生影响。然而事实上，绝大多数的经济危机都与金融信贷市场息息相关。因此，为揭示经济波动的内在特征，Bernanke and Gertler（1989）提出，信贷市场不完美会引起借贷双方的代理成本变化，由此引起企业资产负债状况改变，企业净资产也因此发生变化，从而影响企业的借款能力，导致企业投资发生改变①。通常在经济发展状况良好时，企业资产负债表良好，企业净资产增加，企业获得贷款的能力提高，因而可以从信贷市场上获得更多贷款用于投资。因此，这会导致企业产量进一步增加。而一旦经济开始下滑，则企业资产负债表将随之恶化，企业资产净值减少，企业获得贷款的能力下降，因而从信贷市场上获得的贷款数量减少，这将引起企业的下一期投资和企业产量进一步下降。由于信贷市场的不完美，最终使得经济出现更大的波动，他们将这种效应称为"金融加速器"效应。进一步，Bernanke et al. (1996) 正式提出"金融加速器"这一概念，并认为金融加速器效应是非对称性的，与经济增长时期相比，经济下滑时期金融加速器效应更加显著②。而银行信贷机制是指由于银行信贷行为往往具有顺周期性，经济繁荣导致银行可贷资金增加，银行对经济前景盲目乐观从而增加信贷供给，进而促进经济进一步扩张。而一旦经济出现衰退，银行收缩信贷供给将进一步加速经济的衰退③④⑤。

从上述分析可知，无论是金融加速器机制还是银行信贷机制，信贷周期理论都说明，外部冲击通过信贷市场会对经济波动产生放大效应。信贷扩张越强，对经济波动产生的放大效应也将越大，因而面临银行危机时经济遭受的负面冲击也将越大，也就越会导致银行危机的持续时间延长，从而降低了银行危机后经济的恢复速度。而信贷扩张又直接体现了金融发展。因此，对信贷周期理论的分析可以认为，金融发展水平的提升会降低银行危机后经济的恢复速度。

---

① BERNANKE B, GERTLER M. Agency costs, net worth, and business fluctuations [J]. *American economic review*, 1989, 79 (1): 14-31.
② BERNANKE B, GERTLER M, GILCHRIST S. The financial accelerator and the flight to quality [J]. *Review of economics and statistics*, 1996, 78 (1): 1-15.
③ GOODFRIEND M, MCCALLUM B T. Banking and interest rates in monetary policy analysis: A quantitative exploration [J]. *Journal of monetary economics*, 2007, 54, (5): 1480-1507.
④ GERTLER M, KIYOTAKI N. Financial intermediation and credit policy in business cycle analysis [J]. *Handbook of monetary economics*, 2010, 3 (3): 547-599.
⑤ JERMANN U, QUADRINI V. Macroeconomic effects of financial shocks [J]. *American economic review*, 2012, 102 (1): 238-271.

第六节　耗散结构理论

金融系统并非简单、有序的，而是混乱、复杂和非线性的，这一观点已得到 Huang and Tsai（2009）、Cavalcante（2016）、彼得斯（2004）、曼特尼亚和斯坦利（2006）、周炜星（2007）等众多学者的认可①②③④⑤。而由 Prigogine（1973）提出的耗散结构理论⑥，为从金融非线性系统的视角去理解银行危机提供了崭新的思路。

所谓耗散结构，是指一个远离平衡的开放系统通过与外界交换物质与能量，引入负熵流抵消内部的正熵，使系统的总熵变为负，当其达到一定的阈值时，在外界一次小的随机涨落影响下通过内部各个子要素的非线性关系放大传导，就可能从原有混乱无序的状态转变为一种在时间上、空间上或功能上有序的新状态。在耗散结构中，系统的无序通常用熵来表示，熵的增加意味着有效能量的减少，无效能量的增加，当熵达到最大值时，无序也达到最大。但在开放环境下，任何系统都会和外界环境进行物质和能量的交换，因此，总熵变 ds 由如下两个部分构成：

$$ds = d_e s + d_i s \qquad (1.15)$$

① HUANG C L, TSAI C Y. A hybrid SOFM-SVR with a filter-based feature selection for stock market forecasting [J]. *Expert systems with applications*, 2009, 36（2）：1529-1539.

② CAVALCANTE R C, BRASILEIRO R C, SOUZA V L F, et al. Computational intelligence and financial markets：A survey and future directions [J]. *Expert systems with applications*, 2016, 55（1）：194-211.

③ ［美］埃得加·E. 彼得斯. 复杂性、风险与金融市场 [M]. 宋学锋，曹庆仁，王新宇，译. 北京：中国人民大学出版社, 2004.

④ ［美］罗萨里奥·N. 曼特尼亚，［美］H. 尤金·斯坦利. 经济物理学导论：金融中的相关性与复杂性 [M]. 封建强，匡宏波，译. 北京：中国人民大学出版社, 2006.

⑤ 周炜星. 金融物理学导论 [M]. 上海：上海财经大学出版社, 2007.

⑥ PRIGOGINE I. Can thermodynamics explain biological order [J]. *Impact of science on society*, 1973, 23,（9）：159-179.

其中，$d_e s$ 称为熵流，是由系统与外界环境进行物质和能量交换引起的，它的正负由系统的开放性质、条件等因素决定，而 $d_i s$ 称为熵产生，是由体系内部自发的不可逆过程产生的，$d_i s \geqslant 0$。因此，只有当从外部引入负熵流来抵消内部熵产生的增加，才能避免无序状态发生甚至达到新的有序态。

对于银行体系而言，熵产生的增加是由银行体系内在脆弱性所决定，而由本章的前述相关理论可知，引起脆弱性的因素又无不与金融发展密切相关。因此，从耗散结构理论体系可以推断，金融发展作为银行体系脆弱性的影响因素，是熵产生增加的来源。从公式（1.15）还可知，除熵产生外，引起总熵变发生变化的因素还包括熵流。对于银行体系而言，熵流是由银行外部环境的不确定性所决定的，如政治动乱、宏观经济恶化、信用制度缺失等，这些因素的加入只会进一步增大总熵变，从而加速银行系统的无序。同时，存在于熵流与熵产生中的银行体系的内外部因素会逐渐突破阈值并通过非线性组合的方式产生随机涨落，并以突发事件的形式出现，即产生结构突变，从而引发银行系统的崩溃，导致银行危机的爆发。并且突破阈值的因素越多，引起的随机涨落将越大，突发事件对银行体系产生的冲击将更为激烈，银行危机爆发的可能性也就越大。

从上述关于耗散结构理论的分析可知，银行危机之所以爆发，是由于内部熵产生的增加以及正熵流的产生共同引起总熵变的增加，并通过内外部因素的非线性涨落冲击，最终造成银行系统的崩溃。并且随机涨落越大，对于银行体系的冲击更为强烈，银行危机后经济恢复时间将越长。而金融发展作为引起内部熵产生增加的重要因素，将与其余因素共同突破阈值，对银行危机爆发产生非线性作用。

第七节 小结

本书从银行危机理论出发，基于"债务—通缩"理论、金融市场的信息不对称理论、行业生命周期假说、金融自由化理论以及信贷周期理论等不同理论解释了金融发展水平的提升会增加银行危机爆发的概率以及降低银行危机后经济恢复速度的作用机制，同时又基于耗散结构理论对上述对象的非线性作用机制进行了理论分析，从而为后续开展上述对象的线性与非线性关系的实证研究甚至线性与非线性预警体系的构建提供了充分的理论基础。

第二章

金融发展测度研究

　　要探讨金融发展对银行危机的爆发以及危机后经济恢复速度的影响，重要的前提之一在于准确测度金融发展，因而金融发展指标体系的构建就成为测度金融发展的一项重要工作。从已有研究来看，金融发展指标体系正逐渐完善，从最初的单一指标变量扩展到多变量指标体系，从最初的仅基于金融结构理论的指标体系衍变为基于金融结构理论与金融功能理论的指标体系，从最初的银行维度指标体系发展为包含金融机构与金融市场维度的指标体系，从最初的单一维度扩展到多维度的指标体系。同时，PCA 又成为金融发展指数构建的核心方法。然而，各维度下的指标变量应该如何设计？金融发展指数究竟应该以何种方式通过 PCA 计算产生？本书构建的金融发展指数是否可靠？不同国家（地区）不同时期金融发展又有何差异？这些问题都将在本章进行详细探讨。

第一节　金融发展指标体系的构建

一、理论基础

　　20 世纪 60 年代，随着金融体系的不断演进与金融工具的不断创新，金融在经济发展中扮演的角色愈加重要，金融资产成为居民和国家财富的重要组成部分。而金融体系不断演进的同时，金融结构也在不断发生改变，基于金融结构理论展开的金融发展研究应运而生。

最早的金融结构理论是由 Gurley and Shaw（1960）提出①，他们从数量扩张的视角来刻画金融发展，认为市场中银行、非银行金融机构数量的增多以及金融资产流动性的提高刻画了金融发展水平的提升。Goldsmith（1969）进一步发展了金融结构理论，认为金融发展的内涵是金融结构的完善与进步，并提出了一系列衡量金融结构的指标，从而试图揭示金融结构演变的内在规律②。金融结构的第一个基本特征是金融上层结构和经济上层结构之间的相对规模关系，以金融相关率（FIR）指标，即金融资产总额与国民财富之比来表示。金融结构的第二个基本特征是金融上层结构在经济上层结构中的组成关系，以金融工具总量在经济中的分布，即各种金融工具和金融资产在经济各部门的相应分布状况来表示。金融结构的第三个基本特征是不同金融机构在经济中的相对重要性，以各种类型的金融中介在所有金融机构总资产中所占的份额来表示。尽管随后McKinnon（1973）和 Shaw（1973）将金融发展等同于金融深化，认为金融资产规模、金融工具和金融机构的扩张刻画了金融发展水平的提升，但它仍然属于金融结构理论的框架体系③④。由此可见，金融结构理论是从宏观视角出发，认为通过金融资产的发展规模以及金融中介的数量可以考察金融发展水平的变化。虽然该理论提出了量化金融发展的相关指标，使金融发展的测度直观容易，但却忽略了对金融发展质量的重视，从而很可能导致一国为追求金融发展而盲目扩大金融规模⑤。

与金融结构理论不同，金融功能理论是从微观视角出发，基于金融体系的功能开展金融发展研究。Merton（1995）认为，金融体系包含六大基本功能，

① GURLEY J G, SHAW E S. *Money in theory of finance*［M］. In：Washington D. C.，brookings institution，1960.

② GOLDSMITH R W. *Financial structure and development*［M］. In：New Haven，yale university press，1969.

③ MCKINNON R I. *Money and capital in economic development*［M］. In：Washington D. C.，brookings institution，1973.

④ SHAW E S. *Financial deepening in economic development*［M］. In：London，oxford university press，1973.

⑤ 白钦先. 金融结构、金融功能演进与金融发展理论的研究历程［J］. 经济评论，2005（3）：39-45.

分别是支付清算功能，汇集资金功能，跨时、跨区、跨业配置资源功能，管理风险功能，价格发现功能，降低信息不对称成本功能①。Levine（1997）基于Merton（1995）提出的金融功能观，将金融发展与金融功能联系在一起，其认为金融发展就是金融体系所提供的服务和功能的优化过程②。显然较金融结构理论注重金融发展的数量，金融功能理论则更为关注金融发展的质量。但直接基于金融体系的功能构建金融发展指标体系却很困难，因为正如 Levine（2005）所指出的那样，在实证研究中很难挖掘到能够准确对应理论模型的指标变量③。因此Čihák et al.（2012）提出，从金融系统的重要特征出发，挖掘能够刻画金融系统提供服务能力的指标变量就能够有效解决上述问题④。

基于上述分析可知，金融结构理论与金融功能理论分别从宏观与微观视角提出了刻画金融发展数量与质量特征的思路，为金融发展指标体系的构建提供了理论基础。因此，本书将综合金融结构理论与金融功能理论，构建能够全面测度金融发展水平的指标体系。

二、基于结构观的机构与市场维度

随着金融体系的发展与完善，金融机构的类型也呈现出多样性特征。尽管银行仍然是当前绝大多数国家，尤其是新兴市场和发展中国家最为重要的金融机构，但例如投资银行、保险公司、共同基金、养老基金以及其余非银行金融机构也逐渐在金融体系中崭露头角，其重要性不可忽视，次贷危机的爆发也有力地证明了非银行金融机构在金融体系中的重要性。因此，从金融机构视角出发，构建包含不同金融机构的金融发展指标体系，显得十分必要。

---

① MERTON R C. A functional perspective of financial intermediation [J]. *Financial management*, 1995, 24（2）: 23-41.

② LEVINE R. Financial development and Economic growth: Views and agenda [J]. *Journal of economic literature*, 1997, 35（2）: 688-726.

③ LEVINE R. *Finance and growth: Theory and evidence* [M]. Handbook of economic growth, in: Philippe Aghion & Steven Durlauf（ed.）, 2005, edition 1, volume 1, chapter 12: 865-934.

④ CIHAK M, DEMIRGUC-KUNT A, FEYEN E, et al. Benchmarking financial systems around the world [R]. Policy research working paper, 2012, No. 6175.

同时不可忽视的是，金融市场在金融体系发展中也起着举足轻重的作用。它既能帮助个人与企业将储蓄转化为投资，也能帮助企业从银行外的市场渠道，如股票、债券、货币市场等获取资金①。因此从金融市场视角出发，构建包含不同金融市场的金融发展指标体系，也具有重要意义。

基于上述分析，本书认为，金融机构与金融市场都能有效地提供金融服务，从而促进金融体系的发展。因此，从金融机构与金融市场两大结构维度构建金融发展指标体系，具有充分性与合理性。

三、基于功能观的深度、包容性与效率维度

（一）金融深度维度

金融深度是指金融机构和金融市场的规模与流动性，它反映了金融体系提供服务的整体程度。就金融机构维度而言，最为广泛使用的金融深度指标是银行私营部门信贷/GDP，即由商业银行提供给私营部门的信贷总量与 GDP 之比②③④。然而，该指标仅能刻画商业银行向私营部门提供资源的能力，忽略了对全部金融机构资源供给能力的考察，同时也并未将其余金融机构的规模纳入金融深度维度中。因此，本书针对金融机构维度下的金融深度类指标变量设计如下：

1. 流动负债（M3）/GDP。该指标用来刻画金融机构负债规模，能够考察金融体系整体的流动性情况。流动负债/GDP 越大表明金融机构深度越大。

2. 商业银行资产/（商业银行资产+中央银行资产）。由于商业银行相比中央银行能够提供更为丰富的风险管理与信息处理服务，因此该指标能够弥补规模指标无法揭示风险管理等金融服务的缺陷。该指标越大表明以银行为代表的

① SAHAY R, CIHAK M, N'DIAYE P, et al. Rethinking financial deepening: Stability and growth in emerging markets [R]. IMF staff discussion note, 2015, No. SDN/15/08.

② CIHAK M, DEMIRGUC-KUNT A, FEYEN E, et al. Benchmarking financial systems around the world [R]. Policy research working paper, 2012, No. 6175.

③ SVIRYDZENKA K. Introducing a new broad-based index of financial development [R]. IMF working paper, 2016, No. 16/5.

④ MOYO C, ROUX P L. Financial liberalisation, financial development and financial crisis in SADC countries [R]. Department of economic working papers series, 2018, No. 2018/35.

金融机构在风险管理与信息处理上具有更强的能力，金融机构深度也就越大。

3. 国内私营部门信贷/GDP。该指标中的国内私营部门信贷是指金融公司向私营部门提供的信贷。这里的金融公司不仅包含商业银行，还包含保险公司、养老基金、共同基金等非银行金融部门。同时需要说明的是，之所以选择私营部门信贷而非全部信贷，是因为相比政府和国有企业，私营部门更难从金融体系获得融资，因此对国内私营部门信贷/GDP 进行考察，能够有效地捕获金融体系在风险管理、配置资源、提供金融服务等方面的作用。该指标越大表明对私营部门的信贷投入越高，因而金融机构深度也越大。

4. 银行资产/GDP、养老基金资产/GDP、共同基金资产/GDP、保险公司资产/GDP。这四个指标都分别刻画了商业银行、养老基金、共同基金和保险公司四类不同金融机构的规模，值越大表明这四类金融机构的规模越大，金融机构的深度也越大。

就金融市场维度而言，目前研究都从股票与债券两种基础有价证券出发，对股票市场与债券市场的金融发展指标体系展开设计。因此，本书针对股票市场与债券市场的金融深度指标变量设计如下：

1. 股市总市值/GDP。该指标所指的股市总市值即为上市公司总市值，刻画了股票市场总规模。该指标越大表明股票市场深度越大。

2. 股市交易总额/GDP。该指标刻画了股票市场的交易活动情况，体现了股票市场的流动性程度。该指标越大表明股票市场流动性程度越高，股票市场的深度也越大。

3. 国内私营部门债券未偿余额/GDP、国内公共部门债券未偿余额/GDP、国际债券未偿余额/GDP。这三个指标都考察了国内与国外未偿债券的规模，越大表明债券市场的深度也越大。

（二）金融包容性维度

金融包容性也被称为金融渠道或金融普惠，是金融发展的重要特征之一。Leyshon and Thrift（1995）认为，金融包容性是指保护确定的社会团体和个人能够获得正规金融服务的程度①。印度政府的普惠金融服务局将金融普惠定义为以可负担的成本为有需求的弱势群体，如低收入群体提供及时、充分的金融服务的程度②。与之相反，部分学者从金融排斥的定义出发去理解金融包容性，如Sinclair（2001）认为，金融排斥意味着无法以合理的方式提供必要的金融服务③；Carbo et al.（2005）认为金融排斥是指部分社会团体无法获得金融服务④。但无论是从金融包容性正面还是其反面的金融排斥的相关定义来看，金融包容性可以理解为社会所有成员都能享受到在其支付成本约束下满足其需求的金融服务的程度。

与金融深度相比，金融包容性更加强调金融体系的服务能力，其对于女性权益的保护⑤、企业效益的提升⑥、金融体系的稳定⑦⑧、贫困程度的降低与经济发展的促进⑨⑩等都具有非常重要的意义。在 2010 年 11 月韩国举行的 G20 峰

①　LEYSHON A，THRIFT N. Geographies of financial exclusion：Financial abandonment in Britain and the United States ［J］. *Transactions of the institute of British geographers*，1995，20（3）：312-341.

②　RANGARAJAN COMMITTEE. Report of the committee on financial inclusion ［R］. Government of India，2008.

③　SINCLAIR S P. Financial exclusion：An introductory survey ［R］. Report of centre for research in socially inclusive service，heriot-watt university，edinburgh，2001.

④　CARBO S，GARDENER E P，MOLYNEUX P. Financial exclusion ［R］. Palgrave macmillan，2005.

⑤　SWAMY V. Financial inclusion，gender dimension，and economic impact on poor households ［J］. *World development*，2014，56：1-15.

⑥　BECK T，DEMIRGUC-KUNT A. Small and medium-size enterprises：Access to finance as a growth constraint ［J］. *Journal of banking and finance*，2006，30（11）：2931-2943.

⑦　HAN R，MELECKY M. Financial inclusion for financial stability ［R］. Policy research working paper，2013，No. 6577.

⑧　AHAMED M M，MALLICK S K. Is financial inclusion good for bank stability？international evidence ［J］. *Journal of economic behavior and organization*，2019，157：403-427.

⑨　DEMIRGUC-KUNT A，KLAPPER L. Measuring financial inclusion：Explaining variation in use of financial services across and within countries ［R］. Brooking papers on economic activity，2013：279-321.

⑩　BRUHN M，LOVE I. The real impact of improved access to finance：Evidence from Mexico ［J］. *Journal of finance*，2014，3：1347-1376.

会上，金融包容性更是成为全球发展议程的九大支柱之一①。由此可见，金融包容性的重要性如此突显也使得对其测度成为金融发展研究中的重要课题之一。

为测度金融包容性，已有多个国际组织不遗余力，设计了不同的金融包容性指标体系并正式投入使用，其实践成果也被不同学者大量应用于学术研究中。当前形成了三大公认的金融包容性指标体系。

1. 世界银行构建的全球金融包容性指标体系（Global Financial Inclusion or Global Findex Database，GFD）。该体系基于金融产品与服务的需求端视角，通过盖洛普全球调查②开展的抽样问卷调查方式设计了涵盖银行账户使用情况、储蓄、借款、支付和应急基金5大类共474个指标变量，覆盖了世界上144个国家（地区）③。

部分学者都基于GFD进行了卓有成效的研究，如Allen et al.（2016）从存款账户视角出发，选择账户的拥有情况（即在银行、信用合作社、邮政局、微观金融机构等正规金融机构是否拥有一个存款账户）、储蓄情况（在过去12个月内是否使用一个正规金融机构的账户进行存款）、账户的使用频率（在过去1个月中账户是否有三次及以上的支出情况发生）三个指标变量作为金融包容性的代理变量，对123个国家（地区）的金融包容性影响因素进行了研究④；Zins and Weill（2016）和Léon and Zins（2020）都选取了是否拥有正规账户（即是否在金融机构拥有一个账户）、是否进行正规储蓄（即在过去12个月内是否使用一个金融机构账户进行存款）以及是否进行正规信贷（即在过去12个月内是

① GLOBAL PARTNERSHIP FOR FINANCIAL INCLUSION （GPFI）. The first G20 global partnership for financial inclusion （GPFI） forum［C］. Forum report published on October 01st, 2011. Retrieved on 18 September 2018. Available at：https：//www. gpfi. org/sites/default/files/documents/GPFI%20Forum%20Report. pdf.

② 关于盖洛普全球调查的详细信息，可参考 https：//www. gallup. com/analytics/232838/world-poll. aspx。

③ GFD 数据库的下载网址：https：//datacatalog. worldbank. org/dataset/global-financial-inclusion-global-findex-database。

④ ALLEN F, DEMIRGUC-KUNT A, KLAPPER L, et al. The foundations of financial inclusion：Understanding ownership and use of formal accounts［J］. *Journal of financial intermediation*，2016，27：1-30.

否向金融机构进行借款）3 个指标变量对非洲国家的金融包容性水平进行测度①②，为后续分别对外资银行发展与金融包容性关系的研究以及金融包容性影响因素研究提供了基础。同样，Fungáčová and Weill（2015）也选取了是否拥有正规账户、是否进行正规储蓄以及是否进行正规信贷这 3 个指标变量对中国的金融包容性水平进行了测度③，为探讨其影响因素奠定了基础。Le et al.（2019）选取了每 10 万人拥有的 ATM 机数量、每 10 万人拥有的银行分支机构数量、商业银行数量、商业银行存款余额/GDP、商业银行贷款余额/GDP 这 5 个指标来刻画金融包容性④。Oz-Yalaman（2019）通过采取拥有银行账户数量的成年人比重和拥有信用卡的成年人比重来测度金融包容性水平，以探讨其与税收收入间的关系⑤。

　　然而 GFD 调查频率为每三年一次，导致金融包容性的相关数据信息缺乏连贯性，限制了学者们从连续时间维度对金融包容性开展研究，且至今 GFD 都仅有 2011 年、2014 年与 2017 年、2020 年四年的数据资料，因此数据量的缺乏也制约了 GFD 在金融包容性研究中的应用。同时，该数据集仅针对金融机构维度，未包含金融市场维度的指标变量。

　　2. 国际货币基金组织构建的全球金融包容性指标体系，即金融服务可得性调查（Financial Access Survey，FAS）数据库。与世界银行的全球金融包容性指标体系的调查视角相反，IMF 的 FAS 则是基于金融产品与服务的供给端视角，通过提取中央银行、监管部门和相关统计机构的数据信息，构建了涵盖金融服务的提供者（如商业银行、信用合作社、微观金融机构等）和金融服务（如存

① ZINS A，WEILL L. The determinants of financial inclusion in Africa ［J］. *Review of development finance*，2016，6：46-57.
② LEON F，ZINS A. Regional foreign banks and financial inclusion：Evidence from Africa ［J］. *Economic modelling*，2020，84：102-116.
③ FUNGACOVA Z，WEILL L. Understanding financial inclusion in China ［J］. *China economic review*，2015，34：196-206.
④ LE T H，ANH T C，FARHAD T H. Financial inclusion and its impact on financial efficiency and sustainability：Empirical evidence from Asia ［J］. *Borsa istanbul review*，2019，19：310-322.
⑤ OZ-YALAMAN G. Financial inclusion and tax revenue ［J］. *Central bank review*，2019，19：107-113.

款、贷款、保险等）两大类共 242 个指标变量，覆盖了世界上 189 个国家（地区），同时该数据库从 2004 年开始建立并每年更新①。

　　Lòpez and Winkler（2019）基于 FAS 数据库，并考虑到各指标变量的时间长度，从中选择了关于商业银行借款者相关的指标变量来测度金融包容性，如商业银行借款人数与 2008 年成年人口数之比、借款人数 2004 年与 2007 年间的复合年度增长率、商业银行的贷款总额与 2008 年成年人口数之比、贷款量在 2004 年与 2007 年间的复合年度增长率②。Sarma（2012）从 FAS 数据库中选择了每千成年人拥有银行账户的数量、每 10 万成年人拥有的银行分支机构数量、国内信贷/GDP 以及国内存款/GDP 这 4 个指标作为宏观层面的数据，从 GFD 中选择了在正规金融机构拥有账户的成年人比例、使用正规金融机构账户进行储蓄的成年人比例、使用正规金融机构账户进行借款的成年人比例以及使用非正规渠道进行借款的成年人比例这 4 个指标作为微观层面的数据，进而从宏微观两个视角共同测度金融包容性水平③。Yorulmaz（2018）、Ardic et al.（2011）、Kendall et al.（2010）等也都基于 FAS 数据库选择了部分指标来测度金融包容性水平④⑤⑥。

　　然而，与世界银行的 GFD 一样，FAS 数据库也仅针对金融机构维度进行金融包容性指标体系设计，并未包含金融市场维度的指标变量。

①　FAS 数据库的下载网址：http：//data. imf. org/？ sk＝E5DCAB7E－A5CA－4892－A6EA－598B5463A34C。

②　LOPEZ T，WINKLER A. Does financial inclusion mitigate credit boom－bust cycles？［J］. *Journal of financial stability*，2019，43：116–129.

③　SARMA M. Index of financial inclusion－A measure of financial sector inclusiveness［R］. Berlin working papers on money，finance，trade and development，2012，No. 07/2012.

④　YORULMAZ R. An analysis of constructing global financial inclusion indices［J］. *Borsa istanbul review*，2018，18：248–258.

⑤　ARDIC O P，HEIMANN M，MYLENKO N. Access to financial services and the financial inclusion agenda around the world：A cross-country analysis with a new data set［R］. Policy research working paper，2011，No. WPS5537.

⑥　KENDALL J，MYLENKO N，PONCE A. Measuring financial access around the world ［R］. Policy research working paper，2010，No. WPS5253.

3. 普惠金融全球合作伙伴（Global Partners for Financial Inclusion, GPFI）① 构建的 G20 金融包容性指标体系。该体系整合了包括世界银行构建的 GFD、国际货币基金组织构建的 FAS 在内的多个国际组织现有数据库，基于金融产品与服务的供给与需求两个视角设计了涵盖金融服务的可获得性、金融服务的使用情况以及金融产品与服务质量 3 个维度 19 大类共 35 个指标变量，覆盖了世界上216 个国家（地区），从 2011 年起每年发布一次。目前该体系的数据信息已归入世界银行数据库中②。

与世界银行的 GFD 和 IMF 的 FAS 数据库一样，GPFI 的 G20 金融包容性指标体系也仅针对金融机构维度进行金融包容性指标体系的设计，并未包含金融市场维度的指标变量。

从上述三类金融包容性指标体系的阐述可知，尽管世界银行的 GFD 在学术研究中应用最广，但其数据发布频率低、时间跨度短的劣势十分突出；GPFI 的G20 金融包容性指标体系尽管综合了多个数据库信息，在发布频率上较 GFD 更高、时间跨度上较 GFD 更长，但鲜有被应用于学术研究中；而与 GFD 与 G20 金融包容性指标体系相比，IMF 的 FAS 数据库不仅具有最高的发布频率与最长的时间跨度，而且在学术研究中的应用也十分广泛，因此，本书将基于 FAS 数据库来构建金融包容性指标体系。

由于 FAS 数据库的指标变量众多，且不同国家（地区）在不同时间的各指标变量也存在不同的缺失数据，因此，本书从指标变量的数据丰富度视角出发，以银行危机样本国家（地区）③ 为研究对象④，选取了包含 70% 及以上数据量的指标变量。最终，本书针对金融机构维度下的金融包容性指标变量共设计 9 个，分别是：商业银行数量、保险公司数量、商业银行分支机构数量、ATM 机数量、每 1000 公里拥有的银行分支机构数量、每 10 万人拥有的银行分支机构数量、每

---

① 普惠金融全球合作伙伴是由 G20 国家、部分非 G20 国家以及相关国际机构组成的国际组织，致力于在全球范围内推广和发展普惠金融，其官方网址为：https://www.gpfi.org/about-gpfi。
② G20 金融包容性指标体系的数据下载网址为：https://databank.worldbank.org/reports.aspx? source=g20-basic-set-of-financial-inclusion-indicators。
③ 关于银行危机样本国家（地区）的具体内容参见第三章。
④ 根据第三章内容，银行危机样本国家（地区）共 129 个。

1000 公里拥有的 ATM 机数量、每 10 万人拥有的银行分支机构数量、每 10 万人拥有的保险公司数量。上述指标都反映了金融机构物理服务网点的可得性，指标值越大表明金融包容性越强。

然而正如前文所述，无论是 GFD、FAS 还是 G20 金融包容性指标体系，都只是从金融机构维度设计相应的金融包容性指标，忽略了金融市场维度的指标信息。因而无法全面准确地测度金融包容性水平，就更加不能直接将其纳入金融发展指标体系的构建中。由于世界银行的全球金融发展数据库（Global Financial Development Database，GFDD）① 中针对市场维度的金融包容性指标变量共设计 4 个，分别是股权投资在整个投资中的占比、除股票市值排前 10 的上市公司外的其余上市公司的股票市值总和占整个股市市值的比率（以下简称股票市值比）、除股票交易量排前 10 的上市公司外的其余上市公司的股票交易量总和占股市交易总量的比率（以下简称股市交易量比）、非金融公司发行在外的债券和票据总量占整个发行在外的债券与票据总量的比率（以下简称债券发行量比）。由于股权投资在整个投资中的占比这一指标数据量极少，因此，本书选择了股票市值比、股市交易量比和债券发行量比三个指标来刻画金融市场的集中度，从而测度金融市场维度的金融包容性水平。这三个指标越小，表明金融市场的集中度越高，因而新成员或处于弱势的成员进入金融市场享受金融服务的难度将更大，金融包容性水平也就更低。需要说明的是，尽管 IMF 构建的金融发展指数中包含了金融市场维度的金融包容性指数，且根据 Svirydzenka（2016）对 IMF 构建的金融发展指数的介绍可知②，该指数中金融市场维度的金融包容性指数包含股票市值比以及债券发行人总数两个指标，但由于 IMF 未公布包含这两个指标在内的所有指标的具体数值，仅公布了合成后的各维度指数与金融发展指数，因此本书未使用 IMF 金融发展指数这一数据库中的相关信息。

基于以上分析可知，本书针对金融包容性这一维度设计的指标变量，在金融机构维度下有：商业银行数量、保险公司数量、商业银行分支机构数量、

---

① GFDD 的数据下载网址为：https：//datacatalog. worldbank. org/dataset/global - financial - development。

② SVIRYDZENKA K. Introducing a new broad-based index of financial development ［R］. IMF working paper，2016，No. 16/5.

ATM 机数量、每 1000 公里拥有的银行分支机构数量、每 10 万人拥有的银行分支机构数量、每 1000 公里拥有的 ATM 机数量、每 10 万人拥有的 ATM 机数量、每 10 万人拥有的保险公司数量；在金融市场维度下有：股票市值比、股市交易量比、债券发行量比。

（三）金融效率维度

金融效率，从机构维度来讲是指以低成本提供金融服务以持续盈利的能力，从市场维度来讲是指市场的活跃度[①]。世界银行的 GFDD 针对机构与市场维度的金融效率指标体系进行了设计，机构维度的金融效率指标有：银行净息差、银行存贷利差[②]、银行非利息收入/总收入、银行营业成本/总资产、银行资产收益率（税前）、银行净资产收益率（税前）、银行资产收益率（税后）、银行净资产收益率（税后）、银行收入成本率、政府和国有企业的银行贷款/GDP，市场维度的金融效率指标有股市换手率。Svirydzenka（2016）、Sanfilippo-Azofra et al.（2018）、Le et al.（2019）、Naceur et al.（2019）等学者都基于世界银行的 GFDD，选择了部分指标进行实证研究，如 Le et al.（2019）选择了银行净息差、银行资产收益率（税后）和银行净资产收益率（税后）[③]，Sanfilippo-Azofra et al.（2018）选择了银行净息差和股市换手率[④]，Svirydzenka（2016）和 Naceur et al.（2019）选择了银行净息差、银行存贷利差、银行非利息收入/总收入、银行营业成本/总资产、银行资产收益率（税后）、银行净资产收益率（税后）来刻

①　SAHAY R, CIHAK M, N'DIAYE P, et al. Rethinking financial deepening：Stability and growth in emerging markets ［R］. IMF staff discussion note，2015，No. SDN/15/08.

②　银行存贷利差这一指标中，贷款利率是商业银行提供给私营部门的贷款利率，存款利率是商业银行的三个月存款利率。

③　LE T H, ANH T C, FARHAD T H. Financial inclusion and its impact on financial efficiency and sustainability：Empirical evidence from Asia ［J］. *Borsa istanbul review*，2019，19：310–322.

④　SANFILIPPO-AZOFRA S, TORRE-OLMO B, CANTERO-SAIZ M. Financial development and the bank lending channel in developing countries ［J］. *Journal of macroeconomics*，2018，55：215–234.

画金融效率①②。考虑到已有研究都未选择银行资产收益率（税前）、银行净资产收益率（税前）指标，而政府和国有企业的银行贷款/GDP 已暗含于金融深度维度中国内私营部门信贷/GDP 这一指标中，故本书排除银行资产收益率（税前）、银行净资产收益率（税前）指标以及政府和国有企业的银行贷款/GDP 这三个指标，最终选择的指标变量如下：

1. 银行净息差、银行存贷利差。这两个指标都刻画了以银行为代表的金融机构将储蓄转化为投资的效率。银行净息差越大表明银行的利息收入与利息支出之差越大，因而越不利于储蓄与贷款量的增长，最终降低了银行将储蓄转化为投资的效率。同样，银行存贷利差越大也越不利于储蓄与贷款量的增长，从而降低银行将储蓄转化为投资的效率。

2. 银行非利息收入/总收入、银行营业成本/总资产、银行收入成本率。这三个指标都刻画了银行的运营效率，银行营业成本/总资产越大表明银行在运营过程中产生的成本越高，因而运营效率越低；银行收入成本率越大，表明银行在获得单位收入的情况下花费的成本越高，因而运营效率越低；银行非利息收入/总收入越大，表明银行主营的信贷业务所产生的利息收入占总收入比重在降低，因而银行的运营效率也越低。

3. 银行资产收益率（税后）、银行净资产收益率（税后）。这两个指标都刻画了以银行为代表的金融机构的盈利性。这两个指标越大表明盈利性越强，则金融效率越高。

4. 股市换手率。该指标刻画了以股市为代表的金融市场的效率，该值越大表明效率越高。

但需要指出的是，债券市场的买卖价差尽管能够刻画债券市场效率，但通过彭博数据库只能获取 37 个国家自 2000 年起的数据资料。由于该指标缺乏大量数据信息，因此本书没有将其纳入金融效率指标体系中。

---

① SVIRYDZENKA K. Introducing a new broad-based index of financial development [R]. IMF working paper, 2016, No. 16/5.

② NACEUR S B, CANDELON B, LAJAUNIE Q. Taming financial development to reduce crises [J]. *Emerging markets review*, 2019, 40: 1-15.

四、综合结构观与功能观的金融发展指标体系

基于以上关于结构观与功能观下金融发展各维度的阐述，本书将结构观与功能观进行综合，从而提出如表 2-1 所示的金融发展 3×2 矩阵指标体系。其中，"3"是指功能观下的金融深度、金融包容性和金融效率 3 大维度，"2"是指结构观下的机构和市场 2 大维度。

表 2-1　金融发展 3×2 矩阵指标体系

维度	机构	市场
金融深度	● 流动负债（M3）/GDP ● 商业银行资产/（商业银行资产+中央银行资产） ● 国内私营部门信贷/GDP ● 银行资产/GDP ● 养老基金资产/GDP ● 共同基金资产/GDP ● 保险公司资产/GDP	● 股市总市值/GDP ● 股市交易总额/GDP ● 国内私营部门债券未偿余额/GDP ● 国内公共部门债券未偿余额/GDP ● 国际债券未偿余额/GDP
金融包容性	● 商业银行数量 ● 保险公司数量 ● 商业银行分支机构数量 ● ATM 机数量 ● 每 1000 公里拥有的银行分支机构数量 ● 每 10 万人拥有的银行分支机构数量 ● 每 1000 公里拥有的 ATM 机数量 ● 每 10 万人拥有的 ATM 机数量 ● 每 10 万人拥有的保险公司数量	● 股票市值比 ● 股市交易量比 ● 债券发行量比
金融效率	● **银行净息差** ● **银行存贷利差** ● **银行非利息收入/总收入** ● **银行营业成本/总资产** ● **银行收入成本率** ● 银行资产收益率（税后） ● 银行净资产收益率（税后）	● 股市换手率

注：加粗字对应的指标变量与对应维度存在负相关关系，其余指标变量与对应维度存在正相关关系。

第二节　金融发展指数的构建

在获得金融发展 3×2 矩阵指标体系后，鉴于线性加权方法比几何加权方法所获得的合成指数更加具有解释性①，因此本书运用线性加权方法合成金融发展各维度指数以及总指数。目前包括两种合成体系：

第一种合成体系是首先基于金融机构深度、金融市场深度、金融机构包容性、金融市场包容性、金融机构效率、金融市场效率 6 个维度的相应指标，运用线性加权方法合成金融机构深度指数（FID）、金融市场深度指数（FMD）、金融机构包容性指数（FIA）、金融市场包容性指数（FMA）、金融机构效率指数（FIE）、金融市场效率指数（FME）；然后基于金融机构深度指数（FID）、金融机构包容性指数（FIA）和金融机构效率指数（FIE），运用线性加权方法合成金融机构指数（FI），同时基于金融市场深度指数（FMD）、金融市场包容性指数（FMA）和金融市场效率指数（FME）合成金融市场指数（FM）；最后基于金融机构指数（FI）和金融市场指数（FM），运用线性加权方法合成金融发展指数（FD），本书称之为金融发展 A 指数（FD_ A），见图 2-1。

第二种合成体系是首先基于金融机构深度、金融市场深度、金融机构包容性、金融市场包容性、金融机构效率、金融市场效率 6 个维度的相应指标，运用线性加权方法合成金融机构深度指数（FID）、金融市场深度指数（FMD）、金融机构包容性指数（FIA）、金融市场包容性指数（FMA）、金融机构效率指数（FIE）、金融市场效率指数（FME）；然后运用线性加权方法，将金融机构深度指数（FID）和金融市场深度指数（FMD）合成金融深度指数（FDP），将金融机构包容性指数（FIA）和金融市场包容性指数（FMA）合成金融包容性指数（FAC），将金融机构效率指数（FIE）和金融市场效率指数（FME）合成金

---

① SVIRYDZENKA K. Introducing a new broad-based index of financial development［R］. IMF working paper，2016，No. 16/5.

融效率指数（FEF）；最后基于金融深度指数（FDP）、金融包容性指数（FAC）和金融效率指数（FEF），运用线性加权方法合成金融发展指数（FD），本书称之为金融发展 B 指数（FD_ B），见图 2-2。

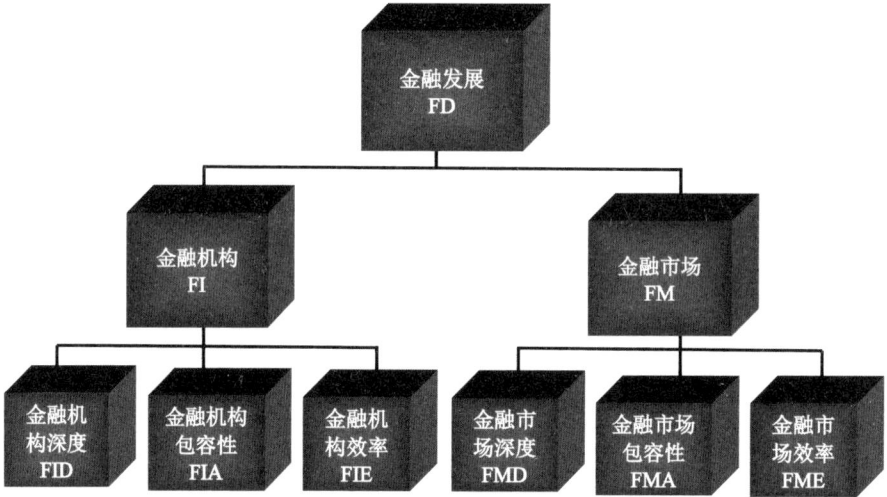

图 2-1　金融发展 A 指数的合成体系

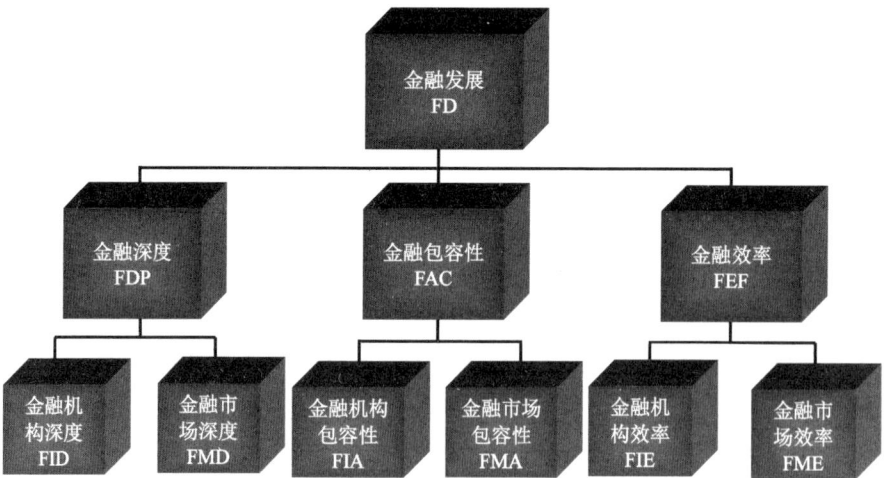

图 2-2　金融发展 B 指数的合成体系

对比图 2-1 和图 2-2 可以发现，底层指数，即 FID、FIA、FIE、FMD、FMA 和 FME，与顶层指数 FD 都没有变化，差异体现在中间层指数。在图 2-1 中，中间层指数由 FI 和 FM 组成，但图 2-2 中的中间层指数则由 FDP、FAC 和 FEF 组成，这体现了金融发展指数两种不同合成体系间的差异：一是从金融机构和金融市场两大结构维度进行合成；二是从金融深度、金融包容性和金融效率三大功能维度进行合成。由于两类合成体系并无优劣之分，因此为了更加全面地考察金融发展与银行危机爆发以及与银行危机后经济恢复速度间的关系，本书将基于上述两类合成体系来分别测度金融发展水平并进行相关的实证研究，从而使本书的实证结果具有更强的科学性。

此外，值得注意一点的是，使用线性加权方法合成金融发展各维度的指数以及总指数的前提是确定相应的权重。本书借鉴 Sahay et al.（2015）、Svirydzenka（2016）、Mathonnat and Minea（2018）、Naceur et al.（2019）、Le et al.（2019）、姚耀军和董钢锋（2015）、杜思正等（2016）等学者的研究成果[1][2][3][4][5][6][7]，采用 PCA 方法[8]来确定线性加权方法所需的相关权重。

───────────

① SAHAY R，CIHAK M，N'DIAYE P，et al. Rethinking financial deepening：stability and growth in emerging markets ［R］. IMF staff discussion note，2015，No. SDN/15/08.

② SVIRYDZENKA K. Introducing a new broad-based index of financial development ［R］. IMF working paper，2016，No. 16/5.

③ MATHONNAT C，MINEA A. Financial development and the occurrence of banking crises ［J］. *Journal of banking and finance*，2018，96：344–354.

④ NACEUR S B，CANDELON B，LAJAUNIE Q. Taming financial development to reduce crises ［J］. *Emerging markets review*，2019，40：1–15.

⑤ LE T H，ANH T C，FARHAD T H. Financial inclusion and its impact on financial efficiency and sustainability：Empirical evidence from Asia ［J］. *Borsa istanbul review*，2019，19：310–322.

⑥ 姚耀军，董钢锋. 中小企业融资约束缓解：金融发展水平重要抑或金融结构重要？——来自中小企业板上市公司的经验证据 ［J］. 金融研究，2015（4）：148–161.

⑦ 杜思正，冼国明，冷艳丽. 中国金融发展、资本效率与对外投资水平 ［J］. 数量经济技术经济研究，2016（10）：17–36.

⑧ 关于 PCA 方法确定权重的详细步骤，请参见 Nardo et al. "Handbook on constructing composite indicators：Methodology and user guide"，OECD Statistics Working Papers，2005/03.

第三节　金融发展测度的实证研究

一、样本充足率的统计

本书以 Laeven and Valencia（2018）中的 118 个国家（地区）[①] 和 Reihart and Rogoff（2008，2015）中与 Laeven and Valencia（2018）的 118 个国家（地区）不重叠的 11 个国家（地区）[②] 共 129 个国家（地区）为研究样本，对其 1968 年至 2016 年的金融发展指标数据集的样本充足率进行统计[③]，见表 2-2、图 2-3 和图 2-4。可以发现，金融发展指标数据集呈现如下特征：

1. 对表 2-2 的样本充足率进行统计发现，样本的整体充足率达到 34.43%。同时，从图 2-3 可以看出，样本充足率随时间呈现出阶梯上涨的趋势：从 1968 年至 1995 年，样本充足率都处于 25% 以下；1996 年至 2003 年，样本充足率接近 50%；2004 年至 2016 年，样本充足率高于 60%。

2. 对图 2-4 和图 2-5 中各金融发展分指数的样本充足率进行分析可以发现：1968 年至 1995 年，样本数据集由金融深度维度样本数据与金融效率维度样本数据构成，且随着时间的推进从最初的金融机构深度维度扩展到金融机构深度维度、金融市场深度维度和金融市场效率维度，进而再扩展到金融机构深度维度、金融市场深度维度、金融市场效率维度、金融机构效率维度以及金融市场包容性维度，只是此时金融市场包容性维度的样本充足率极低；1996 年至 2003 年，随着金融机构效率维度的样本量逐步扩充，导致金融效率维度的样本充足率也获得了较大提升，同时金融市场包容性维度的样本量也有了一定程度

[①] 关于 Laeven and Valencia（2018）中的 118 个国家（地区）样本见附录 2 中的表 1.

[②] Reihart and Rogoff（2008，2015）中与 Laeven and Valencia（2018）的 118 个国家（地区）不重叠的 11 个国家（地区）为：安哥拉、澳大利亚、加拿大、危地马拉、洪都拉斯、毛里求斯、缅甸、新西兰、新加坡、南非、中国台湾。

[③] 从数据的可得性出发，本书选择从 1968 年开始的数据。同时，由于 2017 年和 2018 年大部分维度尚未公布统计数据，因此这两年的数据不纳入实证研究中。

扩充；2004 年至 2016 年，各维度样本数据趋于成熟，因而总体的样本充足率较之前有了明显的上升，同时金融机构包容性维度的出现，也推动了金融包容性维度样本充足率的上升。基于以上分析可知，金融发展从单纯关注深度维度逐渐扩展到对于效率及包容性维度的关注，这都得益于金融发展理论体系的逐步成熟。

3. 对表 2-2 中金融机构维度的样本充足率与金融市场维度的样本充足率进行统计发现，前者（38.57%）大于后者（23.89%）。同时，银行机构方的样本充足率（38.30%）① 也远大于非银行金融机构方的样本充足率（20.65%），从而反映出全球金融体系总体仍以银行为代表的金融机构主导的事实。

表 2-2　金融发展各指标变量的样本充足率统计结果

指标变量	时间区间	充足率（%）	指标变量	时间区间	充足率（%）
金融机构深度			金融市场深度		
流动负债（M3）/GDP	1968-2016	83.07	股市总市值/GDP	1975-2016	37.78
商业银行资产/（商业银行资产+中央银行资产）	1968-2016	81.13	股市交易总额/GDP	1975-2016	38.84
国内私营部门信贷/GDP	1968-2016	82.50	国内私营部门债券未偿余额/GDP	1987-2016	16.26
银行资产/GDP	1973-2016	76.73	国内公共部门债券未偿余额/GDP	1987-2016	18.49

---

① 银行机构方的样本充足率由商业银行资产/（商业银行资产+中央银行资产）、银行资产/GDP、商业银行数量、商业银行分支机构数量、ATM 机数量、每 1000 公里拥有的银行分支机构数量、每 10 万人拥有的银行分支机构数量、每 1000 公里拥有的 ATM 机数量、每 10 万人拥有的 ATM 机数量、银行净息差、银行存贷利差、银行非利息收入/总收入、银行营业成本/总资产、银行收入成本率、银行资产收益率（税后）、银行净资产收益率（税后）共 16 项指标构成，而非银行机构方的样本充足率由养老基金资产/GDP、共同基金资产/GDP、保险公司资产/GDP、保险公司数量、每 10 万人拥有的保险公司数量共 5 项指标构成。

指标变量	时间区间	充足率（%）	指标变量	时间区间	充足率（%）
养老基金资产/GDP	1990-2016	18.37	国际债券未偿余额/GDP	1980-2016	36.58
共同基金资产/GDP	1980-2016	17.34			
保险公司资产/GDP	1980-2016	29.47			
金融机构包容性			金融市场包容性		
商业银行数量	2004-2016	25.87	股票市值比	1998-2016	11.34
保险公司数量	2004-2016	19.76	股市交易量比	1998-2016	7.97
商业银行分支机构数量	2004-2016	25.11	债券发行量比	1987-2016	11.23
ATM机数量	2004-2016	23.11			
每1000公里拥有的银行分支机构数量	2004-2016	25.15			
每10万人拥有的银行分支机构数量	2004-2016	25.15			
每1000公里拥有的ATM机数量	2004-2016	23.11			
每10万人拥有的ATM机数量	2004-2016	23.11			
每10万人拥有的保险公司数量	2004-2016	18.29			
金融机构效率			金融市场效率		
银行净息差	1996-2016	40.18	股市换手率	1975-2016	36.89
银行存贷利差	1980-2016	49.75			
银行非利息收入/总收入	1996-2014	36.97			

指标变量	时间区间	充足率（%）	指标变量	时间区间	充足率（%）
银行营业成本/总资产	1996-2016	40.66			
银行收入成本率	1996-2014	36.96			
银行资产收益率（税后）	1996-2016	39.80			
银行净资产收益率（税后）	1996-2016	40.04			

注：时间区间是指对应指标变量有数值存在的区间；充足率是指对应指标变量下所有国家（地区）在 1968 年至 2016 年间存在数值的样本个数占所有样本个数的比率。

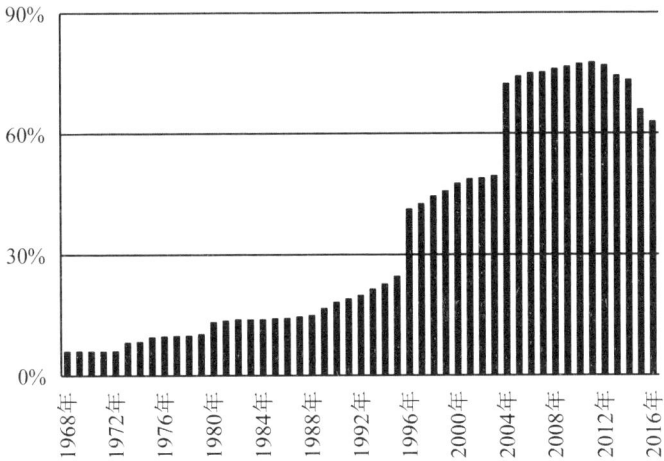

图2-3 金融发展指标数据集的样本充足率统计结果

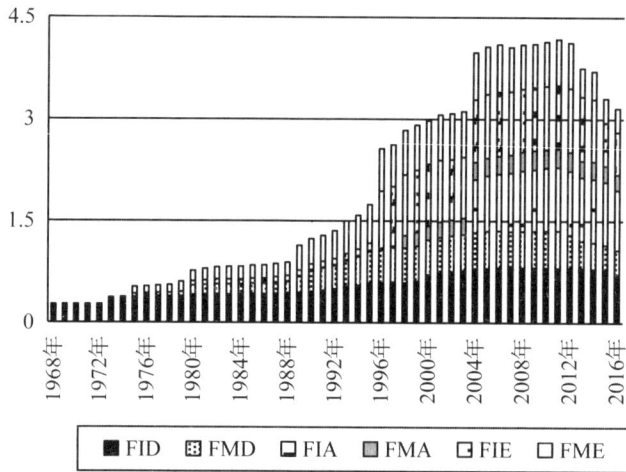

图 2-4　各金融发展分指数的样本充足率统计结果

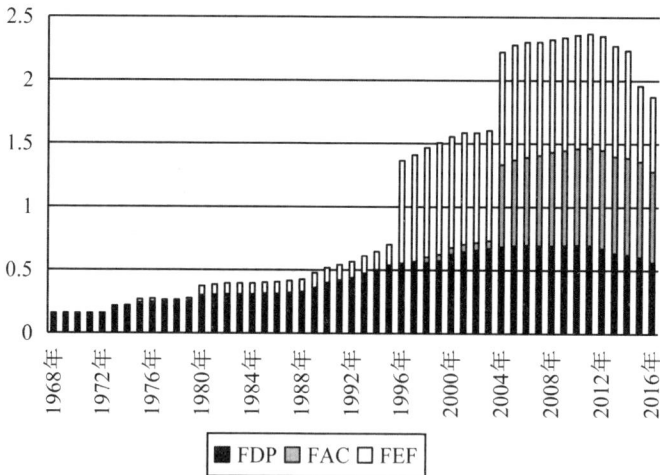

图 2-5　FDP、FAC 和 FEF 的样本充足率统计结果

二、样本的预处理

(一) 针对缺失样本的插值

由于样本数据集存在缺失，若直接对缺失数据进行删除，则可能由于误删

了大量有效信息而造成实证结果的失真，因此，本书将对缺失数据进行线性插值处理。需要说明的是，部分样本数据存在左删失的情况本就是由于国家（地区）金融发展迟缓等客观事实所造成的，若针对这类缺失数据进行插值，反而会影响样本数据集整体的真实性。因此，本书不针对左删失数据进行处理。通过对除左删失数据外的其余缺失数据进行插值后，本书的整体样本充足率达到35.99%，较原始数据集的整体样本充足率有了一定提高。同时，通过对插值后的样本充足率与插值前的样本充足率之间的差异在各年的变化情况进行统计发现（见图 2-6），从 2012 年开始，差异呈现出急剧上涨的趋势，最高点出现在2016 年，差异为 16.96%。

　　进一步将不同分指数的样本充足率在插值后与插值前的差异展示在图 2-7中。从图 2-7 可以发现，插值后金融效率维度的样本充足率上涨最多，其次是金融深度维度，上涨最小的是金融包容性维度。同时，金融市场维度的样本充足率较金融机构维度的样本充足率上涨更多。

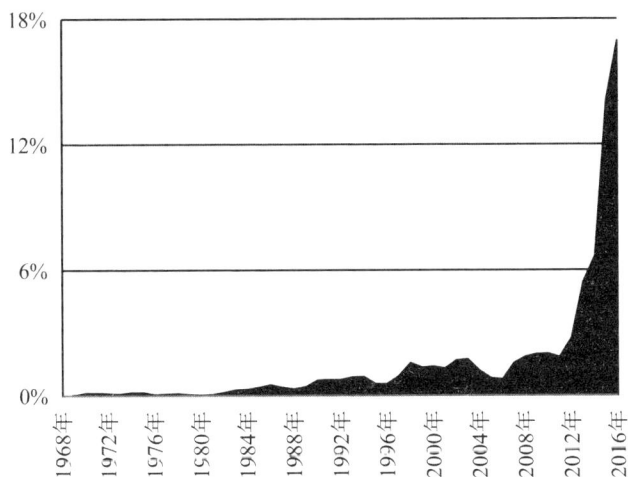

图 2-6　插值前后样本充足率差异结果

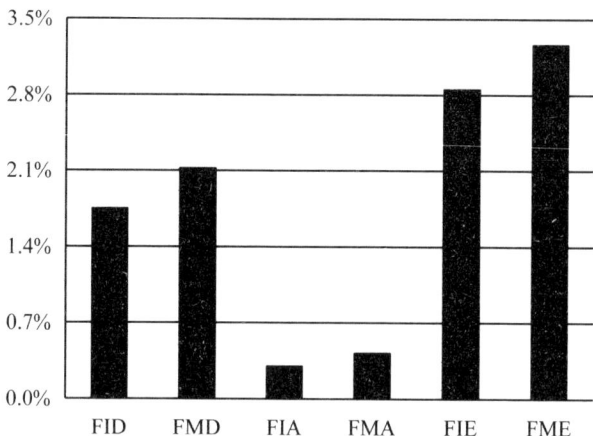

图 2-7　不同维度的样本充足率在插值前后的差异结果

（二）异常值的缩尾处理与样本数据的标准化处理

异常值①的存在会导致金融发展指数计算的失真，但直接删除异常值又会导致大量有效信息的丢失，因此本书借鉴Čihák et al.（2012）和 Svirydzenka（2016）的处理方法，对各指标的最大和最小 5% 的极端值进行缩尾处理。在此基础上，本书进一步对各指标进行标准化处理，即运用下述的公式（2.1）与公式（2.2）将各指标的数值转换到 [0，1] 区间：

$$X_{ij} = \frac{x_{ij} - x_i^{min}}{x_i^{max} - x_i^{min}} \qquad (2.1)$$

$$X_{ij} = 1 - \frac{x_{ij} - x_i^{min}}{x_i^{max} - x_i^{min}} \qquad (2.2)$$

其中，x_{ij} 是指第 i 个指标的第 j 个样本，x_i^{min} 是指第 i 个指标中的最小值，x_i^{max} 是指第 i 个指标中的最大值，X_{ij} 是标准化后对应 x_{ij} 的新样本。由于本书的指标中，银行净息差、银行存贷利差、银行非利息收入/总收入、银行营业成本/总资产、银行收入成本率这 5 个指标与金融发展之间呈现出负相关关系，其余指标与金融发展之间呈现出正相关关系，为统一所有指标与金融发展之间的相关

---

① 根据Čihák et al.（2012）和 Svirydzenka（2016）的定义，某指标变量在所有国家（地区）所有时间段内的最大和最小 5% 的极端值即为异常值。

关系，本书对与金融发展呈现正相关关系的指标和负相关关系的指标分别采用公式（2.1）和公式（2.2）进行标准化处理。通过标准化处理后，各指标的数值都转换到［0，1］区间内，消除了量纲差异对金融发展指数构建的影响，同时也将各指标与金融发展之间的关系都转换为正相关关系，从而为下一步进行指数合成提供了基础。此外需要提出一点的是，在计算完各分指数以及总指数后，还需要将所有指数也运用公式（2.1）进行标准化处理，从而使得所有指数值都固定在［0，1］区间内。

三、金融发展指数的测度

（一）基于 PCA 方法的权重确定

为精炼本部分内容，本书仅以金融机构深度指数举例[①]。首先对金融机构深度维度下的流动负债（M3）/GDP、商业银行资产/（商业银行资产+中央银行资产）、国内私营部门信贷/GDP、银行资产/GDP、养老基金资产/GDP、共同基金资产/GDP 以及保险公司资产/GDP 这 7 个指标变量进行 KMO 和 Bartlett 球形检验。从检验结果可以发现，KMO 为 0.78 大于 0.5，且 Bartlett 球形检验值的统计检验 p 值为 0 小于 0.01，表明这 7 个指标变量适合于 PCA 分析。然后，本书借鉴 Nardo et al.（2005）的成果[②]，在主成分个数的确定上只要同时满足以下两个条件即可：（1）解释变量方差超过 10% 的主成分；（2）解释变量的累积方差超过 80% 的主成分。因此基于总方差解释结果（见表 2-3），本书最终选择出 3 个主成分。进一步，本书运用最大方差法获得旋转后的主成分载荷，见表 2-4。

---

① 其余指数的 PCA 处理结果，可在附录 1 中进行查阅。

② NARDO M, SAISANA M, SALTELLI A, et al. Handbook on constructing composite indicators: Methodology and user guide ［R］. OECD statistics working papers, 2005, No. 2005/03.

表2-3　总方差解释结果（金融机构深度）

主成分	解释变量方差（%）	解释变量累积方差（%）
1	57.759	57.759
2	14.613	72.373
3	**10.518**	**82.890**
4	7.643	90.533
5	4.689	95.222
6	3.596	98.818
7	1.182	100.000

注：加粗值代表满足条件的主成分，下同。

表2-4　金融机构深度维度下各指标变量的主成分载荷

指标变量	主成分载荷			主成分载荷平方（归一化）		
	主成分1	主成分2	主成分3	主成分1	主成分2	主成分3
流动负债（M3）/GDP	0.912	0.163	0.024	**0.322**	0.013	0.001
商业银行资产/（商业银行资产+中央银行资产）	0.165	0.046	0.974	0.011	0.001	**0.852**
国内私营部门信贷/GDP	0.685	0.522	0.279	**0.181**	0.130	0.070
银行资产/GDP	0.881	0.273	0.259	**0.300**	0.035	0.060
养老基金资产/GDP	0.087	0.894	0.047	0.003	**0.381**	0.002
共同基金资产/GDP	0.410	0.732	−0.004	0.065	**0.255**	0.000
保险公司资产/GDP	0.554	0.624	0.130	0.119	**0.185**	0.015
Expl. Var	2.587	2.100	1.113	—	—	—
Expl./Tot	0.446	0.362	0.192	—	—	—

注：主成分载荷平方（归一化）中的值为主成分载荷中的对应值的平方除以对应主成分的 Expl. Var；加粗值代表每个指标变量在主成分载荷平方（归一化）中的最大主成分值；Expl. Var 为各主成分的解释方差，即各指标变量在主成分载荷中各主成分值的平方和，Expl./Tot 为各主成分 Expl. Var 占 Expl. Var 总和的比重，下同。

　　于是，基于 Expl./Tot 以及主成分载荷平方（归一化）中各指标变量的最大主成分值，则可以将各指标变量在主成分载荷平方（归一化）中的最大主成分值与对应主成分下的 Expl./Tot 相乘，从而就能获得各指标变量的主成分权重。同时为了让各主成分权重之和为 1，本书进一步用各指标对应的主成分权重除以所有指标主成分权重和，从而获得各指标变量最终的主成分权重，结果见表2-5。

最终，本书将表 2-5 中的实证结果与附录 1 所展示的其余指标变量以及各金融发展分指数的 PCA 权重确定结果汇总，从而获得如表 2-6 所示的各指标变量的 PCA 权重确定结果以及表 2-7 所示的各金融发展分指数的 PCA 权重确定结果。

表 2-5　金融机构深度维度下各指标变量的主成分权重

指标变量	主成分权重	指标变量	主成分权重
流动负债（M3）/GDP	0.175	养老基金资产/GDP	0.168
商业银行资产/（商业银行资产+中央银行资产）	0.200	共同基金资产/GDP	0.113
国内私营部门信贷/GDP	0.099	保险公司资产	0.082
银行资产/GDP	0.163		

表 2-6　各指标变量的 PCA 权重确定结果

指标变量	主成分权重	指标变量	主成分权重
金融机构深度		金融市场深度	
流动负债（M3）/GDP	0.175	股市总市值/GDP	0.212
商业银行资产/（商业银行资产+中央银行资产）	0.200	股市交易总额/GDP	0.205
国内私营部门信贷/GDP	0.099	国内私营部门债券未偿余额/GDP	0.118
银行资产/GDP	0.163	国内公共部门债券未偿余额/GDP	0.216
养老基金资产/GDP	0.168	国际债券未偿余额/GDP	0.249

续表

指标变量	主成分权重	指标变量	主成分权重
共同基金资产/GDP	0.113	—	—
保险公司资产/GDP	0.082	—	—
金融机构包容性		金融市场包容性	
商业银行数量	0.087	股票市值比	0.325
保险公司数量	0.097	股市交易量比	0.324
商业银行分支机构数量	0.141	债券发行量比	0.351
ATM 机数量	0.144	—	—
每 1000 公里拥有的银行分支机构数量	0.140	—	—
每 10 万人拥有的银行分支机构数量	0.080	—	—
每 1000 公里拥有的 ATM 机数量	0.131	—	—
每 10 万人拥有的 ATM 机数量	0.070	—	—
每 10 万人拥有的保险公司数量	0.120	—	—
金融机构效率		金融市场效率	
银行净息差	0.155	股市换手率	1
银行存贷利差	0.155	—	—
银行非利息收入/总收入	0.186	—	—
银行营业成本/总资产	0.152	—	—
银行收入成本率	0.048	—	—
银行资产收益率（税后）	0.167	—	—
银行净资产收益率（税后）	0.175	—	—

表 2-7 各金融发展分指数的 PCA 权重确定结果

分指数	主成分权重	分指数	主成分权重
金融机构深度	0.290	金融机构深度	0.500
金融机构包容性	0.333	金融市场深度	0.500
金融机构效率	0.377	金融机构包容性	0.500
金融市场深度	0.339	金融市场包容性	0.500
金融市场包容性	0.393	金融机构效率	0.500
金融市场效率	0.268	金融市场效率	0.500
金融机构	0.500	金融深度	0.187
金融市场	0.500	金融包容性	0.406
		金融效率	0.407

（二）金融发展 A、B 指数的比较

如前所述，金融发展指数有两种合成体系，一种是基于 FI 指数与 FM 指数合成 FD_ A 指数，另一种是基于 FDP 指数、FAC 指数与 FEF 指数合成 FD_ B 指数。基于 PCA 方法，本书计算出 FD_ A 指数与 FD_ B 指数，并以国家（地区）为单位，对所有年度进行平均，进而将处理后的两类指数绘制成散点图，如图 2-8 所示。

从图 2-8 可以看出，散点的趋势线大致呈现 45 度，且大部分散点都十分靠近趋势线，表明各国（地区）的 FD_ A 指数与 FD_ B 指数极为接近，从而证明通过两种合成体系获得的金融发展指数具有极高的相似度。此外，通过计算 FD_ A 指数和 FD_ B 指数的 Pearson 相关性可知，其相关系数高达 0.989 且 $p <$ 0.01，表明二者具有极其显著的正相关关系，从而再次证明了上述结论。需要说明一点的是，由于 FD_ A 指数与 FD_ B 指数具有高度的相似性，同时大部分文献，如 Čihák et al.（2012）、Sahay et al.（2015）、Svirydzenka（2016）、Naceur et al.（2019）等，都采用了 FD_ A 指数的合成体系，因此，后续都主要以 FD_ A 指数进行相关实证研究，并基于 FD_ B 指数进行对比实验。

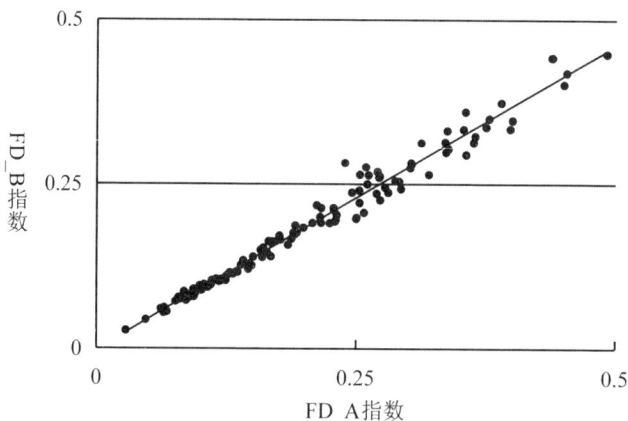

图 2-8　FD_ A 指数与 FD_ B 指数的散点图

注：图中的斜线为散点的趋势线，下同。

（三）金融发展指数的可靠性检验

为检验金融发展指数的可靠性，本书引入 IMF 构建的金融发展指数（以下称为金融发展 IMF 指数，简称 FD_ IMF 指数)[①] 进行对比。之所以选用 FD_ IMF 指数作为参照，原因在于目前公开数据库中，仅 IMF 直接公布了各国（地区）从 1980 年至 2017 年的金融发展指数。同时，根据 Svirydzenka（2016）对 IMF 构建的金融发展指标体系的介绍可知，该指标体系中大部分指标变量都包含在本书构建的金融发展指标体系中。因此，使用 FD_ IMF 指数来检验本书构建的金融发展指数的可靠性是具有很强的科学性。

由于本书构建的金融发展指数包含 129 个国家（地区）从 1968 年至 2016 年的信息，而 IMF 构建的金融发展指数包含 183 个国家（地区）〔但未包含前述 129 个国家（地区）中的中国台湾与津巴布韦〕从 1980 年至 2017 年的信息。因此考虑到检验的可靠性，本书以 FD_ A 指数中的 127 个国家（地区）（排除中国台湾与津巴布韦）为研究样本，选择 1980 年至 2016 年作为研究区间，并计算这 127 个国家（地区）的 FD_ A 指数和 FD_ IMF 指数的年度均值的标准化结

① FD_ IMF 指数的下载网址为：http：//data. imf. org/？ sk=F8032E80-B36C-43B1-AC26-493C5B1CD33B。关于该指数的指标体系及构建原理，可参考 Svirydzenka（2016）。

果，最终将这 127 个国家（地区）的 FD_ A 指数与 FD_ IMF 指数绘制成散点图，如图 2-9 所示。

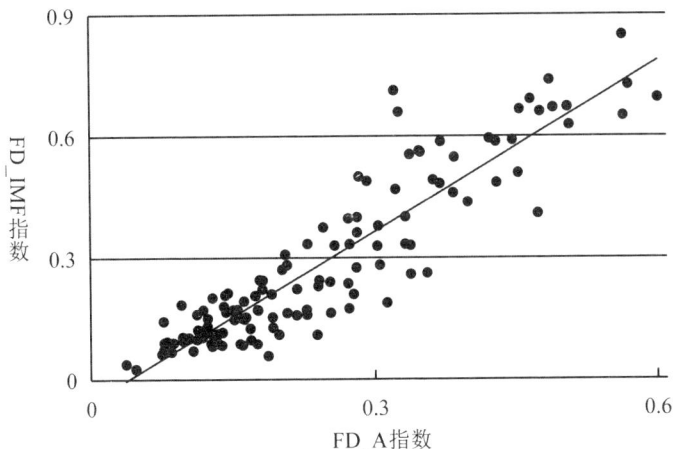

图 2-9　FD_ A 指数与 FD_ IMF 指数的散点图

从图 2-9 可以发现，各国（地区）FD_ A 指数与 FD_ IMF 指数所组成的散点的趋势线大致呈现 45 度，且大部分散点都处于趋势线周围，从而表明 FD_ A 指数与 FD_ IMF 指数具有较强的相似性。同时，Pearson 相关性检验的结果显示，二者的相关系数为 0.913 且 $p<0.001$，表明二者呈现出较强的正相关关系。另外，从 FD_ A 指数与 FD_ IMF 指数排名前 1/4 的样本统计可以发现（见图 2-10），仅巴西（BRA）、土耳其（TUR）、印度（IND）、俄罗斯（RUS）和捷克共和国（CZE）只属于 FD_ A 指数排名前 1/4 的样本，其余国家（地区）既属于 FD_ A 指数排名前 1/4 的样本，也属于 FD_ IMF 指数排名前 1/4 的样本，这也从一定程度上证明了 FD_ A 指数与 FD_ IMF 指数具有较强相似性的结论，从而也表明本书构建的金融发展指数具有较强的可靠性与科学性。

为了更为充分地验证本书构建的金融发展指数的可靠性，本书将从金融发展与经济增长关系出发，通过验证金融发展与经济增长是否存在相关关系而证明金融发展指数的可靠性。

目前研究持两种观点，一是认为金融发展对经济增长具有促进作用。王曙

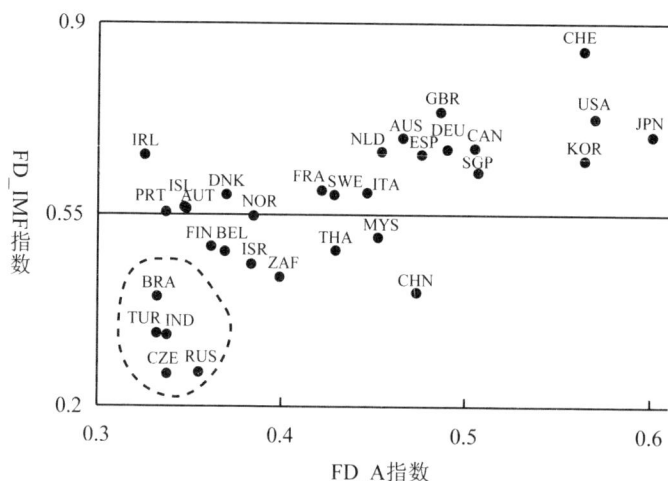

图 2-10 FD_ A 指数排名前 1/4 的样本散点图

注：虚线圈中的国家（地区）是未进入 FD_ IMF 指数排名前 1/4 的样本。

光（2010）将金融发展促进经济增长的机制总结为如下 5 方面[①]：（1）金融发展有利于风险的交易、风险的规避、风险分散化和各交易主体的风险分担，从而通过改变资源配置和储蓄率水平来促进长期经济增长率；（2）金融发展有利于获得更多有关投资和资源配置的信息，因而能够降低信息获取成本，提升资源配置效率，从而促进经济增长；（3）金融发展有利于增强市场的透明度，从而能够加强对经营者的监督和改善公司治理，进而提高企业的经营效率，最终促进经济增长；（4）金融发展有利于动员储蓄与大规模资金积聚，从而能够为经济增长提供充足的资本保障；（5）金融发展有利于经济中交易成本与信息成本的有效降低，进而促进经济中专业化程度的加深，进一步推动交易的活跃与技术创新，最终促进经济增长。同时，从实证来看，大量研究均已证实了金融

---

① 王曙光. 金融发展理论［M］. 北京：中国发展出版社，2010。

发展显著正向影响经济增长这一结论①②③④⑤⑥。二是认为金融发展对经济增长具有阻碍作用。持有这种观点的学者认为，正规金融市场的发展会争夺非正规的民间市场，从而减少了国内企业的可贷资金数量，最终将阻碍经济增长⑦⑧。但无论是上述哪一种观点，都认为金融发展对经济增长存在影响，只是影响方向相反。

因此，本书借鉴已有研究文献成果⑨⑩⑪⑫，以实际 GDP 增长率（GDP_growth）作为被解释变量，以 FD_ A 作为解释变量，以通货膨胀率（INF）、外

---

① KENDALL J. Local financial development and growth [J]. *Journal of banking and finance*, 2012，36（5）：1548-1562.

② SAMARGANDI N，FIDRMUC J，GHOSH S. Financial development and economic growth in an oil-rich economy：The case of Saudi Arabia [J]. *Economic modelling*，2014，43：267-278.

③ ASTERIOU D，SPANOS K. The relationship between financial development and economic growth during the recent crisis：Evidence from the EU [J]. *Finance research letters*，2019，28：238-245.

④ 李苗苗，肖洪钧，赵爽. 金融发展、技术创新与经济增长的关系研究——基于中国的省市面板数据 [J]. 中国管理科学，2015（2）：162-169.

⑤ 于成永. 金融发展与经济增长关系：方向与结构差异——源自全球银行与股市的元分析证据 [J]. 南开经济研究，2016（1）：33-57.

⑥ 吕朝凤. 金融发展、不完全契约与经济增长 [J]. 经济学（季刊），2017，17（1）：155-188.

⑦ BUFFIE E. Financial repression，the new structuralists，and stabilization policy in semi-industralized economies [J]. *Journal of development economics*，1984，14：305-322.

⑧ VAN WIJNBERGEN S. Interest rate management in LDCs [J]. *Journal of monetary economics*，1983，12（3）：433-452.

⑨ ASTERIOU D，SPANOS K. The relationship between financial development and economic growth during the recent crisis：evidence from the EU [J]. *Finance research letters*，2019，28：238-245.

⑩ BOTEV J，EGERT B，JAWADI F. The nonlinear relationship between economic growth and financial development：evidence from developing，emerging and advanced economies [J]. *International economics*，2019，160：3-13.

⑪ YANG F. The impact of financial development on economic growth in middle-income countries [J]. *Journal of international financial markets*，*institutions & money*，2019，59：74-89.

⑫ GURU B K，YADAV I S. Financial development and economic growth：panel evidence from BRICS [J]. *Journal of economics*，*finance and administrative science*，2019，24（47）：113-126.

商直接投资（净流入）/GDP（FDI_ GDP）、贸易总额/GDP（TRADE_ GDP）作为控制变量进行回归分析，并加入 FD_ IMF 作为对比，结果如表 2-8 所示。从表 2-8 显示的结果可以看到，无论是本书构建的 FD_ A 指数还是 IMF 构建的 FD_ IMF 指数，与经济增长之间都呈现出显著的负相关关系，支持了上述"金融发展对经济增长具有阻碍作用"的论点。并且从回归结果来看，模型 1 与模型 2 的各变量回归系数符号皆相同，且数值非常相近，从而证明本书构建的金融发展指数与国际组织 IMF 构建的金融发展指数一样，都能测度金融发展水平，具有很强的科学性与准确性。

值得一提的是，尽管本书构建的金融发展指数在测度金融发展水平上具有与 IMF 构建的金融发展指数相同的能力，但与 FD_ IMF 指数相比，本书构建的金融发展指数具有如下几大优势：（1）体系更为完整。与 FD_ IMF 指数的指标体系相比，本书构建的金融发展指数不仅包含由金融机构指数与金融市场指数合成的金融发展指数，而且也包含由金融深度指数、金融包容性指数与金融效率指数合成的金融发展指数，因而能够为学者们探讨金融发展的相关问题提供更多维度的研究空间；（2）指标更为丰富。与 FD_ IMF 指数的指标体系相比，本书构建的金融发展指数的指标体系在金融机构深度维度中纳入了流动负债（M3）/GDP、商业银行资产/（商业银行资产+中央银行资产）、银行资产/GDP、保险公司资产/GDP，从而增加了对金融体系流动性、金融机构风险管理与信息处理能力、银行与保险公司规模等方面的考察；在金融机构包容性维度中增加了商业银行数量、保险公司数量、商业银行分支机构数量、ATM 机数量、每 1000 公里拥有的银行分支机构数量、每 1000 公里拥有的 ATM 机数量和每 10 万人拥有的保险公司数量，从而为反映金融机构物理服务网点的可得性提供了更多的信息；在金融机构效率维度中增加了银行收入成本率，从而增加了对金融机构营运效率的考察；在金融市场包容性维度中增加了股票交易量比，从而提供了反映金融市场集中度的更加丰富的信息；（3）时间跨度更大。FD_ IMF指数的指标体系的涵盖时间最早是 1980 年，而本书构建的金融发展指标体系从 1968 年就开始，早于 IMF12 年。

基于以上分析可知，本书构建的金融发展指数不仅具有很强的可靠性，而且整个指标体系与已有的国际组织 IMF 构建的金融发展指标体系相比，也具有

明显的优势。因此，通过本书构建的金融发展指数来测度金融发展水平，进而
开展更为深入与丰富的研究，是十分科学可靠的。

表 2-8　金融发展指数与经济增长的面板回归结果

指标变量	模型 1	模型 2
cons	0.519*** （13.71）	0.573*** （15.15）
FD_ A	−0.251*** （−4.47）	
FD_ IMF		−0.296*** （−4.74）
INF	−0.217*** （−5.52）	−0.224*** （−5.70）
FDI_ GDP	0.160*** （6.89）	0.162*** （6.90）
TRADE_ GDP	0.150*** （3.24）	0.147*** （3.10）
Country fixed effects	Yes	Yes
Time fixed effects	Yes	Yes
Adjusted R−squared	0.128	0.146
No. observations	4699	4699
No. countries	127	127

注：***代表在 1% 的置信水平下显著；括号内数值为回归系数的 t 检验统计量数值；之
所有选择固定效应，是因为通过 F 检验、LM 检验和豪斯曼检验后认为固定效应最为合适，
同时通过对年度虚拟变量的联合显著性考察认为，在模型中应该包含国家固定效应与时间
固定效应的双向固定效应。

四、金融发展总指数的分析

基于各国（地区）金融发展指数，本书将各国（地区）的 FD_ A 指数进行
年度平均，从而获得各国（地区）金融发展指数，并绘制成图 2-11。从图 2-11
可以看出，金融发展水平较低的国家（地区）主要集中在南美洲、非洲、西亚、
南亚以及东欧，而金融发展水平较高的国家（地区）主要集中在北美洲、东亚、
西欧和大洋洲。显然可以看出，金融发展水平较低的国家（地区）多集中在经

济不太发达的区域，而金融发展水平较高的国家（地区）多集中在经济更为发达的区域。

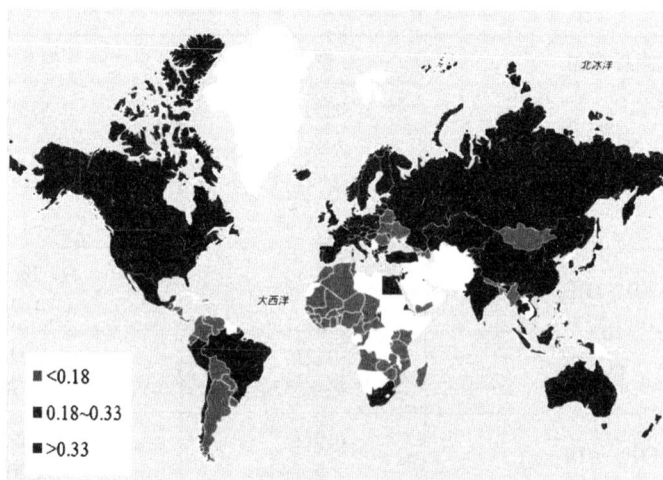

图 2-11　全球各国（地区）金融发展水平

注：图中空白部分的国家（地区）是未纳入本书研究的国家（地区）。

为了进一步验证上述结论，本书基于世界银行制定的国别收入分组标准①，即按照 2017 年人均国民收入，达到 12055 美元及以上的国家（地区）认定为高收入国家（地区），大于 996 美元但小于 12055 美元的国家（地区）认定为中等收入国家（地区），低于 996 美元的国家（地区）认定为低收入国家（地区），从而将本书 128 个国家（地区）的样本划分为高收入、中等收入和低收入三个收入组别（由于中国台湾未有统计数据，故删除该样本），进而对上述三个收入组别的 FD_ A 指数进行统计，如表 2-9 所示。

从表 2-9 可以看到，中等收入组别的国家（地区）数量与样本数量最大，其次是高收入组别，最少的是低收入组别。同时还可以发现，不同收入组别之间在均值、中位数、标准差上都有相当大的差别：高收入组别的 FD_ A 的均值

---

① 关于世界银行的国别收入分组标准，可参考网站：https：//data. worldbank. org/income-level/high-income；https：//data. worldbank. org/income-level/middle-income；https：//data. worldbank. org/income-level/low-income。

是中等收入组别 FD_ A 均值的 1.839 倍，是低收入组别 FD_ A 均值的 3.186 倍，中等收入组别 FD_ A 均值是低收入组别 FD_ A 均值的 1.732 倍，类似较大的差距也体现在中位数与标准差上。显然上述的统计结果表明，以收入水平为代表的经济发展水平与金融发展水平存在很强的联系，即经济发展水平较高的国家（地区）往往也具有较高的金融发展水平。

表 2-9 不同收入组别的金融发展水平

组别	国家（地区）总数	样本总数	FD_ A				
			均值	中位数	标准差	最大值	最小值
高收入	40	1763	0.309	0.247	0.248	1	0
中等收入	66	2756	0.168	0.125	0.157	0.985	0
低收入	22	939	0.097	0.060	0.085	0.436	0

此外，本书也从时间维度统计了总样本以及不同收入组别的金融发展水平，结果见图 2-12。从图 2-12 可以发现，总样本及不同收入组别的金融发展指数在 1995 年开始都出现了陡峭的上升，这与样本的指标维度存在较强的关系，因为自 1996 年开始，金融机构效率维度以及金融市场包容性维度的样本量得到较

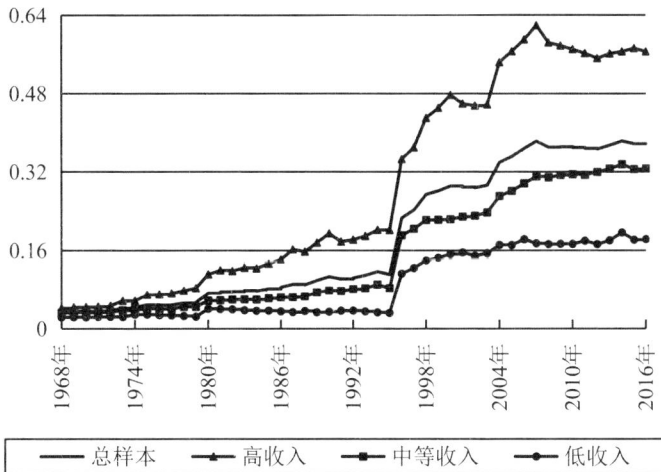

图 2-12 不同类别金融发展水平的时间趋势图

大程度扩充，因而使得总样本及不同收入组别的金融发展指数获得了明显的提升。同样的情况也发生在 2003 年，自 2003 年开始，总样本及不同收入组别的金融发展指数也出现了明显上升，原因在于 2004 年开始，金融机构包容性维度出现，极大地丰富了金融发展指数的维度。由此可以发现，各国（地区）金融发展指数维度的不断扩展，能够有效地提升金融发展水平。

另外从图 2-12 还可以发现，随着时间的推进，高收入组别与中等收入组别以及低收入组别的金融发展水平差距在逐步扩大。本书将三者间的具体差距值绘制在图 2-13 中。从图 2-13 可以发现，中等收入与低收入组别的金融发展水平之间的差距较小，但一直维持缓慢上升趋势；而高收入组别与低收入组别以及高收入组别与中等收入组别的金融发展水平之间却存在较大差距，且差距在 20 世纪 90 年代初以及 21 世纪初都出现了两次大的提升，但自次贷危机后差距却出现一定程度的回落，原因主要在于：美国自 20 世纪 90 年代初以来处于"格林斯潘年代（Greenspan Years）"，金融创新层出不穷，金融环境宽松，使得美国金融体系得到极大的发展，而西欧地区在这一时期的跨境银行业务大量扩张，且投资银行与网上银行业务也获得飞速发展，从而推动西欧的金融体系也得以快速发展。但自次贷危机后发达国家采取了金融去杠杆措施，从而减缓

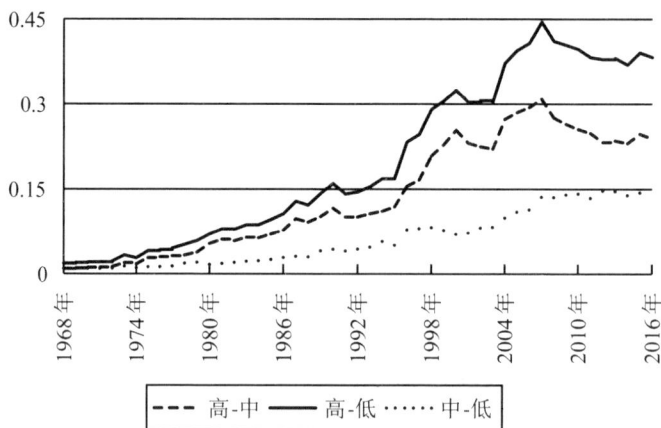

图 2-13　不同收入组别间金融发展水平差距的时间趋势图

注："高-中"指高收入组别的金融发展指数与中等收入组别的金融发展指数之差；"高-低"指高收入组别的金融发展指数与低收入组别的金融发展指数之差；"中-低"指中等收入组别的金融发展指数与低收入组别的金融发展指数之差。

了金融体系的发展。此外，中等收入组别的金融发展普遍更为稳健，而低收入组别的金融发展普遍又处于停滞状态，因此这也导致高收入组别与低收入组别间的金融发展水平差距总是大于高收入组别与中等收入组别间的金融发展水平差距。

五、金融发展分指数的分析

为考察所有样本金融发展分指数间的差异，本书首先对比了 129 个国家（地区）的金融发展分指数，见表 2-10。表 2-10 显示，与 FDP 和 FAC 相比，FEF 的样本均值最高，这主要得益于 FIE，从而表明 FEF 尤其是 FIE 对各国（地区）金融发展贡献最大。此外，从表 2-10 还可以发现，与 FM 相比，FI 的样本均值更高，再次证明全球金融体系总体仍以金融机构为主导的事实。

表 2-10　金融发展分指数的统计结果

维度	国家（地区）总数	样本数量	均值	中位数	标准差	最大值	最小值
FID	129	5462	0.289	0.243	0.193	1	0
FMD	101	2954	0.206	0.106	0.233	1	0
FIA	127	1648	0.223	0.139	0.242	1	0
FMA	49	906	0.361	0.358	0.247	1	0
FIE	129	3964	0.439	0.538	0.273	1	0
FME	92	2538	0.253	0.146	0.283	1	0
FI	129	5479	0.286	0.217	0.223	1	0
FM	102	2988	0.192	0.105	0.215	1	0
FDP	129	5462	0.211	0.141	0.199	1	0
FAC	128	1957	0.204	0.105	0.222	1	0
FEF	129	4164	0.294	0.290	0.217	1	0

进一步，本书从 FD_ A 指数的构建体系出发，对比了不同收入组别的金融发展分指数，见图 2-14。从图 2-14 可以看出：（1）总体来看，三类组别的 FI

都高于 FM，且无论是 FI 还是 FM，其大小依次为高、中等及低收入组别；（2）在
金融机构维度上，无论是深度、包容性还是效率，高收入组别都大于其余两类
组别，尤其在深度和包容性上十分明显，而在效率上各组别都很接近；（3）在
金融市场维度上，高收入组别的深度和效率都高于其余两类组别，但在包容性
上中等收入组别最高，而低收入组别为 0。由此可以看出，高收入组别的各维度
都具有很高的数值，表明其金融体系最为完善；中等收入组别在金融市场包容
性上具有突出优势，但其余维度需要进一步增强；低收入组别的各维度，尤其
是金融市场深度与金融市场包容性都需要提升。

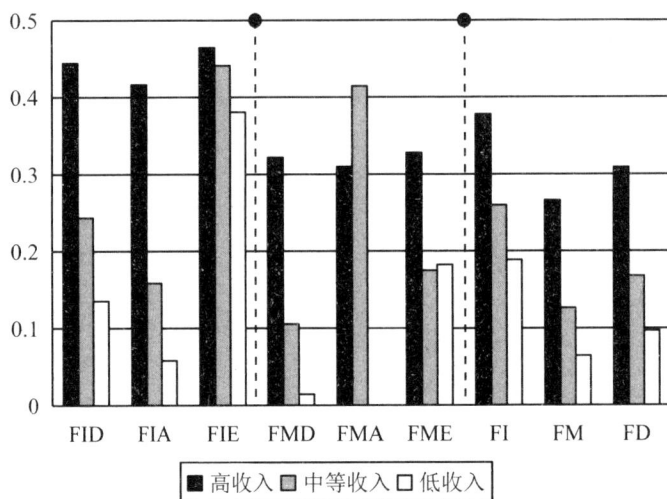

图 2-14　不同收入组别的金融发展分指数（FD_ A）

　　同时，本书又从 FD_ B 指数的构建体系出发，对比了不同收入组别的金融
发展分指数，见图 2-15。从图 2-15 可以看出：（1）总体来看，各收入组别的
效率具有最大值，其次是深度，最低为包容性，且高收入组别具有最高的深度、
包容性与效率，而低收入组别的深度、包容性与效率都最低；（2）深度上三类
收入组别间的差异都较为明显。包容性上尽管金融机构包容性的数值从高到低
仍然是高收入组别、中等收入组别和低收入组别，但金融市场包容性的最大值
却出现在中等收入组别中，而低收入组别为 0。效率上各收入组别的金融机构效
率十分接近，而金融市场效率上中低收入组别十分接近，而高收入组别明显大

于中低收入组别。

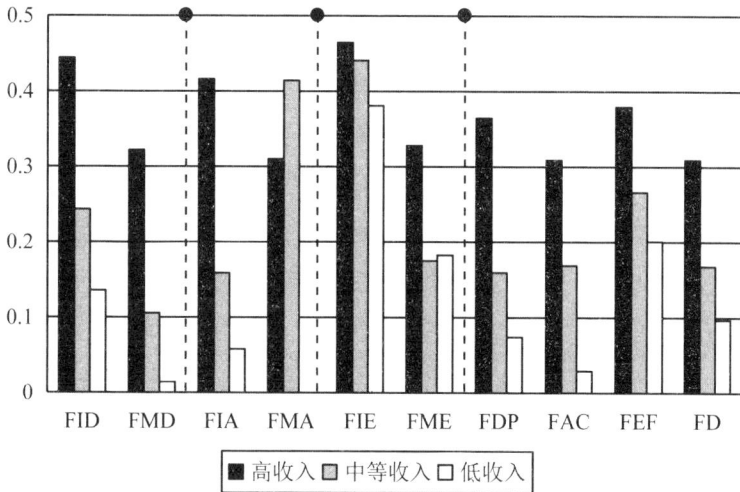

图 2-15　不同收入组别的金融发展分指数（FD_ B)

第四节　小结

本章基于金融结构与金融功能理论，以世界银行的 GFDD 和 IMF 的 FAS 数据库为基础，构建了 3×2 矩阵的金融发展指标体系，共包含 32 个指标变量。进而运用 PCA 方法合成了金融发展 A 指数（FD_ A）与金融发展 B 指数（FD_ B）以及相关的分指数。进一步对构建的金融发展指数进行实证分析，结论如下：

1. 通过对 FD_ A 指数与 FD_ B 指数的散点图以及 Pearson 相关系数进行分析发现，二者具有非常高且显著的正相关性，因此 FD_ A 指数和 FD_ B 指数在刻画金融发展水平上具有几乎相同的能力。

2. 通过对 FD_ A 指数与 IMF 构建的金融发展指数（FD_ IMF）的散点图进行分析发现，二者具有显著且非常高的正相关性，因此可以认为，本书构建的金融发展指数具有与国际组织 IMF 构建的 FD_ IMF 指数同样的功能，都能准确刻画金融发展水平；同时，本书又验证了 FD_ A 和 FD_ IMF 与经济增长间的关系，实证结果表明，无论是 FD_ A 还是 FD_ IMF，对经济增长的影响效应显著为负，从而体现了"金融发展对经济增长具有阻碍作用"的论点，因此也再次表明，本书构建的金融发展指数与国际组织 IMF 构建的 FD_ IMF 一样，都能测度金融发展水平，具有很强的科学性与准确性。

3. 对全球各国（地区）的金融发展指数进行分析发现，金融发展水平较低的国家（地区）多集中在经济不太发达的区域，而金融发展水平较高的国家（地区）多集中在经济更为发达的区域。同时，通过对不同收入组别的国家（地区）的金融发展指数进行统计分析发现，经济发展水平较高的国家（地区）往往具有较高的金融发展水平。此外，从时间维度考察各组别金融发展指数的变化趋势发现，各国（地区）的金融发展指数维度的不断扩展有助于金融发展水平的提升，且高收入组别与中等收入组别以及低收入组别的金融发展水平差距随时间的推进在逐步扩大。

4. 对所有样本的金融发展分指数进行统计发现，得益于 FIE 指数的增长，FEF 对金融发展的贡献最大。而与 FM 相比，FI 的样本均值更高，表明全球金融体系总体仍以金融机构为主导。同时，对各组别的金融发展分指数进行统计发现，高收入组别的金融发展分指数几乎都最高，此外，金融机构效率指数在各收入组别上的差距最不明显。

本章的研究为金融发展指标体系以及指数的构建提供了清晰的分析框架，为后续探讨金融发展对银行危机爆发以及对银行危机后经济恢复速度的影响提供了充分的研究基础。同时，本章的研究也为清晰地认识全球金融发展水平提供了可靠且翔实的资料。此外，通过本章的实证研究可知，不同收入组别的金融发展总指数以及分指数都存在明显差异，这为后续从不同收入组别以及从不同金融发展分指数来探讨金融发展对银行危机爆发以及对银行危机后经济恢复速度的影响提供了充分可靠的研究契机。

第三章

金融发展对银行危机爆发的影响研究

金融发展会增加银行危机爆发的概率吗？这一问题随着次贷危机的爆发而愈加引起研究者们的关注。的确，在过去几十年里，受金融自由化政策以及金融创新的推动，全球金融体系都经历了快速的发展。在更为有效地管理风险与配置资源，从而推动经济发展的同时，金融发展也很可能增加金融市场的信息不对称程度，导致道德风险上升，从而加深银行业的脆弱性，造成银行危机爆发的概率显著提升[①]。根据 Laeven and Valincia（2013）对于银行危机爆发时间的统计可知，银行危机爆发次数大幅增加的时期，也是金融发展最为迅速的时期。尽管理论与实践显示出金融发展与银行危机爆发概率之间具有紧密的联系，但学术研究却在该问题上并未形成统一的认识。同时，目前研究都主要从线性视角考察金融发展对银行危机爆发概率的影响，但众所周知，金融系统的复杂性使得金融发展对银行危机爆发概率的影响并不一定存在必然的线性效应，而是有可能呈现出非线性效应。因此，如何从线性与非线性视角分别考察金融发展对银行危机爆发概率的影响，从而为已有的学术研究在该问题的认识上提供一定的参考，就成为本章重点研究的问题。

[①] RAJAN R G. Has financial development made the world riskier？［R］. NBER working paper, 2005, No. 11728.

第一节　银行危机爆发影响效应的理论模型

一、基于面板 Logit 的线性理论模型

假定在第 t 年，对于国家（地区）i，存在一个不可观测的潜变量 Y_{it}^*，用于刻画国家（地区）i 在第 t 年的银行危机状态特征，该特征由如下公式决定：

$$Y_{it}^* = X_{it}'\beta + \mu_i + \varepsilon_{it}(i = 1, 2, \cdots, N, t = 1, 2, \cdots, T) \qquad (3.1)$$

其中，N 表示国家（地区）个数，T 表示时间长度，ε_{it} 为随机误差项，X_{it} 是 k 维解释变量，既包含金融发展变量，又包含控制变量，β 为 k 维解释变量 X_{it} 对应的参数，μ_i 为不可观测的个体效应（Individual Effects）。个体 Y_{it} 为取值是 0 和 1 的离散型随机变量，定义如下：

$$Y_{it} = \begin{cases} 1, & \text{第 } i \text{ 个国家(地区) 在第 } t \text{ 年爆发银行危机} \\ 0, & \text{第 } i \text{ 个国家(地区) 在第 } t \text{ 年未爆发银行危机} \end{cases} \qquad (3.2)$$

且个体 Y_{it} 与潜变量 Y_{it}^* 之间的关系如下：

$$Y_{it} = \begin{cases} 1, & Y_{it}^* > 0 \\ 0, & Y_{it}^* \leqslant 0 \end{cases} \qquad (3.3)$$

由于解释变量存在滞后期，因此公式（3.1）变为如下形式：

$$Y_{it}^* = X_{it-s}'\beta + \mu_i + \varepsilon_{it}(i = 1, 2, \cdots, N, t = 1, 2, \cdots, T, s \in N^*)$$

$$(3.4)$$

其中，s 为滞后期，若滞后 1 年，则 $s = 1$，以此类推。因此，给定 X_{it-s}、β、μ_i，则有：

$$P(Y_{it} = 1 \mid X_{it-s}, \beta, \mu_i) = P(Y_{it}^* > 0 \mid X_{it-s}, \beta, \mu_i)$$

$$= P(X_{it-s}'\beta + \mu_i + \varepsilon_{it} > 0 \mid X_{it-s}, \beta, \mu_i)$$

$$= P(\varepsilon_{it} > -\mu_i - X_{it-s}'\beta \mid X_{it-s}, \beta, \mu_i)$$

$$= P(\varepsilon_{it} < \mu_i + X_{it-s}'\beta \mid X_{it-s}, \beta, \mu_i)$$

$$= F(\mu_i + X'_{it-s}\beta) \tag{3.5}$$

其中，$F(\ )$ 为 ε_{it} 的累积分布函数，当 ε_{it} 服从逻辑分布时，则为面板 Logit 模型：

$$P(Y_{it} = 1 \mid X_{it-s},\ \beta,\ \mu_i) = \Lambda(\mu_i + X'_{it-s}\beta) = \frac{e^{\mu_i + X'_{it}\beta}}{1 + e^{\mu_i + X'_{it}\beta}} \tag{3.6}$$

根据 μ_i 的不同情况，可进一步将面板 Logit 模型分为混合效应面板 Logit 模型、固定效应面板 Logit 模型和随机效应面板 Logit 模型：若 $\mu_1 = \mu_2 = \cdots = \mu_N$，则为混合效应面板 Logit 模型；若 μ_i 与解释变量 X_{it-s} 相关，则为固定效应面板 Logit 模型；若 μ_i 与解释变量 X_{it-s} 不相关，则为随机效应面板 Logit 模型。进一步，针对混合效应面板 Logit 模型、固定效应面板 Logit 模型和随机效应面板 Logit 模型，分别采用最大似然估计（Maximum Likelihood Estimation，MLE）方法、MLE 方法和条件最大似然估计（Conditional MLE）方法，就能计算得到参数 β 对应的估计值。

二、基于 BCT 的非线性理论模型

假定国家（地区）i 在第 t 年是否爆发银行危机用指示性指标 Y_{it} 来表示，如果 $Y_{it} = 1$，则表示国家（地区）i 在第 t 年爆发银行危机，而如果 $Y_{it} = 0$，则表示国家（地区）i 在第 t 年未爆发银行危机。同时，用 X_{it-s} 表示 k 维解释变量，既包含金融发展变量，又包含控制变量，其中 s 为滞后期，若滞后 1 年，则 $s = 1$，以此类推。于是，所有国家（地区）的指示性指标和解释变量就构成样本数据集（X_{it-s}，Y_{it}）。

要在样本数据集（X_{it-s}，Y_{it}）的基础上构建二元分类树（BCT）模型，首先需要生成二元分类树。具体而言，从总样本开始，根据各解释变量的不同阈值可将总样本划分为左右两个子集，并通过如下公式计算此次划分的基尼（Gini）系数：

$$Gini(M,\ X^j_{it-s}) = \frac{n_{left}}{n_{left} + n_{right}} \times (1 - p^2_{left,\ Y=0} - p^2_{left,\ Y=1}) +$$

$$\frac{n_{right}}{n_{left} + n_{right}} \times (1 - p^2_{right,\ Y=0} - p^2_{right,\ Y=1}) \tag{3.7}$$

其中，$Gini(M, X_{it-s}^j)$ 表示根据解释变量 X_{it-s} 的阈值 j 将样本 M 进行划分的 Gini 系数；n_{left} 和 n_{right} 分别代表左右子集的样本数量；$p_{left, Y=0}$ 和 $p_{left, Y=1}$ 分别代表左子集中未爆发银行危机和爆发银行危机的样本数占左子集总样本数的比例；$p_{right, Y=0}$ 和 $p_{right, Y=1}$ 分别代表右子集中未爆发银行危机和爆发银行危机的样本数占右子集总样本数的比例。

从公式（3.7）可知，Gini 系数的值越小，表明此次划分各子集的样本类别越单纯，也就意味着解释变量 X_{it-s} 在阈值 j 下能够将所有国家（地区）的银行危机样本与非银行危机样本更加清晰地划分出来，其误分率也就更低。于是可以根据最小 Gini 系数获得此次划分的最优解释变量与阈值。然后再进一步按照上述规则对各子集不断划分，直到划分后的子集都属于同一类别或者只剩下较少的银行危机样本，则划分停止。最终就可以根据样本的划分路径来探讨金融发展变量、控制变量与银行危机爆发间复杂的非线性关系。

然而，运用上述方法所生成的二元分类树往往规模庞大、划分路径复杂，不利于清晰地展现各解释变量与银行危机爆发间的非线性关系。因此，还需要进一步对生成的二元分类树进行剪枝。本书选择目前最为常用的代价复杂度（Cost Complexity）原则作为剪枝的标准，公式如下：

$$R_\alpha(f) = R(f) + \alpha \times L(f) \tag{3.8}$$

其中，$R_\alpha(f)$ 为二元分类树 f 的代价复杂度；$R(f)$ 为二元分类树 f 的损失程度，即二元分类树 f 在剪枝过程中由于子树被叶节点替代而导致错分的样本增加量占样本总量的比例；$L(f)$ 为二元分类树 f 的叶节点数，值越大表明二元分类树 f 越复杂；α 为复杂度系数。公式（3.8）表明，$R_\alpha(f)$ 越大意味着代价复杂度越高，越应该进行剪枝。

由于二元分类树 f 可以分割成一系列子树 f_1, f_2, $\cdots$, f_h，因此在同一 α 取值下，根据公式（3.8）可以计算得到各子树的 $R_\alpha(f)$。通过选择最小 $R_\alpha(f)$ 所对应的子树作为最优二元分类树 f_{best}，就可以获得不同 α 取值下的最优二元分类树 f_{best}^α。并进一步对总样本的分类准确率进行验证，从而选择具有最高分类准确率的二元分类树作为最终的二元分类树模型。

第二节　样本与指标的选择

一、样本的选择

如前所述，当前对于银行危机定义的文献较多，但鉴于数据的收集难度与界定的主观随意性，大多数研究都从政府对于银行危机采取的应对措施这一视角来开展银行危机的识别，从而确定出具体的银行危机爆发时间。并且在众多的研究成果中，由于 Laeven and Valencia（2008，2013，2018）的成果具有研究手段更加客观、研究对象更广且时间更新、研究结果更加符合实际等一系列优势，使其对于银行危机的判定标准以及其确定出的各国（地区）银行危机爆发时间成为当前银行危机相关研究中借鉴频率最高的研究成果。因此，本书基于 Laeven and Valencia（2018）的研究成果，选取 118 个国家（地区）样本作为研究对象。各国家（地区）的银行危机爆发时间见附录 2 中的表 1。进一步将附录 2 表 1 中的爆发时间统计在图 3-1 和图 3-2 中。

从图 3-1 与图 3-2 对总样本的统计可以发现：（1）各国家（地区）的银行危机爆发数量自 1976 年开始呈现上升趋势，并且银行危机爆发时间主要集中在 1976 年至 2002 年这 26 年间。同时受美国次贷危机影响，2008 年爆发银行危机的国家（地区）数量达到峰值，表明从地理空间的角度来看，次贷危机所引发的全球金融危机影响范围极其广泛，成为继美国 20 世纪 30 年代经济 "大萧条" 以来全球最为严重的一次金融危机；（2）从银行危机的爆发频率来看，75% 的样本国家（地区）仅爆发过 1 次银行危机，22% 的样本国家（地区）爆发过 2 次银行危机，而爆发过 3 次及以上的国家（地区）数量占比仅为 3%，从而表明仅爆发过 1 次银行危机的国家（地区）占大多数，但仍有部分国家（地区）爆发过 2 次甚至 3 次及以上的银行危机，因而各国（地区）仍然应当重视对于银行危机的研究。

从图 3-1 与图 3-2 对不同收入组别的统计可以发现：（1）不同收入组别的

银行危机在时间分布上具有明显差异：20 世纪 80 年代与 90 年代初，银行危机
的爆发主要集中在中等收入国家（地区）与低收入国家（地区），1997 年亚洲
金融危机爆发后银行危机的爆发主要集中在中等收入国家（地区），而自次贷危
机开始爆发银行危机的国家（地区）又主要集中在高收入组别；（2）不同收入
组别的银行危机爆发频率也具有一定差异：从绝对数量上看，中等收入组别中
爆发过 1 次、2 次以及 3—4 次的国家（地区）样本数量都大于高收入组别与低
收入组别；但从比例上看，爆发过 1 次银行危机的高收入组别的国家（地区）
数量占所有高收入国家（地区）数量的比例达到 77.8%，明显高于中等收入组
别的占比（74.6%）和低收入组别的占比（73.9%），同样，爆发过 2 次银行危
机的高收入组别占比达到 22.2%，略高于中等收入组别的占比（22%）和低收
入组别的占比（21.7%），而高收入组别未有国家（地区）爆发过 3—4 次银行
危机，低收入组别的这一占比为 4.3%，略高于中等收入组别 3.4% 的占比。

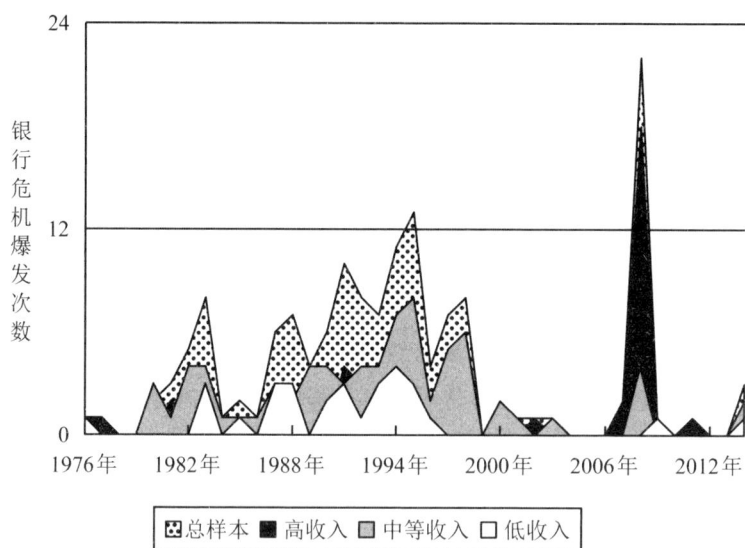

图 3-1　全球总样本与不同收入组别的银行危机爆发时间分布图

基于以上分析可以发现，不同收入组别在银行危机时间分布与爆发频率上存在明显的差异，且前述已证明金融发展水平在不同收入组别间也呈现出显著差异，这为后续基于不同收入组别来探讨金融发展对银行危机爆发的影响提供了实证基础。

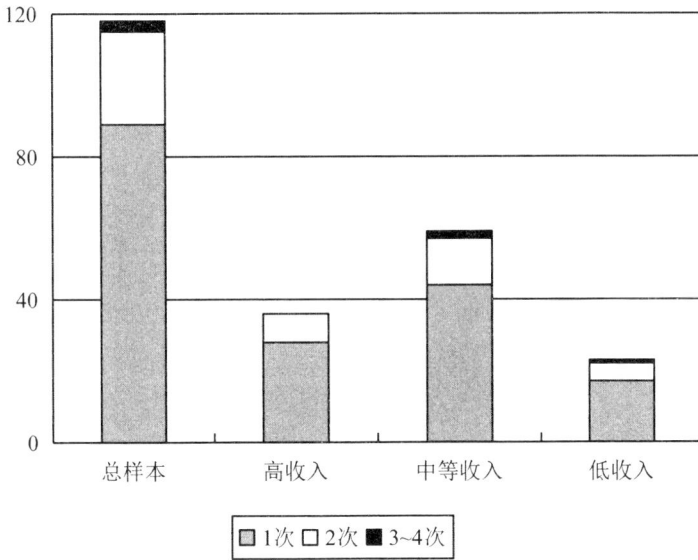

图 3-2 全球总样本与不同收入组别的银行危机爆发频率

此外，本书将银行危机爆发次数与金融发展指数进行对比，见图 3-3。从图 3-3 可以发现，金融发展指数与银行危机爆发次数的关系并不稳定：在 20 世纪 90 年代中期以前，二者呈现出非常强的正相关性（二者的 Pearson 相关系数统计结果为 0.819 且 $p<0.01$），但在此之后，二者却又呈现出不显著的弱负相关性（二者的 Pearson 相关系数统计结果为 -0.062 且 $p>0.1$）。同时从整体来看，二者的 Pearson 相关系数统计结果为 -0.167 且 $p>0.1$，呈现出较弱且不显著的负相关性。由此可见，金融发展对银行危机爆发概率的影响还需要通过更为科学的实证研究进行检验。

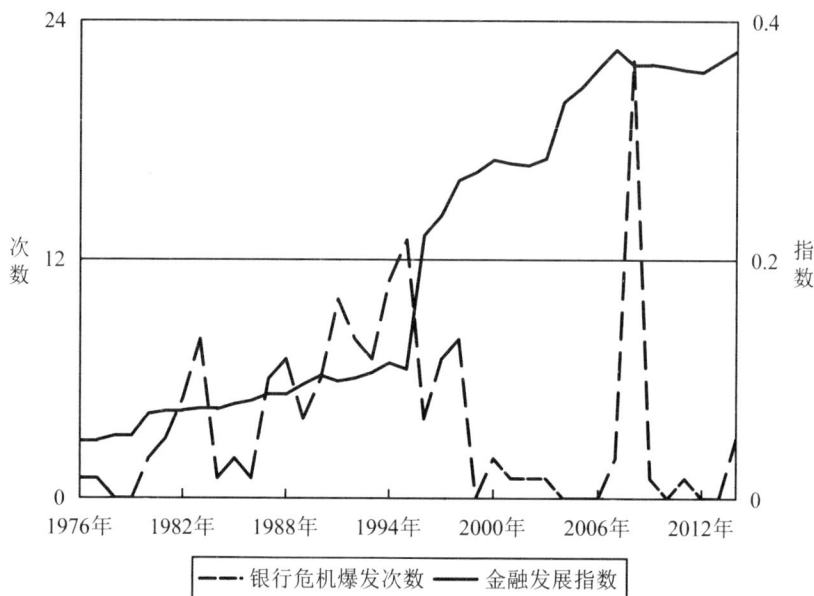

图3-3　银行危机爆发次数与金融发展指数对比

二、指标的选择

对于银行危机指示性指标的确定，本书以 Laeven and Valencia（2018）统计的银行危机爆发时间进行确定，即爆发银行危机以"1"表示，未爆发银行危机以"0"表示。

对于金融发展指标变量的确定，本书基于第二章的研究成果，以金融发展A指数（FD_A）、金融机构深度指数（FID）、金融市场深度指数（FMD）、金融机构包容性指数（FIA）、金融市场包容性指数（FMA）、金融机构效率指数（FIE）、金融市场效率指数（FME）、金融深度指数（FDP）、金融包容性指数（FAC）、金融效率指数（FEF）、金融机构指数（FI）、金融市场指数（FM）分别表示。

同时，本书基于已有研究成果，选择人均GDP增速、实际GDP增速、通货膨胀率、金融开放水平作为控制变量。人均GDP增速反映一国居民的生活水平，其通过作用于一国的产出结构来影响银行危机的爆发概率，二者存在负相关关系①②。实际GDP增长率反映了一国的经济状况，Klomp and Haan（2009）认为，实际GDP增长率与银行危机爆发的概率呈现负相关关系，原因在于经济衰退很可能削弱企业对银行贷款的偿付能力，从而影响银行体系的贷款质量，增大银行危机爆发的概率③，但Kaminsky and Reinhart（1999）却认为实际GDP增长率与银行危机爆发的概率呈现正相关关系，因为过高的实际GDP增长率代表了过热的经济状态，此时银行信贷通常会过度膨胀，反而加剧了银行体系的脆弱性④，因此，实际GDP增长率与银行危机爆发概率之间既可能存在正相关关系，也可能存在负相关关系。通货膨胀率的增加将降低资产的实际收益率、抑制存款并刺激贷款需求，从而使银行体系更容易爆发银行危机。金融开放水平能够通过作用于投资、要素生产率、经济增长与经济波动间接影响银行危机的爆发概率⑤⑥⑦。需要说明一点的是，对于控制变量，本书依然按照第二章的处理方式对控制变量中的缺失样本进行插值处理、对异常值进行缩尾处理并运用公式（2.1）对控制变量进行标准化处理。

此外，借鉴Bordo and Meissner（2012）、Qin and Luo（2014）、Stolbov（2015）、Caggiano et al.（2016）、欧阳远芬和李璐（2014）、王道平（2016）等众多学者

① DEMIRGUC-KUNT A, DETRAGIACHE E. The determinants of banking crises in developing and developed countries [J]. *IMF staff papers*, 1998, 45: 81-109.

② ROY S, KEMME D M. Causes of banking crises: Deregulation, credit booms and asset bubbles, then and now [J]. *International review of economics and finance*, 2012, 24: 270-294.

③ KLOMP J, HAAN D J. Central bank independence and financial instability [J]. *Journal of financial stability*, 2009, 5: 321-338.

④ KAMINSKY G, REINHART C. The twin crises: The causes of banking and balance-of-payments problems [J]. *American economic review*, 1999, 89 (3): 473-500.

⑤ BEKAERT G, HARVEY C R, LUNDBLAD C. Financial openness and productivity [J]. *World development*, 2011, 39: 1-19.

⑥ BEKAERT G, HARVEY C R, LUNDBLAD C. Growth volatility and financial liberalization [J]. *Journal of international money and finance*, 2006, 25, 370-403.

⑦ BEKAERT G, HARVEY C R., LUNDBLAD C. Does financial liberalization spur growth? [J]. *Journal of financial economics*, 2005, 77: 3-55.

的研究成果，本书将各解释变量的滞后期设定为1年①②③④⑤⑥。上述所有指标变量汇总在表3-1中。

表3-1 金融发展与银行危机指标变量

类别	指标变量	定义	来源
被解释变量	银行危机变量	若爆发银行危机，则取值为"1"；若未爆发银行危机，则取值为"0"	Laeven and Valencia（2018）
金融发展变量	金融发展A指数（FD_A）	见第二章	基于世界银行的 GFDD、IMF 的 FAS 数据库的相关指标变量自行计算得到
	金融机构深度指数（FID）		
	金融市场深度指数（FMD）		
	金融机构包容性指数（FIA）		
	金融市场包容性指数（FMA）		
	金融机构效率指数（FIE）		
	金融市场效率指数（FME）		
	金融深度指数（FDP）		
	金融包容性指数（FAC）		
	金融效率指数（FEF）		
	金融机构指数（FI）		
	金融市场指数（FM）		

① BORDO M D, MEISSNER C M. Does inequality lead to a financial crisis? [J]. *Journal of international money and finance*, 2012, 31: 2147-2161.

② QIN X, LUO C Y. Capital account openness and early warning system for banking crises in G20 countries [J]. *Economic modelling*, 2014, 39: 190-194.

③ STOLBOV M. Anatomy of international banking crises at the onset of the Great Recession [J]. *International economics and economic policy*, 2015, 12 (4): 553-569.

④ CAGGIANO G, CALICE P, LEONIDA L, et al. Comparing logit-based early warning systems: Does the duration of systemic banking crises matter? [J]. *Journal of empirical finance*, 2016, 37: 104-116.

⑤ 欧阳远芬，李璐. 逆房地产周期调控政策对抑制银行危机的有效性分析 [J]. 国际金融研究, 2014 (9): 52-60.

⑥ 王道平. 利率市场化、存款保险制度与系统性银行危机防范 [J]. 金融研究, 2016 (1): 50-65.

类别	指标变量	定义	来源
控制变量	人均 GDP 增速（GDP_Capital）	基于美元计算的实际 GDP 与人口总量之比的增长率	世界银行的 WDI 数据库
	实际 GDP 增速（GDP_Growth）	基于美元计算的实际 GDP 增长率	世界银行的 WDI 数据库
	通货膨胀率（Inflation）	消费者物价指数	世界银行的 WDI 数据库
	金融开放水平（Kao_Open）	资本账户开放度指数	The Chinn-Ito Index①

第三节 事后危机偏倚的验证

在银行危机爆发概率的影响因素研究中，对于一国（地区）经济状态究竟应该划分为几段时期长期以来都是学术界争论的焦点之一。传统的观点认为，一国（地区）的经济状态应该划分为危机爆发期和非危机爆发期（除危机爆发期外的其余时期）两段时期（以下表述为"传统两段时期"）②③④。然而，Bussiere and Fratzascher（2006）明确指出，上述做法会造成影响因素的实证研究结果失真，从而出现事后危机偏倚问题⑤。为此，有学者提出应该将非危机爆

---

① The Chinn-Ito Index 的下载网址为：http: //web. pdx. edu/~ito/Chinn-Ito_ website. htm。

② EICHENGREEN B, ARTETA C. Banking crises in emerging markets: Presumptions and evidence [R] Center for international and development economics research (CIDER) working paper, 2000, No. C00-115.

③ BARRELL R, DAVIS E P, KARIM D, et al. Bank regulation, property prices and early warning systems for banking crises in OECD countries [J]. *Journal of banking and finance*, 2010, 34: 2255-2264.

④ ZIGRAIOVA D, JAKUBIK P. Systemic event prediction by an aggregate early warning system: An application to the Czech Republic [J]. *Economic systems*, 2015, 39: 553-576.

⑤ BUSSIERE M, FRATZSCHER M. Towards a new early warning system of financial crises [J]. *Journal of international money and finance*, 2006, 25: 953-973.

发期进一步划分为事后危机期和平稳期，从而基于危机爆发期、事后危机期和平稳期三段时期的样本来研究银行危机爆发概率的影响因素[1][2][3][4]。的确，将一国（地区）经济状态划分为三段不同时期比划分为传统两段时期更为符合实际，但却增加了影响因素建模的复杂性。于是又有学者提出将事后危机期样本删除，只基于危机爆发期和平稳期两段时期（以下表述为"新两段时期"）的样本进行研究[5][6][7][8]。然而在解决事后危机偏倚问题上，究竟是基于三段时期的样本还是基于新两段时期的样本进行建模更合适，目前的研究也并未达成一致意见，比如 Caggiano et al.（2014，2016）认为基于三段时期样本比基于新两段时期样本所获得的影响因素分析结果更为准确，但 Hamdaoui（2016）却得出了与之相反的实证结果。更为重要的是，出现事后危机偏倚问题的根本还在于事后危机期与平稳期的经济状态表现不同，从而直接体现为这两段不同时期指标变量的数值应该呈现出十分明显的差异。尽管 Bussiere and Fratzascher（2006）、Hamdaoui（2016）通过考察各指标变量的均值发现，事后危机期的均值与平稳期的均值具有一定的差异，从而得出事后危机偏倚问题存在的结论。但很显然，这样的证明方式具有很强的主观性且缺少正式的统计检验，因而获

① CAGGIANO G, CALICE P, LEONIDA L. Early warning systems and systemic banking crises in low income countries: A multinomial logit approach [J]. *Journal of banking and finance*, 2014, 47: 258-269.

② GHOSH A. How does banking sector globalization affect banking crisis [J]. *Journal of financial stability*, 2016, 25: 70-82.

③ CAGGIANO G, CALICE P, LEONIDA L., et al. Comparing logit-based early warning systems: Does the duration of systemic banking crises matter? [J]. *Journal of empirical finance*, 2016, 37: 104-116.

④ HAMDAOUI M. Are systemic banking crises in developed and developing countries predictable? [J]. *Journal of multinational financial management*, 2016, 37-38: 114-138.

⑤ DEMIRGUC-KUNT A, DETRAGIACHE E. The determinants of banking crises in developing and developed countries [J]. *IMF staff papers*, 1998, 45: 81-109.

⑥ BECK T, DEMIRGUC-KUNT A, LEVINE R. Bank concentration, competition, and crises: First results [J]. *Journal of banking and finance*, 2006, 30 (5): 1581-1603.

⑦ DUTTAGUPTA R, CASHIN P. Anatomy of banking crises in developing and emerging market countries [J]. *Journal of international money and finance*, 2011, 30: 354-376.

⑧ LANG M, SCHMIDT P G. The early warnings of banking crises: Interaction of broad liquidity and demand deposits [J]. *Journal of international money and finance*, 2016, 61: 1-29.

得的结论值得商榷。为弥补上述论证方式的不足，Caggiano et al. （2014）运用独立样本 T 检验方法考察了各指标的均值在事后危机期和平稳期差异的显著性，但令人遗憾的是，一半的指标变量在这两段不同时期都没有显著差异。然而，Caggiano et al. （2016）以不同国家（地区）为研究对象，仍然运用独立样本 T 检验方法进行了与 Caggiano et al. （2014）相同的显著性检验，结果证明了大部分指标变量在事后危机期与平稳期都存在显著差异。

基于上述分析可知，究竟是否存在事后危机偏倚问题尚且无法形成科学严谨的统一结论，并且如果存在，那么究竟选择何种方式来解决事后危机偏倚也仍然饱受争议。因此，尽管本书在银行危机指标变量设计时，按照传统两段时期的思路将银行危机变量取值为 "1" 和 "0"，但为了验证事后危机偏倚问题是否客观存在，从而证明本书对于银行危机变量的设计方法是否正确，本书对前述 118 个国家（地区）滞后 1 年的金融发展变量在危机爆发期、事后危机期和平稳期的均值进行考察。需要注意的是，由于运用独立样本 T 检验的前提条件在于被检验的样本需满足正态分布，因此，本书首先对所有样本的各类金融发展指标变量在 5% 的置信水平下进行正态分布检验，若满足，则运用独立样本 T 检验对危机爆发期、事后危机期和平稳期的均值进行考察，若不满足，则运用曼-惠特尼（Mann-Whitney）U 检验对危机爆发期、事后危机期和平稳期的均值进行考察。事后危机偏倚问题的验证结果如表 3-2 所示。

从表 3-2 可以看出：（1）各金融发展指标的不同时期之间具有一定的差异，且在大部分金融发展指标上事后危机期都具有最大值，而平稳期都具有最小值；（2）第 V 列显示，12 个金融发展指标中有 7 个指标的检验统计量的 p 值都小于 0.1，表明大部分金融发展指标在危机爆发期与非危机爆发期具有非常明显的差异，因此本书将银行危机变量取值为 "1" 和 "0" 是有充分依据的；（3）第 VI 列、VII 列和 VIII 列显示，大部分金融发展指标在事后危机期、平稳期与非危机爆发期之间的检验统计量的 p 值都大于 0.1，表明大部分指标在这三个时期之间均没有显著差异，从而证明本书的研究中并不存在事后危机偏倚问题。基于以上分析可知，本书将银行危机变量取值为 "1" 和 "0"，从而将所有样本划分为危机爆发期样本与非危机爆发期样本的做法是可靠的。

表 3-2　事后危机偏倚的验证结果

金融发展指标	I 危机爆发期	II 事后危机期	III 平稳期	IV 非危机爆发期	V 危机爆发期 vs 非危机爆发期	VI 事后危机期 vs 非危机爆发期	VII 平稳期 vs 非危机爆发期	VIII 事后危机期 vs 平稳期
FD_A	0.202	0.241	0.193	0.195	-3.519***	-1.223	-0.010	-1.195
FID	0.297	0.326	0.273	0.275	-0.512	-0.777	-0.095	-0.854
FMD	0.248	0.259	0.154	0.156	-0.923	-1.538	-0.026	-1.567
FIA	0.473	0.478	0.222	0.224	-4.348***	-4.428***	-0.033	-4.458
FMA	0.225	0.245	0.333	0.329	-1.852*	-1.542	0.070	-1.607
FIE	0.323	0.321	0.457	0.448	-4.117***	-4.918***	0.576	-5.225***
FME	0.357	0.336	0.227	0.231	-1.589	-1.334	-0.093	-1.400
FDP	0.232	0.261	0.192	0.194	-0.574	-0.794	-0.047	-0.847
FAC	0.306	0.303	0.165	0.166	-3.370***	-3.757***	-0.062	-3.779***
FEF	0.257	0.275	0.298	0.295	-3.114***	-2.186***	-0.253	-2.238***
FI	0.268	0.310	0.286	0.286	-3.984***	-2.053***	-0.041	-2.081***
FM	0.209	0.230	0.150	0.152	-0.594	-1.468	-0.026	-1.508

注：***代表 $p<0.01$，**代表 $p<0.05$，*代表 $p<0.1$；加粗的金融发展指标表示所有样本在该指标下满足正态分布；非危机爆发期为事后危机期与平稳期的合并。

第四节　银行危机爆发的线性影响实证研究

一、基于全球总样本的面板 Logit 实证结果

基于银行危机变量、金融发展指标变量以及控制变量，本书运用面板 Logit 模型对前述 118 个国家（地区）样本自 1970 年至 2016 年[①]的数据进行实证研

---

①　由于控制变量中金融开放水平变量仅从 1970 年开始统计，故本书实证开始时间也设置为 1970 年。

究。需要说明一点的是，本书运用豪斯曼检验以及 LR 检验来选择混合效应、固定效应与随机效应。实证结果见表 3-3（本书将该部分实证称为"基础实证"）。

从表 3-3 可以看到：（1）第 1 列显示，FD_ A 对银行危机爆发的影响呈现出显著的正向关系，表明金融发展水平越高，银行危机爆发的概率越大；（2）第 2 列至第 4 列的回归结果显著为正，表明从不同维度来看，FDP、FAC 和 FEF 越大，银行危机爆发的概率也越高；（3）第 5 列和第 6 列的回归结果也同样显著为正，表明从机构和市场两大结构维度来看，FI 与 FM 的上升都会增加银行危机爆发的概率，但前者对银行危机爆发概率的影响效果更为明显；（4）分别观察机构与市场两大结构维度下的各功能维度可以发现，FID、FIA 与 FMD 都能显著正向影响银行危机爆发的概率，而 FMA 却对银行危机爆发概率具有显著的负向影响；（5）从各功能维度下的机构与市场两大结构维度来看，FIE 与 FME 对银行危机的爆发概率都无显著影响，但 FID、FMD、FIA、FMA 对银行危机的爆发概率却都存在显著影响，其中，FID、FIA 与 FMD 正向影响银行危机的爆发概率，而 FMA 却负向影响银行危机的爆发概率。

此外，从控制变量来看，GDP_ Capital 在大部分情况下对银行危机对爆发概率的影响显著为负；GDP_ Growth 和 Inflation 在绝大部分情况下对银行危机爆发概率的影响显著为正；Kao_ Open 与银行危机的爆发概率只在正相关关系上具有显著性。

表3-3 基于全球总样本的面板 Logit 估计结果

模型	1	2	3	4	5	6	7	8	9	10	11
金融发展变量											
FD_A_{-1}	5.026*** [1.297]										
FDP_{-1}		8.356*** [1.675]									
FAC_{-1}			1.979*** [0.729]								
FEF_{-1}				2.401** [0.984]							
FI_{-1}					6.342*** [1.628]						
FM_{-1}						2.517** [1.232]					
FID_{-1}							3.485*** [1.325]		10.611*** [2.902]		
FIA_{-1}							2.222** [0.940]			3.900*** [1.261]	

续表

模型	1	2	3	4	5	6	7	8	9	10	11
FIE_{-1}							-0.638 [1.567]				-2.416 [1.873]
FMD_{-1}								4.404*** [1.614]	3.689** [1.689]		
FMA_{-1}								-2.910** [1.292]		-3.462** [1.602]	
FME_{-1}								0.476 [1.111]			0.586 [0.885]
控制变量											
$GDP\_Capital_{-1}$	-4.040 [2.509]	-1.991 [2.659]	3.670 [2.762]	-6.222** [2.740]	-3.657 [2.536]	-14.607*** [4.182]	4.144 [3.292]	1.323 [5.034]	-7.531 [4.893]	3.622 [4.732]	-15.969*** [6.192]
GDP_Growth_{-1}	3.327 [2.421]	1.454 [2.574]	-1.672 [2.714]	5.469** [2.649]	2.927 [2.448]	13.990*** [4.153]	0.507 [3.210]	1.606 [4.626]	7.281 [4.829]	2.187 [4.484]	15.228** [6.155]
$Inflation_{-1}$	0.210 [0.558]	0.300 [0.564]	2.705* [1.212]	0.023 [0.640]	0.339 [0.565]	0.461 [0.782]	2.728 [2.081]	5.915*** [1.927]	0.440 [0.812]	10.031** [4.878]	-1.160 [1.186]
Kao_Open_{-1}	-0.558 [0.603]	-0.991 [0.650]	1.246* [0.621]	-0.287 [0.627]	-0.722 [0.618]	-0.709 [0.740]	0.815 [0.722]	1.571 [1.268]	-1.122 [0.796]	5.641*** [2.153]	-1.652 [1.047]
Country FE	Yes	Yes	No	Yes	Yes	Yes	No	No	Yes	No	Yes

续表

模型	1	2	3	4	5	6	7	8	9	10	11
Time FE	Yes	Yes	No	Yes	Yes	Yes	No	No	Yes	No	Yes
Obs.	5428	5428	5428	5428	5428	5428	5428	5428	5428	5428	5428
Countries	118	118	118	118	118	118	118	118	118	118	118
Log Likelih.	-265.488	-258.119	-139.017	-215.122	-264.801	-157.680	-110.989	-67.014	-144.172	-50.414	-77.344
AIC	630.976	616.238	290.035	520.244	629.603	405.360	237.979	150.028	380.344	114.828	236.688
BIC	936.497	921.759	321.990	780.169	935.124	654.997	279.395	185.844	635.529	143.452	444.831
Pseudo-R2	0.293	0.306	0.057	0.285	0.295	0.359	0.156	0.186	0.414	0.230	0.503
Wald p-val	0.000	0.000	0.000	0.000	0.000	0.000	0.000	0.000	0.000	0.000	0.000

注：Country FE 和 Time FE 分别代表国家和时间固定效应，Yes 代表存在国家固定效应和时间固定效应，No 代表存在混合效应；Log Likelih. 代表对数似然值；AIC 与 BIC 分别代表 Akaike 信息判别法与贝叶斯判别法下的统计量；$Pseudo-R2 = (|LL_1|)/|LL_0| - |LL_1|)/|LL_0|$，其中 LL_0 和 LL_1 分别代表模型中所有解释变量的系数都为 0 时的似然函数值以及模型估计得到的似然函数值；Wald p-val 表示 Wald 检验的 p 值；中括号内的数值为标准误差。*** 表示 p<0.01，** 表示 p<0.05，* 表示 p<0.1。

二、基于全球不同收入组别的面板 Logit 实证结果

从前文可知，不同收入组别的金融发展水平存在明显差距且不同收入组别在银行危机时间分布与爆发频率上也存在明显差异，因此，本书针对不同收入组别金融发展与银行危机爆发概率间的关系进行探讨，结果见表 3-4 至表 3-6。需要说明一点的是，由于在部分金融发展指标中数据缺失使得实证样本缺少取值为"1"的银行危机变量，从而无法进行实证研究，因此在中等收入与低收入组别的实证中缺少部分实证结果。对比表 3-4 至表 3-6 可以发现：

（1）高收入组别的金融发展对银行危机爆发概率的影响效应显著为正，但中等收入与低收入组别中的上述影响效应为负且不显著（见表 3-4 至表 3-6 中的第 1 列），从而表明高收入组别的金融发展水平越高，银行危机爆发的概率越大，而中等收入与低收入组别中，金融发展水平不会对银行危机的爆发概率产生显著影响。进一步分析可以发现，这样的差异来源于在高收入组别中，FDP、FAC 与 FEF 会显著正向影响银行危机爆发的概率（见表 3-4 中的第 2 列至第 4 列），但在中等收入和低收入组别中，FDP、FAC 和 FEF 依然对银行危机爆发概率无显著影响（见表 3-5 中的第 2 列至第 4 列以及表 3-6 中第 2 列和第 3 列）。同时，在高收入组别中 FI 与 FM 也仍然显著正向影响银行危机爆发的概率（见表 3-4 中的第 5 列与第 6 列），而在中等收入和低收入组别中 FI 与 FM 也同样不会对银行危机的爆发概率产生显著影响（见表 3-5 中的第 5 列和第 6 列以及表 3-6 中的第 4 列）。

（2）从金融机构维度来看，在高收入组别中 FID 与 FIA 的上升都会加速银行危机的爆发，但在中等收入组别中却并没有显著的影响效果（见表 3-4 和表 3-5 中的第 7 列）；从金融市场维度来看，高收入组别中 FMD 对银行危机爆发的概率有显著的正向影响作用（见表 3-4 中的第 8 列）。

（3）从不同功能维度下的金融机构与金融市场两大结构维度来看，在高收入组别中 FID、FIA 与 FME 都会显著正向影响银行危机爆发的概率（见表 3-4 中的第 9 列至第 11 列）。在中等收入组别中 FID 也同样会显著正向影响银行危机爆发的概率，但 FME 却会显著负向影响银行危机爆发的概率（见表 3-5 中的第 8 列和第 9 列）。

表 3-4　基于全球高收入组别的面板 Logit 估计结果

模型	1	2	3	4	5	6	7	8	9	10	11
金融发展变量											
FD_A$_{-1}$	2.937*** [0.781]										
FDP$_{-1}$		9.412*** [3.483]									
FAC$_{-1}$			2.911*** [1.053]								
FEF$_{-1}$				2.184*** [0.774]							
FI$_{-1}$					3.212*** [0.890]						
FM$_{-1}$						2.255*** [0.732]					
FID$_{-1}$							4.955** [2.039]		11.324** [5.340]		
FIA$_{-1}$							2.527** [1.192]			3.320** [1.485]	

续表

模型	1	2	3	4	5	6	7	8	9	10	11
FIE₋₁							1.329 [2.578]				0.530 [0.917]
FMD₋₁								6.606** [2.920]	2.829 [3.114]		
FMA₋₁								-2.324 [1.542]		-2.117 [1.576]	
FME₋₁								1.061 [1.400]			1.935*** [0.630]
控制变量											
GDP_Capital₋₁	-1.582 [2.313]	2.686 [5.621]	-1.967 [4.431]	-1.746 [2.098]	-1.533 [2.287]	-1.136 [2.357]	2.809 [5.231]	3.337 [8.224]	-2.917 [9.086]	1.112 [5.714]	0.289 [2.818]
GDP_Growth₋₁	1.870 [2.294]	-6.170 [5.505]	4.872 [4.165]	2.000 [2.096]	1.779 [2.269]	2.175 [2.313]	1.692 [4.708]	2.465 [7.267]	-0.598 [8.851]	5.465 [4.996]	1.540 [2.776]
Inflation₋₁	2.997*** [0.802]	2.840* [1.599]	11.310** [5.697]	2.912*** [0.972]	3.201*** [0.833]	2.854*** [0.982]	19.486*** [6.642]	38.034*** [12.025]	4.783* [2.524]	31.207*** [9.784]	1.181 [2.200]
Kao_Open₋₁	0.596 [0.734]	0.095 [1.292]	7.260* [3.540]	0.819 [0.765]	0.399 [0.751]	0.852 [0.782]	4.807 [3.235]	13.039** [5.492]	0.504 [1.531]	7.131* [3.969]	0.979 [0.959]
Country FE	No	Yes	No	No	No	No	No	No	Yes	No	No

续表

模型	1	2	3	4	5	6	7	8	9	10	11
Time FE	No	Yes	No	No	No	No	No	No	Yes	No	No
Obs.	1656	1656	1656	1656	1656	1656	1656	1656	1656	1656	1656
Countries	36	36	36	36	36	36	36	36	36	36	36
Log Likelih.	-154.240	-49.216	-71.157	-145.449	-154.052	-141.617	-62.570	-43.366	-37.522	-41.354	-115.526
AIC	320.480	178.432	154.313	302.899	320.105	295.235	141.141	102.731	147.044	96.708	245.052
BIC	351.491	383.282	179.996	332.971	351.116	325.334	173.231	134.189	324.717	121.414	278.861
Pseudo-R2	0.063	0.617	0.133	0.043	0.064	0.047	0.186	0.275	0.671	0.235	0.053
Wald p-val	0.000	0.000	0.000	0.000	0.000	0.000	0.000	0.000	0.000	0.000	0.000

注：Country FE 和 Time FE 分别代表国家和时间固定效应，Yes 代表存在国家固定效应和时间固定效应，No 代表存在混合效应；Log Likelih. 代表对数似然值；AIC 与 BIC 分别代表 Akaike 信息判别法与贝叶斯信息判别法下的统计量；$Pseudo-R2 = (|LL_1| - |LL_0|) / |LL_0|$，其中 LL_0 和 LL_1 分别代表模型中所有解释变量的系数都为 0 时的似然函数值以及模型估计得到的似然函数值；Wald p-val 表示 Wald 检验的 p 值；中括号内的数值为标准误；*** 表示 $p<0.01$，** 表示 $p<0.05$，* 表示 $p<0.1$。

表 3-5 基于全球中等收入组别的面板 Logit 估计结果

模型	1	2	3	4	5	6	7	8	9
金融发展变量									
FD_A$_{-1}$	-0.859 [1.117]								
FDP$_{-1}$		3.933 [3.209]							
FAC$_{-1}$			-0.936 [1.806]						
FEF$_{-1}$				-1.293 [0.872]					
FI$_{-1}$					4.411 [2.904]				
FM$_{-1}$						0.158 [2.175]			
FID$_{-1}$							-3.208 [4.077]	9.861** [4.060]	
FIA$_{-1}$							3.203 [2.047]		

续表

模型	1	2	3	4	5	6	7	8	9
FIE$_{-1}$							0.397 [3.391]		2.046 [2.725]
FMD$_{-1}$								0.366 [3.422]	
FME$_{-1}$									-5.905* [3.214]
控制变量									
GDP_Capital$_{-1}$	0.225 [2.100]	-5.514 [4.856]	7.195 [4.695]	-0.274 [2.147]	-5.937 [4.826]	-11.643 [7.444]	12.394** [6.004]	-10.786 [8.915]	-12.786 [10.577]
GDP_Growth$_{-1}$	0.001 [2.122]	6.191 [4.813]	-4.563 [4.626]	1.009 [2.219]	6.588 [4.777]	13.104* [7.458]	-6.688 [5.732]	12.154 [8.840]	15.593 [10.842]
Inflation$_{-1}$	1.046** [0.463]	-0.700 [0.745]	2.644** [1.248]	1.280*** [0.493]	-0.686 [0.746]	-0.741 [0.865]	1.026 [3.212]	-0.557 [0.939]	-2.123 [1.340]
Kao_Open$_{-1}$	-1.094* [0.563]	-1.790* [0.922]	-2.251 [1.409]	-1.224** [0.603]	-1.884** [0.921]	-2.613* [1.114]	-2.847 [1.956]	-2.676** [1.196]	-2.201 [1.637]
Country FE	No	Yes	No	No	Yes	Yes	No	Yes	Yes
Time FE	No	Yes	No	No	Yes	Yes	No	Yes	Yes

续表

模型	1	2	3	4	5	6	7	8	9
Obs.	2760	2760	2760	2760	2760	2760	2760	2760	2760
Countries	60	60	60	60	60	60	60	60	60
Log Likelih.	-248.351	-138.855	-47.204	-206.309	-138.388	-85.994	-30.707	-82.478	-30.773
AIC	508.722	377.709	106.408	424.619	376.776	245.988	77.414	216.956	109.547
BIC	542.038	647.649	134.128	456.589	646.716	422.337	113.425	340.877	208.222
Pseudo-R2	0.031	0.289	0.111	0.048	0.292	0.348	0.210	0.374	0.540
Wald p-val	0.000	0.000	0.000	0.000	0.000	0.000	0.000	0.000	0.000

注：Country FE 和 Time FE 分别代表国家和时间固定效应，Yes 代表存在国家固定效应和时间固定效应，No 代表存在混合效应；Log Likelih. 代表对数似然值；AIC 与 BIC 分别代表 Akaike 信息判别法与贝叶斯信息判别法下的统计量；$Pseudo-R2 = (|LL_1| - |LL_1|)/|LL_0|$，其中 LL_1 和 LL_0 分别代表模型中所有解释变量的系数都为 0 时的似然函数值以及模型估计得到的似然函数值；Wald p-val 表示 Wald 检验的 p 值；中括号内的数值为标准误；*** 表示 p<0.01，** 表示 p<0.05，* 表示 p<0.1。

表 3-6　基于全球低收入组别的面板 Logit 估计结果

模型	1	2	3	4
金融发展变量				
FD_A_{-1}	−17.299 [19.419]			
FDP_{-1}		14.153 [16.853]		
FEF_{-1}			−20.185 [29.211]	
FI_{-1}				−8.647 [9.673]
控制变量				
$GDP\_Capital_{-1}$	6.231 [14.820]	0.404 [11.995]	0.529 [22.275]	6.201 [14.794]
GDP_Growth_{-1}	−6.624 [13.331]	−1.077 [10.825]	−0.293 [20.624]	−6.597 [13.306]
$Inflation_{-1}$	−1.338 [1.581]	−1.346 [1.680]	−3.177 [2.606]	−1.339 [1.581]
Kao_Open_{-1}	−4.520 [3.719]	−4.056 [3.510]	−2.286 [7.074]	−4.520 [3.717]
Country FE	Yes	Yes	Yes	Yes
TimeFE	Yes	Yes	Yes	Yes
Obs.	1012	1012	1012	1012
Countries	22	22	22	22
Log Likelih.	−23.907	−23.991	−10.703	−23.908
AIC	147.814	137.981	89.407	147.816
BIC	354.048	323.592	206.449	354.050

模型	1	2	3	4
Pseudo-R2	0.538	0.138	0.604	0.538
Wald p-val	0.000	0.000	0.000	0.000

注：Country FE 和 Time FE 分别代表国家和时间固定效应，Yes 代表存在国家固定效应和时间固定效应，No 代表存在混合效应；Log Likelih. 代表对数似然值；AIC 与 BIC 分别代表 Akaike 信息判别法与贝叶斯信息判别法下的统计量；$Pseudo - R2 = (|LL_0| - |LL_1|)/|LL_0|$，其中 LL_0 和 LL_1 分别代表模型中所有解释变量的系数都为 0 时的似然函数值以及模型估计得到的似然函数值；Wald p-val 表示 Wald 检验的 p 值；中括号内的数值为标准误；$***$ 表示 $p<0.01$，$**$ 表示 $p<0.05$，$*$ 表示 $p<0.1$。

三、稳健性检验

（一）基于金融发展 B 指数的稳健性检验

本书将前述基础实证与不同收入组别实证中的金融发展 A 指数替换为金融发展 B 指数进行实证研究，结果见表 3-7。对比表 3-7 中"总样本"一列与表 3-3 中第 1 列可以发现，无论是金融发展指数还是控制变量，其符号与显著性都未发生改变，且系数值相差很小。同时，将表 3-7 中"高收入""中等收入""低收入"这三列分别与表 3-4 至表 3-6 中的第 1 列进行对比，仍然能够获得与上述总样本相同的结果。因此可以证明，金融发展 A 指数与金融发展 B 指数尽管来源于不同的合成体系，但都能够刻画金融发展水平，并对银行危机爆发概率产生几乎相同的影响效果。由此可知，前述基础实证所获得的研究结果是稳健的。

表 3-7　基于金融发展 B 指数的面板 Logit 估计结果

模型	总样本	高收入	中等收入	低收入
金融发展变量				
FD_ B_$_{-1}$	4.436*** [1.219]	1.249 [2.335]	1.479 [2.241]	−19.245** [8.226]
控制变量				
GDP_ Capital_$_{-1}$	−4.344* [2.500]	−2.604 [5.326]	−5.709 [4.793]	−7.615 [8.158]

模型	总样本	高收入	中等收入	低收入
GDP_ Growth$_{-1}$	3.578 [2.412]	-1.400 [5.272]	6.406 [4.752]	5.564 [7.517]
Inflation$_{-1}$	0.187 [0.558]	2.931** [1.446]	-0.844 [0.733]	0.536 [0.820]
Kao_ Open$_{-1}$	-0.491 [0.596]	0.296 [1.225]	-1.781** [0.904]	-0.991 [2.014]
Country FE	Yes	Yes	Yes	No
Time FE	Yes	Yes	Yes	No
Obs.	5428	1656	2760	1012
Countries	118	36	60	22
Log Likelih.	-266.678	-53.662	-139.409	-58.694
AIC	633.355	205.324	378.819	129.389
BIC	938.877	456.266	648.758	155.850
Pseudo-R2	0.290	0.582	0.286	0.166
Wald p-val	0.000	0.000	0.000	0.000

注：Country FE 和 Time FE 分别代表国家和时间固定效应，Yes 代表存在国家固定效应和时间固定效应，No 代表存在混合效应；Log Likelih. 代表对数似然值；AIC 与 BIC 分别代表 Akaike 信息判别法与贝叶斯信息判别法下的统计量；$Pseudo - R2 = (\mid LL_0 \mid - \mid LL_1 \mid) / \mid LL_0 \mid$，其中 LL_0 和 LL_1 分别代表模型中所有解释变量的系数都为 0 时的似然函数值以及模型估计得到的似然函数值；Wald p-val 表示 Wald 检验的 p 值；中括号内的数值为标准误；*** 表示 p<0.01，** 表示 p<0.05，* 表示 p<0.1。

（二）基于 RR 银行危机变量的稳健性检验

本书将前述基础实证研究中的银行危机变量替换为 RR 银行危机变量（即由 Reinhart and Rogoff（2008，2013）设定的银行危机变量，目前已被哈佛商学院进行了扩充，各国家（地区）银行危机的爆发时间见附录 2 中的表 2）进行实证研究（本书在下文中将基础实证研究中的银行危机变量称为"LV 变量"，将 RR 银行危机变量称为"RR 变量"）。考虑到对比的可靠性，本书将基础实证中的国家（地区）与 RR 银行危机变量中的国家（地区）进行匹配，最终获得 57 个国家（地区）的样本，并基于 LV 变量与 RR 变量进行实证对比研究，结果见表 3-8 和表 3-9。

对比表 3-8 和表 3-9 可以看到，所有金融发展变量的系数符号在 LV 变量的实验和 RR 变量的实验中皆保持一致性，同时系数的显著性在绝大多数情况下也保持高度的一致性。因此可以表明，基于不同的银行危机变量，金融发展对银行危机爆发概率的影响具有较强的一致性，证明基于 LV 变量的实证所获得的研究结果是稳健的。

同时，对比表 3-8 与表 3-3 可以发现，在表 3-3 中显著的金融发展变量在表 3-8 中几乎也保持同样的显著性，且绝大部分的系数符号也一致，因而可以表明，基于不同国家（地区）样本，金融发展水平对银行危机爆发概率的影响仍然能够保持一致性，证明前述基础实证所获得的研究结果是稳健的。

基于以上分析，无论是基于 LV 变量与 RR 变量的实证对比，还是基于不同国家（地区）样本在 LV 变量上的实证对比，金融发展水平对银行危机爆发概率的影响都存在较强的一致性，从而表明银行危机变量的替换以及国家（地区）样本的变化都不会影响金融发展水平对银行危机爆发概率的影响效应，由此证明，前述基础实证所获得的研究结果具有良好的稳健性。

表 3-8　基于全球总样本的面板 Logit 估计结果（LV 变量）

模型	1	2	3	4	5	6	7	8	9	10	11
金融发展变量											
FD_A_{-1}	3.494** [1.704]										
FDP_{-1}		7.306*** [2.196]									
FAC_{-1}			1.780* [0.922]								
FEF_{-1}				1.671 [1.320]							
FI_{-1}					5.294** [2.153]						
FM_{-1}						2.500* [1.480]					
FID_{-1}							4.366** [1.826]		10.563*** [3.342]		
FIA_{-1}							2.428** [1.105]			4.039*** [1.359]	

续表

模型	1	2	3	4	5	6	7	8	9	10	11
FIE_{-1}	-16.024*** [5.573]	-11.019* [5.946]	1.294 [4.966]				0.332 [2.509]				-5.106** [2.600]
FMD_{-1}								4.370** [1.762]	4.310** [1.906]		
FMA_{-1}								-3.174** [1.373]		-4.335** [1.861]	
FME_{-1}								0.611 [1.271]			1.179 [1.357]
控制变量											
$GDP\_Capital_{-1}$	-16.024*** [5.573]	-11.019* [5.946]	1.294 [4.966]	-24.560*** [6.556]	-15.601*** [5.522]	-21.908*** [6.844]	2.489 [5.856]	0.505 [7.286]	-10.339 [7.377]	-0.593 [6.600]	-17.455* [10.201]
GDP_Growth_{-1}	14.833*** [5.467]	10.057* [5.817]	-0.158 [4.749]	22.730*** [6.487]	14.470*** [5.412]	20.644*** [6.804]	3.005 [5.554]	2.117 [6.950]	9.594 [7.307]	7.427 [6.681]	16.440 [10.103]
$Inflation_{-1}$	0.654 [0.737]	0.784 [0.746]	3.693*** [1.418]	0.300 [0.860]	0.760 [0.739]	-0.098 [0.893]	6.008* [3.192]	5.604*** [2.024]	0.041 [0.920]	7.371 [5.427]	-2.832 [1.829]
Kao_Open_{-1}	-0.617 [0.758]	-0.813 [0.788]	2.335** [0.979]	-0.932 [0.842]	-0.735 [0.772]	-0.931 [0.866]	3.181** [1.365]	1.323 [1.412]	-1.337 [0.932]	5.464** [2.156]	-1.853 [1.345]
Country FE	Yes	Yes	No	Yes	Yes	Yes	No	No	Yes	No	Yes

续表

模型	1	2	3	4	5	6	7	8	9	10	11
Time FE	Yes	Yes	No	Yes	Yes	Yes	No	No	Yes	No	Yes
Obs.	2622	2622	2622	2622	2622	2622	2622	2622	2622	2622	2622
Countries	57	57	57	57	57	57	57	57	57	57	57
Log Likelih.	-171.937	-167.668	-88.879	-136.438	-170.941	-128.347	-64.000	-55.436	-117.493	-40.818	-55.733
AIC	443.875	435.336	189.759	362.876	441.882	346.693	144.000	126.872	326.985	95.636	185.466
BIC	730.207	721.669	218.159	606.260	728.215	587.553	179.926	161.308	573.198	122.974	364.606
Pseudo-R2	0.312	0.329	0.060	0.336	0.316	0.351	0.189	0.194	0.406	0.228	0.525
Wald p-val	0.000	0.000	0.046	0.000	0.000	0.000	0.000	0.000	0.000	0.000	0.000

注：Country FE 和 Time FE 分别代表国家和时间固定效应，Yes 代表存在国家固定效应和时间固定效应，No 代表存在混合效应；Log Likelih. 代表对数似然值；AIC 与 BIC 分别代表 Akaike 信息判别法与贝叶斯信息判别法下的统计量；$Pseudo-R2 = (|LL_1| - |LL_0|)/|LL_1|$，其中 LL_0 和 LL_1 分别代表模型中所有解释变量的系数都为 0 时的似然函数值以及模型估计得到的似然函数值；Wald p-val 表示 Wald 检验的 p 值；中括号内的数值为标准误；$*{*}{*}$表示 p<0.01，$*{*}$表示 p<0.05，$*$表示 p<0.1。

表3-9　基于全球总样本的面板 Logit 估计结果（RR 变量）

模型	1	2	3	4	5	6	7	8	9	10	11
金融发展变量											
FD_A_{-1}	2.277 [1.450]										
FDP_{-1}		3.609** [1.542]									
FAC_{-1}			1.760* [0.902]								
FEF_{-1}				0.443 [1.198]							
FI_{-1}					4.345** [1.891]						
FM_{-1}						1.952 [1.311]					
FID_{-1}							3.963** [1.805]		5.955*** [2.203]		
FIA_{-1}							2.290** [1.080]			3.677*** [1.336]	

续表

模型	1	2	3	4	5	6	7	8	9	10	11
FIE_{-1}							0.864 [2.502]				-4.364** [2.098]
FMD_{-1}								3.515** [1.677]	2.995** [1.517]		
FMA_{-1}								-2.390* [1.290]		-4.099** [1.857]	
FME_{-1}								0.188 [1.229]			0.928 [1.266]
控制变量											
$GDP\_Capital_{-1}$	-6.077 [4.812]	-3.185 [5.040]	-0.383 [4.905]	-13.701** [5.646]	-5.072 [4.810]	-13.071** [5.938]	2.373 [5.902]	-3.215 [6.779]	-2.870 [6.323]	-0.164 [6.664]	-14.738* [8.073]
GDP_Growth_{-1}	6.066 [4.699]	3.271 [4.912]	0.783 [4.691]	13.392** [5.552]	5.116 [4.690]	13.082** [5.869]	2.131 [5.623]	4.631 [6.542]	3.182 [6.207]	5.377 [6.759]	13.930* [8.083]
$Inflation_{-1}$	0.287 [0.620]	0.374 [0.623]	3.626*** [1.372]	0.109 [0.720]	0.347 [0.624]	-0.028 [0.746]	6.019** [2.945]	5.215*** [1.888]	0.037 [0.763]	8.570 [5.223]	-1.127 [1.230]
Kao_Open_{-1}	0.152 [0.607]	0.042 [0.616]	2.413** [0.977]	0.268 [0.645]	0.096 [0.616]	0.257 [0.683]	3.076** [1.374]	1.851 [1.357]	0.178 [0.707]	5.094** [2.113]	-0.146 [1.004]
Country FE	Yes	Yes	No	Yes	Yes	Yes	No	No	Yes	No	No

续表

模型	1	2	3	4	5	6	7	8	9	10	11
Time FE	Yes	Yes	No	Yes	Yes	Yes	No	No	Yes	No	No
Obs.	2622	2622	2622	2622	2622	2622	2622	2622	2622	2622	2622
Countries	57	57	57	57	57	57	57	57	57	57	57
Log Likelih.	-249.962	-248.403	-92.064	-328.456	-248.454	-190.512	-65.284	-61.725	-182.776	-42.154	-98.800
AIC	599.924	596.805	196.129	668.912	596.909	471.025	146.569	139.450	457.552	98.308	279.600
BIC	885.142	882.023	224.529	701.889	882.127	713.416	182.494	173.885	705.329	125.646	482.740
Pseudo-R2	0.214	0.125	0.062	0.024	0.219	0.252	0.173	0.146	0.282	0.202	0.375
Wald p-val	0.000	0.000	0.000	0.000	0.000	0.000	0.000	0.000	0.000	0.000	0.000

注：Country FE 和 Time FE 分别代表国家和时间固定效应，Yes 代表存在国家固定效应和时间固定效应，No 代表存在混合效应；Log Likelih. 代表对数似然值；AIC 与 BIC 分别代表 Akaike 信息判别法与贝叶斯信息判别法下的统计量；$Pseudo-R2 = (|LL_1| - |LL_0|)/|LL_0|$，其中 LL_0 和 LL_1 分别代表模型中所有解释变量的系数都为 0 时的似然函数值以及模型估计得到的似然函数值；Wald p-val 表示 Wald 检验的 p 值；中括号内的数值为标准误；*** 表示 p<0.01，** 表示 p<0.05，* 表示 p<0.1。

（三）基于多重危机的稳健性检验

如前所述，大量研究已证明，银行危机将很可能引发货币危机和主权债务危机，从而出现孪生危机（即银行危机爆发伴随着货币危机或主权债务危机的爆发）甚至三重危机（即银行危机的爆发伴随着货币危机和主权债务危机的爆发）的问题①②③，因此，本书基于 Laeven and Valencia（2018）的研究成果，将货币危机变量与主权债务危机变量④增加到前述基础实证研究中，结果如表3-10 至表3-12 所示。

将表3-10 至表3-12 与表3-3 进行对比可以发现，分别加入货币危机变量与主权债务危机变量甚至将两个变量同时加入基础实证研究中，各金融发展变量的系数符号与显著性并未发生变化，同时，绝大多数控制变量的符号与显著性也并未发生变化，从而表明货币危机与主权债务危机因素的加入并不会改变金融发展对银行危机爆发概率的影响。基于以上分析可以认为，前述基础实证所获得的研究结果是稳健的。

但值得注意一点的是，货币危机变量的系数在大部分情况下都不显著，但主权债务危机变量的系数在大部分情况下都显著，从而表明主权债务危机与银行危机间的关系更为紧密。原因可能在于：一方面，由于各国国内银行的负债有政府进行隐性担保，因而会产生信贷的道德风险问题，导致银行不良贷款的增加并诱发银行危机，此时政府会因救助银行而引发财政赤字的增加，从而进一步诱发主权债务危机⑤；另一方面，主权债务危机的爆发将导致银行持有的政

---

① FRATZSCHER M，MEHL A，VANSTEENKISTE I. 130 years of fiscal vulnerabilities and currency crashes in advanced economies ［J］. *IMF economic review*，2011，59：683-716.

② REINHART C，ROGOFF K. From financial crash to debt crisis ［J］. *American economic review*，2011，101（5）：1676-1706.

③ GOURINCHAS P O，OBSTFELD M. Stories of the twentieth century for the twenty-first ［J］. *American economic journal*：Macroeconomics，2012，4（1）：226-265.

④ Laeven and Valencia（2018）认为货币危机是指本币兑美元汇率出现急速的名义贬值，具体而言，要同时满足以下两个条件：第一，年贬值幅度达到30%及以上；第二，年贬值幅度至少超过上一年贬值幅度的10%。Laeven and Valencia（2018）通过主权债务违约与重组事件来界定主权债务危机的爆发时间。

⑤ CORSETTI G C，PESENTI P，ROUBINI N. What caused the Asian currency and financial crisis？ ［J］. *Japan and the world economy*，1999，9：305-373.

府债券价值下降，使得银行需额外计提巨额损失准备，从而会重创银行资本金，导致银行出现重大亏损以及总资产下降，最终引发银行危机①。

（四）基于不同滞后期的稳健性检验

尽管本书借鉴了 Bordo and Meissner（2012）、Qin and Luo（2014）、Stolbov（2015）、Caggiano et al.（2016）、欧阳远芬和李璐（2014）、王道平（2016）等学者的研究成果，将滞后期设定为一年，但目前也有部分学者将滞后期设定为两年进行研究②③④⑤。因此，为验证本书实证结果的稳健性，本书将基础实证研究中的一年滞后期替换为两年滞后期进行实证研究，结果见表 3-13。

对比表 3-13 与表 3-3 可以发现，表 3-13 中除第 8 列金融市场效率的系数符号与表 3-3 的结果相反外，其余各金融发展变量的系数符号与表 3-3 中各金融发展变量的系数符号保持了一致性，且在表 3-3 中显著的金融发展变量绝大多数情况下在表 3-13 中也同样显著，从而表明滞后期的选择并不影响金融发展对银行危机爆发概率的影响效应，证明前述基础实证所获得的研究结果具有良好的稳健性。

---

① ANGELONI C, WOLFF G B. Are banks affected by their holdings of government debt? [R]. Bruegel working paper, 2012, No. 717.

② ROY S, KEMME D M. Causes of banking crises: Deregulation, credit booms and asset bubbles, then and now [J]. International review of economics and finance, 2012, 24: 270-294.

③ KHAN A H, KHAN H A, DEWAN H. Central bank autonomy, legal institutions and banking crises incidence [J]. International journal of finance and economics, 2013, 18: 51-73.

④ GERSL A, JASOVA M. Credit-based early warning indicators of banking crises in emerging markets [J]. Economic systems, 2018, 42 (1): 18-31.

⑤ RISTOLAINEN K. Predicting banking crises with artificial neural networks: The role of nonlinearity and heterogeneity [J]. The scandinavian journal of economics, 2018, 120 (1): 31-62.

表 3-10　基于全球总样本的面板 Logit 估计结果（加入货币危机变量）

模型	1	2	3	4	5	6	7	8	9	10	11
金融发展变量											
FD_A_{-1}	4.948*** [1.301]										
FDP_{-1}		8.274*** [1.689]									
FAC_{-1}			1.947*** [0.732]								
FEF_{-1}				2.366** [0.984]							
FI_{-1}					6.222*** [1.629]						
FM_{-1}						2.472** [1.231]					
FID_{-1}							3.311** [1.336]		10.349*** [2.924]		
FIA_{-1}							2.304** [0.953]			3.953*** [1.317]	

续表

模型	1	2	3	4	5	6	7	8	9	10	11
FIE_{-1}	0.589 [0.368]						-0.391 [1.641]				-2.193 [1.905]
FMD_{-1}								4.371*** [1.642]	3.743** [1.690]		
FMA_{-1}								-2.902** [1.295]		-3.550** [1.664]	
FME_{-1}								0.469 [1.115]			0.581 [0.894]
孪生危机变量											
Currency_Crisis		0.514 [0.372]	1.928** [0.848]	0.527 [0.452]	0.574 [0.368]	0.823* [0.474]	2.548*** [0.931]	0.174 [1.597]	0.565 [0.492]	3.437** [1.534]	0.786 [0.701]
控制变量											
$GDP\_Capital_{-1}$	-3.985 [2.519]	-1.986 [2.669]	3.900 [2.773]	-6.168** [2.742]	-3.613 [2.544]	-14.201*** [4.228]	4.759 [3.347]	1.347 [5.043]	-7.299 [4.918]	4.949 [4.899]	-15.455** [6.283]
GDP_Growth_{-1}	3.329 [2.432]	1.498 [2.585]	-1.859 [2.705]	5.465** [2.650]	2.944 [2.456]	13.681*** [4.203]	-0.057 [3.229]	1.540 [4.672]	7.138 [4.853]	0.981 [4.556]	14.896** [6.263]
$Inflation_{-1}$	0.268 [0.559]	0.352 [0.565]	2.268* [1.293]	0.064 [0.639]	0.408 [0.566]	0.510 [0.792]	2.146 [2.393]	5.862*** [1.991]	0.468 [0.817]	10.818** [5.135]	-1.143 [1.201]

续表

模型	1	2	3	4	5	6	7	8	9	10	11
Kao_Open$_{-1}$	-0.578 [0.603]	-0.997 [0.650]	1.353 [0.629]	-0.281 [0.625]	-0.718 [0.618]	-0.744 [0.734]	0.992 [0.742]	1.580 [1.275]	-1.161 [0.796]	6.717*** [2.496]	-1.602 [1.056]
Country FE	Yes	Yes	No	Yes	Yes	Yes	No	No	Yes	No	Yes
Time FE	Yes	Yes	No	Yes	Yes	Yes	No	No	Yes	No	Yes
Obs.	5428	5428	5428	5428	5428	5428	5428	5428	5428	5428	5428
Countries	118	118	118	118	118	118	118	118	118	118	118
Log Likelih.	-264.317	-257.237	-137.186	-214.495	-263.689	-156.306	-108.300	-67.008	-143.552	-48.448	-76.744
AIC	630.634	616.473	288.372	520.990	627.377	404.613	234.599	152.017	381.105	112.895	237.487
BIC	942.265	928.105	325.653	786.692	932.899	659.798	281.192	192.309	641.838	145.608	450.707
Pseudo-R2	0.296	0.315	0.070	0.287	0.298	0.364	0.177	0.186	0.416	0.260	0.507
Wald p-val	0.000	0.000	0.000	0.000	0.000	0.000	0.000	0.000	0.000	0.000	0.000

注：Country FE 和 Time FE 分别代表国家和时间固定效应，No 代表存在混合效应；Log Likelih. 代表对数似然值；AIC 与 BIC 分别代表 Akaike 信息判别法与贝叶斯信息判别法下的统计量；$Pseudo-R2 = (|LL_1| - |LL_0|)/|LL_0|$，其中 LL_0 和 LL_1 分别代表模型中所有解释变量的系数都为 0 时的似然函数值以及模型估计得到的似然函数值；Wald p-val表示 Wald 检验的 p 值；中括号内的数值为标准误；*** 表示 $p<0.01$，** 表示 $p<0.05$，* 表示 $p<0.1$。

表3-11 基于全球总样本的面板 Logit 估计结果（加入主权债务危机变量）

模型	1	2	3	4	5	6	7	8	9	10	11
金融发展变量											
FD_A_{-1}	4.924*** [1.294]										
FDP_{-1}		8.226*** [1.681]									
FAC_{-1}			1.974*** [0.729]								
FEF_{-1}				2.159** [0.989]							
FI_{-1}					6.401*** [1.638]						
FM_{-1}						2.399* [1.233]					
FID_{-1}							3.487*** [1.325]		10.482*** [2.937]		
FIA_{-1}							2.213** [0.940]			3.888*** [1.261]	

续表

模型	1	2	3	4	5	6	7	8	9	10	11
FIE_{-1}	1.514** [0.561]	1.441** [0.565]									-2.346 [1.911]
FMD_{-1}							-0.641 [1.566]	4.436*** [1.622]	3.675** [1.718]		
FMA_{-1}								-2.916** [1.296]		-3.481** [1.604]	
FME_{-1}								0.387 [1.128]			0.584 [0.893]
孪生危机变量											
Debt_Crisis			omitted	2.457*** [0.747]	1.619*** [0.563]	2.058*** [0.792]	omitted	omitted	2.012** [0.817]	omitted	3.193* [1.830]
控制变量											
$GDP\_Capital_{-1}$	-3.928 [2.520]	-1.941 [2.665]	3.658 [2.767]	-6.393** [2.769]	-3.550 [2.549]	-14.517*** [4.255]	4.150 [3.294]	1.265 [4.998]	-7.275 [4.982]	3.615 [4.727]	-17.450*** [6.501]
GDP_Growth_{-1}	3.385 [2.431]	1.579 [2.578]	-1.706 [2.721]	5.936** [2.692]	3.018 [2.461]	14.103*** [4.225]	0.486 [3.214]	1.504 [4.597]	7.266 [4.910]	2.156 [4.480]	17.242*** [6.482]
$Inflation_{-1}$	0.446 [0.571]	0.534 [0.578]	2.763** [1.223]	0.414 [0.658]	0.596 [0.579]	0.735 [0.813]	2.726 [2.079]	6.234*** [2.043]	0.705 [0.842]	10.029** [4.873]	-0.561 [1.211]

续表

模型	1	2	3	4	5	6	7	8	9	10	11
Kao_Open$_{-1}$	-0.626 [0.606]	-1.039 [0.651]	1.249** [0.623]	-0.423 [0.640]	-0.791 [0.622]	-0.896 [0.754]	0.814 [0.722]	1.698 [1.314]	-1.270 [0.811]	5.634*** [2.152]	-2.089* [1.103]
Country FE	Yes	Yes	No	Yes	Yes	Yes	No	No	Yes	No	Yes
Time FE	Yes	Yes	No	Yes	Yes	Yes	No	No	Yes	No	Yes
Obs.	5428	5428	5428	5428	5428	5428	5428	5428	5428	5428	5428
Countries	118	118	118	118	118	118	118	118	118	118	118
Log Likelih.	-262.256	-255.219	-138.905	-209.957	-261.159	-154.483	-110.956	-66.742	-141.230	-50.371	-75.420
AIC	626.512	612.437	289.810	511.915	622.317	398.966	237.913	149.484	376.461	114.742	234.839
BIC	938.144	924.069	321.737	777.616	927.839	648.603	279.292	185.263	637.194	143.333	448.059
Pseudo-R2	0.302	0.320	0.057	0.302	0.438	0.372	0.156	0.188	0.425	0.230	0.516
Wald p-val	0.000	0.000	0.000	0.000	0.000	0.000	0.000	0.000	0.000	0.000	0.000

注：Country FE 和 Time FE 分别代表国家固定效应和时间固定效应，Yes 代表存在国家固定效应和时间固定效应，No 代表存在混合效应；omitted 代表对应主权债务危机变量与对应的银行危机信息判别法下的统计量存在极强的共线性，从而在计算时被省略；Log Likelih. 代表对数似然值；AIC 与 BIC 分别代表 Akaike 信息判别法与贝叶斯信息判别法下的统计量；$Pseudo-R2 = (|LL_0| - |LL_1|)/|LL_0|$，其中 LL_0 和 LL_1 分别代表模型中所有解释变量系数都为 0 时的似然函数值以及模型估计得到的似然函数值；Wald p-val 表示 Wald 检验的 p 值；中括号内的数值为标准误差；*** 表示 $p<0.01$，** 表示 $p<0.05$，* 表示 $p<0.1$。

表 3-12 基于全球总样本的面板 Logit 估计结果（加入货币危机变量与主权债务危机变量）

模型	1	2	3	4	5	6	7	8	9	10	11
金融发展变量											
FD_A$_{-1}$	4.871*** [1.298]										
FDP$_{-1}$		8.176*** [1.690]									
FAC$_{-1}$			1.941*** [0.732]								
FEF$_{-1}$				2.151** [0.989]							
FI$_{-1}$					6.317*** [1.639]						
FM$_{-1}$						2.363* [1.234]					
FID$_{-1}$							3.314** [1.336]		10.373*** [2.951]		
FIA$_{-1}$							2.295** [0.954]			3.941*** [1.316]	

续表

模型	1	2	3	4	5	6	7	8	9	10	11
FIE_{-1}							-0.394 [1.641]				-2.194 [1.944]
FMD_{-1}								4.410*** [1.649]	3.694** [1.716]		
FMA_{-1}								-2.910** [1.298]		-3.570** [1.666]	
FME_{-1}								0.381 [1.131]			0.580 [0.897]
三重危机变量											
Currency_Crisis	0.413 [0.390]	0.348 [0.394]	1.916** [0.850]	0.150 [0.513]	0.390 [0.390]	0.549 [0.518]	2.546*** [0.930]	0.141 [1.606]	0.259 [0.546]	3.436** [1.534]	0.438 [0.759]
Debt_Crisis	1.390** [0.579]	1.338** [0.581]	omitted	2.399*** [0.775]	1.501*** [0.579]	1.812** [0.821]	omitted	omitted	1.893** [0.853]	omitted	2.900 [1.854]
控制变量											
GDP_Capital$_{-1}$	-3899 [2.527]	-1.946 [2.673]	3.888 [2.777]	-6.367** [2.769]	-3.529 [2.555]	-14.262*** [4.279]	4.764 [3.348]	1.283 [5.006]	-7.201 [4.988]	4.938 [4.894]	-17.118*** [6.559]
GDP_Growth$_{-1}$	3.382 [2.438]	1.603 [2.587]	-1.885 [2.711]	5.913** [2.691]	3.023 [2.466]	13.875*** [4.251]	-0.075 [3.232]	1.453 [4.639]	7.214 [4.916]	0.953 [4.552]	16.985*** [6.550]

续表

模型	1	2	3	4	5	6	7	8	9	10	11
$Inflation_{-1}$	0.470 [0.572]	0.555 [0.579]	2.312* [1.305]	0.415 [0.658]	0.628 [0.579]	0.730 [0.815]	2.145 [2.390]	6.191*** [2.105]	0.699 [0.841]	10.814** [5.130]	-0.589 [1.222]
Kao_Open_{-1}	-0.639 [0.607]	-1.045 [0.651]	1.354** [0.630]	-0.825 [0.631]	-0.789 [0.622]	-0.896 [0.749]	0.991 [0.742]	1.705 [1.320]	-1.282 [0.810]	6.710*** [2.494]	-2.028* [1.111]
Country FE	Yes	Yes	No	Yes	Yes	Yes	No	No	Yes	No	Yes
Time FE	Yes	Yes	No	Yes	Yes	Yes	No	No	Yes	No	Yes
Obs.	5428	5428	5428	5428	5428	5428	5428	5428	5428	5428	5428
Countries	118	118	118	118	118	118	118	118	118	118	118
Log Likelih.	-261.733	-254.848	-137.097	-209.916	-260.691	-153.962	-108.269	-66.738	-141.121	-48.405	-75.259
AIC	627.466	613.696	288.195	513.832	623.381	399.924	234.538	151.476	378.243	112.810	234.518
BIC	945.208	931.439	325.443	785.309	935.013	655.109	281.090	191.728	644.523	145.486	447.737
Pseudo-R2	0.303	0.321	0.069	0.302	0.306	0.374	0.176	0.188	0.426	0.260	0.517
Wald p-val	0.000	0.000	0.000	0.000	0.000	0.000	0.000	0.000	0.000	0.000	0.000

注：Country FE 和 Time FE 分别代表国家固定效应和时间固定效应，Yes 代表存在国家固定效应和时间固定效应，No 代表存在混合效应；omitted 代表对应变量与时间固定效应的共线性，从而在估计时被省略；Log Likelih. 代表对数似然值；AIC 与 BIC 分别代表 Akaike 信息准则法与贝叶斯信息准则法下的统计量；$Pseudo-R2 = (|LL_0| - |LL_1|)/|LL_0|$，其中 LL_0 和 LL_1 分别代表模型中所有解释变量的系数都为 0 时的似然函数数值以及模型估计得到的似然函数数值；Wald p-val 表示 Wald 检验的 p 值；中括号内的数值为标准误差。*** 表示 $p<0.01$，** 表示 $p<0.05$，* 表示 $p<0.1$。

表3-13 基于全球总样本的面板Logit估计结果(两年滞后期)

模型	1	2	3	4	5	6	7	8	9	10	11
金融发展变量											
FD_A_{-2}	4.849*** [1.343]										
FDP_{-2}		7.389*** [1.651]									
FAC_{-2}			1.683** [0.739]								
FEF_{-2}				2.971*** [1.053]							
FI_{-2}					5.649*** [1.659]						
FM_{-2}						2.468* [1.271]					
FID_{-2}							2.671** [1.359]		9.786*** [2.962]		
FIA_{-2}							1.583* [0.925]			3.486*** [1.249]	

续表

模型	1	2	3	4	5	6	7	8	9	10	11
FIE$_{-2}$	-3.454 [2.523]						-1.306 [1.509]				-5.279** [2.285]
FMD$_{-2}$								3.652** [1.630]	3.235* [1.835]		
FMA$_{-2}$								-2.398* [1.288]		-3.212** [1.540]	
FME$_{-2}$								-0.204 [1.125]			1.131 [1.033]
控制变量											
GDP_Capital$_{-2}$	2.346 [2.433]	-1.859 [2.698]	3.841 [2.731]	-4.892* [2.704]	-3.192 [2.577]	-14.480*** [4.781]	4.398 [3.197]	5.155 [4.945]	-7.594 [5.549]	6.692 [4.856]	-17.575*** [8.660]
GDP_Growth$_{-2}$		0.895 [2.614]	-2.378 [2.698]	3.449 [2.586]	2.100 [2.489]	13.461*** [4.681]	-0.761 [3.172]	-0.803 [4.521]	6.981 [5.435]	1.721 [4.753]	16.794** [8.506]
Inflation$_{-2}$	0.362 [0.588]	0.396 [0.597]	1.871 [1.406]	0.481 [0.668]	0.429 [0.600]	0.303 [0.836]	-1.631 [3.427]	6.345*** [1.997]	0.216 [0.869]	5.211 [5.440]	-0.119 [1.332]
Kao_Open$_{-2}$	0.061 [0.605]	-0.277 [0.637]	1.075* [0.618]	0.302 [0.645]	-0.003 [0.617]	0.188 [0.769]	0.579 [0.720]	2.467* [1.309]	-0.146 [0.819]	5.861*** [2.111]	-0.354 [1.124]
Country FE	Yes	Yes	No	Yes	Yes	Yes	No	No	Yes	No	Yes

续表

模型	1	2	3	4	5	6	7	8	9	10	11
Time FE	Yes	Yes	No	Yes	Yes	Yes	No	No	Yes	No	Yes
Obs.	5310	5310	5310	5310	5310	5310	5310	5310	5310	5310	5310
Countries	118	118	118	118	118	118	118	118	118	118	118
Log Likelih.	-254.821	-249.717	-138.783	-197.003	-255.267	-142.826	-113.551	-67.859	-132.175	-48.133	-62.627
AIC	607.643	597.434	289.566	482.006	608.534	373.651	243.103	151.718	354.350	110.266	205.254
BIC	904.841	894.632	321.066	733.235	905.732	613.378	283.810	187.038	599.525	138.241	404.420
Pseudo-R2	0.299	0.313	0.044	0.310	0.297	0.368	0.120	0.164	0.415	0.248	0.567
Wald p-val	0.000	0.000	0.000	0.000	0.000	0.000	0.000	0.000	0.000	0.000	0.000

注：Country FE 和 Time FE 分别代表国家和时间固定效应，Yes 代表存在国家固定效应和时间固定效应，No 代表存在混合效应；Log Likelih. 代表对数似然值；AIC 与 BIC 分别代表 Akaike 信息判别法与贝叶斯判别法下的统计量；$Pseudo-R2 = (|LL_1| - |LL_0|)/|LL_1|$，其中 LL_0 和 LL_1 分别代表模型中所有解释变量的系数都为 0 时的似然函数值以及模型估计得到似然函数值；Wald p-val 表示 Wald 检验的 p 值；中括号内的数值为标准误差；$***$ 表示 $p<0.01$，$**$ 表示 $p<0.05$，$*$ 表示 $p<0.1$。

（五）基于不同研究区间的稳健性检验

从第一章图 1-3 可知，金融发展指标数据集的样本充足率在 1996 年和 2004 分别出现了一次提升，而不同的样本充足率又对应着不同的研究区间。因此，本书以样本充足率为区间划分标准，探讨不同的研究区间是否会影响金融发展对银行危机爆发概率的影响效应。具体而言，本书将前述基础实证研究中的研究区间缩减为 1996 年至 2016 年以及 2004 年至 2016 年，并进行相应的实证研究，结果见表 3-14 和表 3-15。

对比表 3-14 与表 3-3 可知，各金融发展变量在表 3-3 中的系数符号与在表 3-14 中的系数符号完全一致，且表 3-3 中绝大部分系数显著的金融发展变量在表 3-14 中也依然具有显著性。同时，对比表 3-15 与表 3-3 可知，除表 3-15 中第 9 列 FID 的系数符号与表 3-3 中的结果相反外，其余各金融发展变量的系数符号都一致，且绝大部分的系数显著性也保持一致。由此可见，研究区间的选择并不会影响金融发展对银行危机爆发概率的影响效应，表明本书通过基础实证研究所获得的结果是十分稳健的。

表3-14 基于全球总样本的面板 Logit 估计结果(1996-2016)

模型	1	2	3	4	5	6	7	8	9	10	11
金融发展变量											
FD_A_{-1}	2.894*** [0.701]										
FDP_{-1}		14.504*** [4.586]									
FAC_{-1}			1.982*** [0.729]								
FEF_{-1}				2.457*** [0.698]							
FI_{-1}					7.630** [3.270]						
FM_{-1}						1.611*** [0.602]					
FID_{-1}							3.485*** [1.325]		16.135*** [5.321]		
FIA_{-1}							2.222** [0.940]			3.900*** [1.261]	

续表

模型	1	2	3	4	5	6	7	8	9	10	11
FIE$_{-1}$	3.725* [2.180]	-13.512* [6.991]	3.623 [2.748]	3.773* [2.108]	-13.325* [6.915]	3.100 [2.290]	-0.638 [1.567]				-3.280 [2.457]
FMD$_{-1}$								3.303*** [1.605]	2.235 [3.014]		
FMA$_{-1}$								-2.923** [1.296]		-3.462** [1.602]	
FME$_{-1}$								0.419 [1.108]			1.891 [1.331]
控制变量											
GDP_Capital$_{-1}$	-2.068 [2.186]	13.773 [7.100]	-1.591 [2.703]	-2.471 [2.109]	13.033* [6.983]	-1.592 [2.250]	4.144 [3.292]	1.214 [4.966]	-10.013 [8.480]	3.622 [4.732]	-29.170*** [10.989]
GDP_Growth$_{-1}$							-0.507 [3.210]	1.768 [4.551]	10.199 [8.486]	2.187 [4.484]	27.672*** [10.463]
Inflation$_{-1}$	2.070*** [0.783]	-2.604 [1537]	2.801** [1.202]	1.634** [0.767]	-1.534 [1.513]	1.938** [0.787]	2.728 [2.081]	5.973*** [1.919]	-0.940 [1.712]	10.031** [4.878]	-2.435 [1.935]
Kao_Open$_{-1}$	0.117 [0.489]	-1.493 [1.514]	1.255** [0.623]	0.294 [0.475]	-1.635 [1.361]	-0.190 [0.499]	0.815 [0.722]	1.561 [1.284]	-1.881 [1.733]	5.641*** [2.153]	0.316 [1.739]
Country FE	No	Yes	No	No	Yes	No	No	No	Yes	No	Yes

续表

模型	1	2	3	4	5	6	7	8	9	10	11
Time FE	No	Yes	No	No	Yes	No	No	No	Yes	No	Yes
Obs.	2360	2360	2360	2360	2360	2360	2360	2360	2360	2360	2360
Countries	118	118	118	118	118	118	118	118	118	118	118
Log Likelih.	-205.246	-56.911	-138.698	-207.277	-60.753	-192.353	-110.989	-66.679	-49.484	-50.414	-45.639
AIC	422.493	161.823	289.396	426.555	169.506	396.707	237.979	149.357	148.968	114.828	141.279
BIC	456.479	275.396	321.299	460.541	283.079	429.096	279.395	185.024	265.989	143.452	256.275
Pseudo-R2	0.059	0.569	0.058	0.050	0.540	0.033	0.156	0.187	0.607	0.230	0.603
Wald p-val	0.000	0.000	0.000	0.000	0.000	0.000	0.000	0.000	0.000	0.000	0.000

注：Country FE 和 Time FE 分别代表国家和时间固定效应，Yes 代表存在国家固定效应和时间固定效应，No 代表不存在混合效应；Log Likelih. 代表对数似然值；AIC 与 BIC 分别代表 Akaike 信息判别法与贝叶斯信息判别法下的统计量；$Pseudo-R2 = (|LL_1| - |LL_0|)/|LL_1|$，其中 LL_0 和 LL_1 分别代表模型中所有解释变量的系数都为 0 时的似然函数值以及模型估计得到的似然函数值；Wald p-val 表示 Wald 检验的 p 值；中括号内的数值为标准误；*** 表示 p<0.01，** 表示 p<0.05，* 表示 p<0.1。

表 3-15　基于全球总样本的面板 Logit 估计结果（2004—2016）

模型	1	2	3	4	5	6	7	8	9	10	11
金融发展变量											
FD_A$_{-1}$	3.854*** [0.927]										
FDP$_{-1}$		5.086*** [1.010]									
FAC$_{-1}$			1.896** [0.745]								
FEF$_{-1}$				3.420*** [0.932]							
FI$_{-1}$					6.040*** [1.378]						
FM$_{-1}$						2.754*** [0.776]					
FID$_{-1}$							3.485*** [1.325]		-0.907 [2.207]		
FIA$_{-1}$							2.222** [0.940]			3.900*** [1.261]	

续表

模型	1	2	3	4	5	6	7	8	9	10	11
FIE$_{-1}$							-0.638 [1.567]				-0.915 [1.852]
FMD$_{-1}$								4.928** [2.095]	5.405*** [1.647]		
FMA$_{-1}$								-2.538* [1.388]		-3.462*** [1.602]	
FME$_{-1}$								1.467 [1.343]			2.353*** [0.602]
控制变量											
GDP_Capital$_{-1}$	4.608 [3.133]	6.359* [3.372]	4.627 [2.893]	4.343 [2.991]	3.663 [3.048]	5.327 [3.284]	4.144 [3.292]	10.162* [5.960]	8.010** [3.733]	3.622 [4.732]	4.025 [3.358]
GDP_Growth$_{-1}$	-1.250 [3.055]	-1.919 [3.147]	-1.828 [2.875]	-1.802 [2.939]	-0.158 [2.981]	-1.949 [3.128]	0.507 [3.210]	-3.980 [5.379]	-2.796 [3.408]	2.187 [4.484]	-0.952 [3.268]
Inflation$_{-1}$	2.229 [2.261]	3.321* [1.865]	0.115 [2.499]	0.836 [2.429]	2.627 [2.253]	2.343 [2.193]	2.728 [2.081]	13.837** [5.869]	4.051** [1.846]	10.031** [4.878]	2.309 [2.577]
Kao_Open$_{-1}$	1.471** [0.699]	0.683 [0.720]	1.575** [0.675]	1.497** [0.687]	1.108 [0.678]	1.801** [0.762]	0.815 [0.722]	4.926** [2.144]	0.867 [0.793]	5.641*** [2.153]	1.943** [0.823]
Country FE	No	No	No	No	No	No	No	No	No	No	No

续表

模型	1	2	3	4	5	6	7	8	9	10	11
Time FE	No	No	No	No	No	No	No	No	No	No	No
Obs.	1416	1416	1416	1416	1416	1416	1416	1416	1416	1416	1416
Countries	118	118	118	118	118	118	118	118	118	118	118
Log Likelih.	-115.393	-110.353	-121.022	-117.698	-113.657	-109.536	-110.989	-47.018	-100.249	-50.414	-103.207
AIC	242.785	232.707	254.044	247.397	239.314	231.071	237.979	110.036	214.499	114.828	220.415
BIC	273.857	263.778	285.115	278.468	270.386	260.595	279.395	142.784	248.944	143.452	254.343
Pseudo-R2	0.123	0.161	0.080	0.105	0.136	0.094	0.156	0.283	0.171	0.230	0.105
Wald p-val	0.000	0.000	0.000	0.000	0.000	0.000	0.000	0.000	0.000	0.000	0.000

注：Country FE 和 Time FE 分别代表国家固定效应和时间固定效应，Yes 代表存在国家固定效应和时间固定效应，No 代表存在混合效应；Log Likelih. 代表对数似然值；AIC 与 BIC 分别代表 Akaike 信息判别法与贝叶斯信息判别法下的统计量；$Pseudo-R2 = (|LL_1|-|LL_0|)/|LL_0|$，其中 LL_1 和 LL_0 分别代表模型中所有解释变量的系数都为 0 时的似然函数值以及模型估计得到的似然函数值；Wald p-val 表示 Wald 检验的 p 值；中括号内的数值为标准误；*** 表示 $p<0.01$，** 表示 $p<0.05$，* 表示 $p<0.1$。

第五节　银行危机爆发的非线性影响实证研究

一、基于全球总样本的 BCT 实证结果

基于银行危机变量、金融发展指标变量以及控制变量，本书运用 BCT 模型对前述 118 个国家（地区）样本自 1970 年至 2016 年的数据进行实证研究。各金融发展指标变量的 BCT 模型如图 3-4 至图 3-14 所示：

1. 从 FD_ A 的实证结果（见图 3-4）可以发现，在 GDP_ Capital 大于 0.161 时，若 FD_ A 也大于 0.741，则银行危机爆发的概率将大幅上升至 10%，表明金融发展水平越高，银行危机爆发的概率将会大大增加。但在 GDP_ Capital 大于 0.161 时，若 FD_ A 不高于 0.741，则无论 Inflation 如何变化，银行危机爆发的概率都较低（仅为 1.5% 或 3.6%）。因此可以认为，FD_ A 的上升将会大大增加银行危机爆发的概率。

2. FDP 的实证结果（见图 3-5）与 FD_ A 的实证结果相似，即在 GDP_ Capital 大于 0.161 时，若 FDP 大于 0.661，则银行危机爆发的概率将大幅上升至 7.7%。FAC 的实证结果（见图 3-6）显示，在 FAC 大于 0.039 但不高于 0.083 的情况下，若 GDP_ Growth 不高于 0.216，则银行危机爆发的概率将大幅上升至 6.5%，反之，若 GDP_ Growth 大于 0.216，则银行危机爆发的概率将大幅下降至 0%；然而在 FAC 大于 0.083 的情况下，若 Inflation 大于 0.482，则银行危机爆发的概率将大幅上升至 8.4%。由此可以看出，在 FAC 大于 0.039 时，宏观经济环境的恶化将极易引发银行危机。从 FEF 的实证结果（见图 3-7）可以发现，FEF 不高于 0.063 时，银行危机爆发的概率将上升至 5.8%，但若 FEF 大于 0.393，则 Inflation 超过 0.03 将导致银行危机爆发的概率上升至 4.1%。因而可以发现，与 FDP 和 FAC 不同，不仅过高的 FEF 加上过高的 Inflation 会增加银行危机爆发的概率，而且过低的 FEF 也会增加银行危机爆发的概率，表明 FEF 对银行危机爆发概率的影响呈现 U 型效应。

3. 观察 FI 的实证结果（图 3-8）可以发现，在 Inflation 不高于 0.516 时，FI 一旦大于 0.765，则银行危机爆发的概率将大幅上升至 9.0%，表明 FI 的增加会提升银行危机爆发的概率。然而与 FI 相比，FM 的实证结果（图 3-9）却呈现一定的差异：在 Inflation 不高于 0.516 的情况下，若 FM 不高于 0.002，则银行危机爆发的概率会上升至 4.6%，但若 FM 大于 0.629，则银行危机爆发的概率将会大幅上升至 7.1%，从而表明，FM 对银行危机爆发概率的影响不仅呈现出 U 型效应，而且这一 U 型效应还具有明显的非对称性，即过高的 FM 对银行危机爆发概率的影响显著强于过低的 FM。

4. FID、FIA 和 FIE 的实证结果（图 3-10）显示，在 FIA 大于 0.163 的情况下，若 FID 大于 0.666，则银行危机爆发的概率将大幅上升至 6.4%，但此时若 GDP_ Capital 大于 0.522，则银行危机爆发的概率将大幅上升至 13.9%，表明 FIA 与 FID 的上升将会大大增加银行危机爆发的概率，而过热的宏观经济环境又将会进一步提高银行危机爆发的概率。在 FIA 不高于 0.163 的情况下，若 FIE 也不高于 0.366，则银行危机爆发的概率将上升至 4.3%，表明过低的 FIA 与过低的 FIE 将更加容易导致银行危机的爆发。

5. FMD、FMA 和 FME 的实证结果（图 3-11）显示，在 FMA 大于 0.308 的情况下，若 FME 不高于 0.706，则银行危机爆发的概率将降低至 0.9%，此时若 FMD 大于 0.797，则银行危机爆发的概率又将大幅上升至 8.3%，表明 FMD 的上升将极大地提高银行危机爆发的概率。在 FMA 小于 0.308 的情况下，若 Inflation 大于 0.540，则银行危机爆发的概率将上升至 7.1%，此时若 FME 不高于 0.011，则银行危机爆发的概率将急剧下降至 0%，但若 FME 大于 0.011，则银行危机爆发的概率仅略微上升至 7.7%，表明 FME 的下降较上升对银行危机爆发概率的影响更为明显。

6. 从 FID 和 FMD 的实证结果（图 3-12）可以看到，在 FMD 大于 0.663 的情况下，若 GDP_ Capital 大于 0.432，则银行危机爆发的概率将大幅上升至 11.8%，表明过高的 FMD 加上过大的 GDP_ Capital 将极易引发银行危机。在 GDP_ Capital 不高于 0.161 的情况下，若 FMD 也不高于 0.132，则银行危机爆发的概率将大幅上升至 6.6%，表明过低的 FMD 加上过低的 GDP_ Capital 也极易引发银行危机。然而，在 GDP_ Capital 不高于 0.161 且 FMD 大于 0.132 时，若 FID 不高于 0.507，则银行危机爆发的概率将上升至 5.6%，表明在国民收入水平较低时，FMD 与 FID 对银行危机爆发概率所产生的影响效果恰好相反。

7. 从 FIA 和 FMA 的实证结果（图 3-13）可以看到，在 FIA 大于 0.163 且 FMA 大于 0.308 的情况下，Inflation 大于 0.246 将导致银行危机爆发的概率大幅上升至 9.4%，从而表明过高的 FIA 和 FMA 以及高通货膨胀将大幅提升银行危机爆发的概率。

8. 从 FIE 和 FME 的实证结果（图 3-14）可以看到，FME 大于 0.650 将导致银行危机爆发的概率从最初的 2.8% 大幅上升至 7.4%，表明 FME 的增加会显著提高银行危机爆发的概率。在 FME 不高于 0.650 的情况下，FIE 小于 0.366 将只会导致银行危机爆发的概率略微上升至 3.5%，而 FIE 大于 0.366 也只会导致银行危机爆发的概率略微下降至 1.5%，从而表明 FME 较 FIE 对银行危机爆发的影响更为明显。

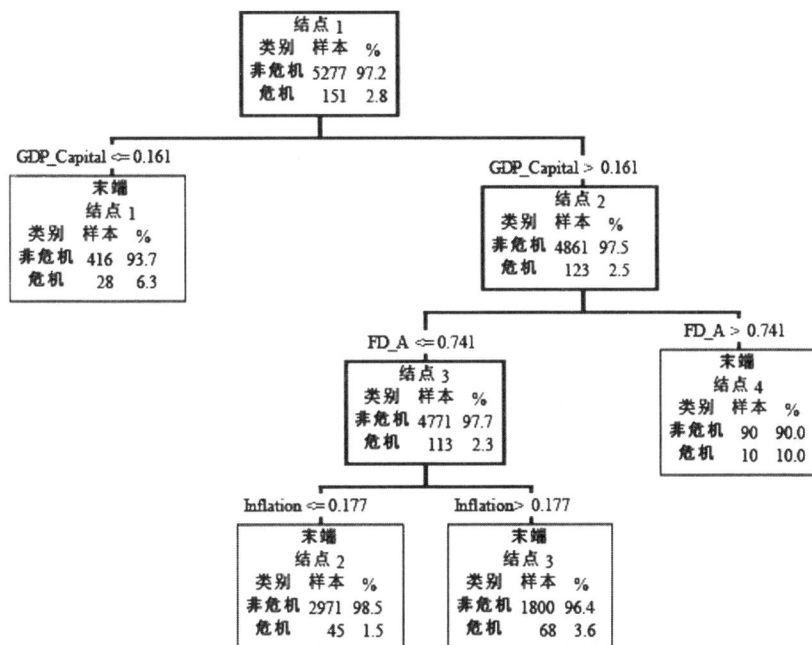

图 3-4　基于全球总样本的 BCT 模型（FD_A）

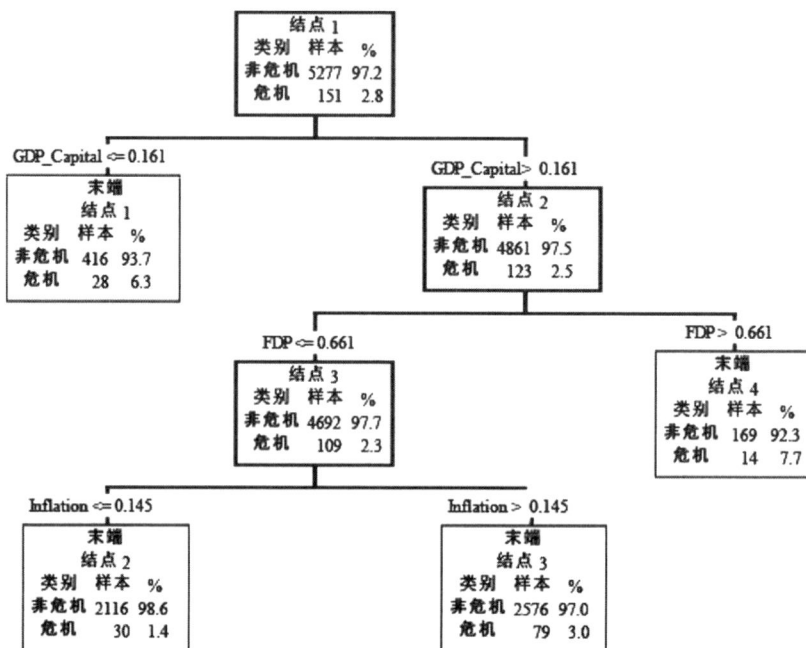

图 3-5　基于全球总样本的 BCT 模型（FDP）

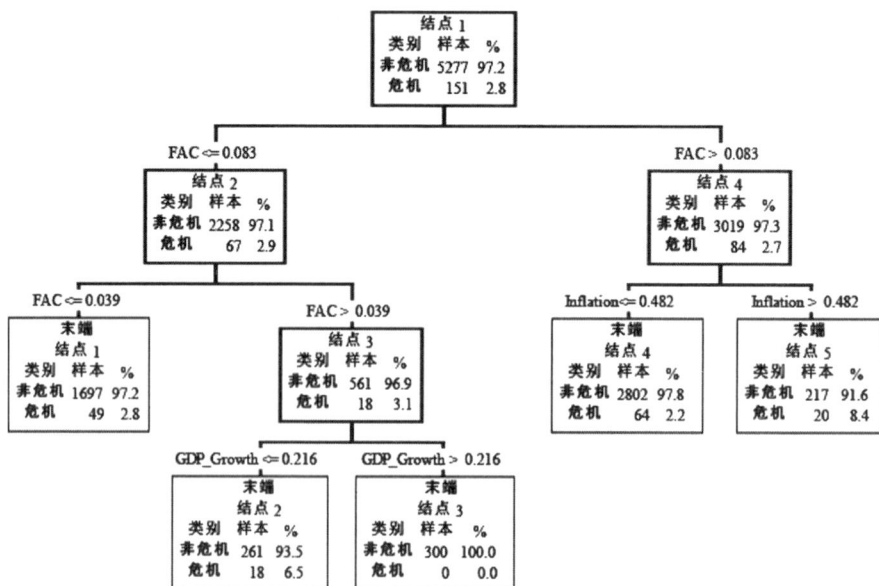

图 3-6　基于全球总样本的 BCT 模型（FAC）

```
                        ┌─────────────────┐
                        │     结点 1       │
                        │ 类别  样本   %   │
                        │非危机 5277  97.2 │
                        │ 危机   151   2.8 │
                        └────────┬────────┘
              FEF <= 0.063       │       FEF > 0.063
         ┌──────────────┐        │   ┌─────────────────┐
         │    末端       │        │   │     结点 2       │
         │   结点 1      │        └───│ 类别  样本   %   │
         │ 类别  样本  % │            │非危机 4182  98.0 │
         │非危机 1095 94.2│           │ 危机   84    2.0 │
         │ 危机   67  5.8 │           └────────┬────────┘
         └──────────────┘         FEF <= 0.393 │    FEF > 0.393
                            ┌──────────────┐   │   ┌─────────────────┐
                            │    末端       │   │   │     结点 3       │
                            │   结点 2      │   └───│ 类别  样本   %   │
                            │ 类别  样本  % │       │非危机 1114  96.5 │
                            │非危机 3068 98.6│      │ 危机   40    3.5 │
                            │ 危机   44  1.4 │      └────────┬────────┘
                            └──────────────┘  Inflation<=0.030│Inflation>0.030
```
```
              Inflation<= 0.030            Inflation> 0.030
            ┌──────────────┐            ┌──────────────┐
            │    末端       │            │    末端       │
            │   结点 3      │            │   结点 4      │
            │ 类别  样本  % │            │ 类别  样本  % │
            │非危机 215 99.1│            │非危机 899 95.9│
            │ 危机   2   0.9│            │ 危机   38  4.1│
            └──────────────┘            └──────────────┘
```

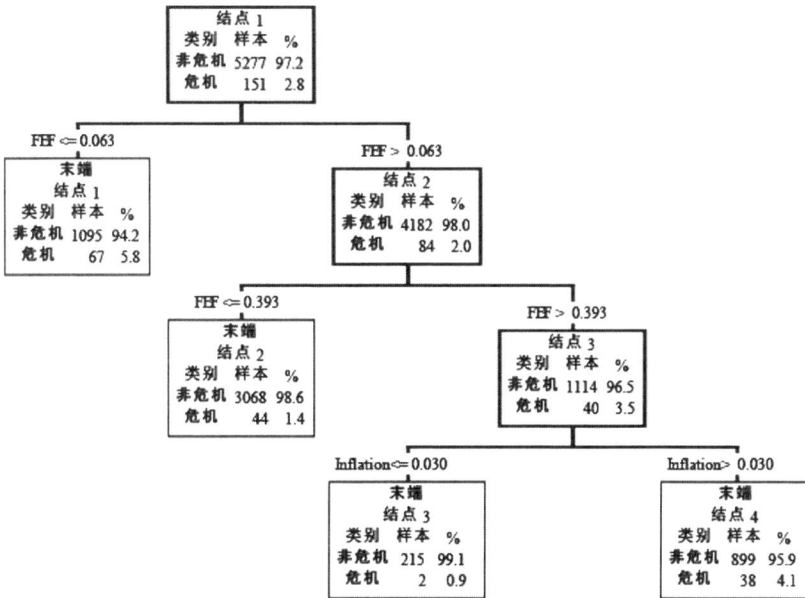

图 3-7　基于全球总样本的 BCT 模型（FEF）

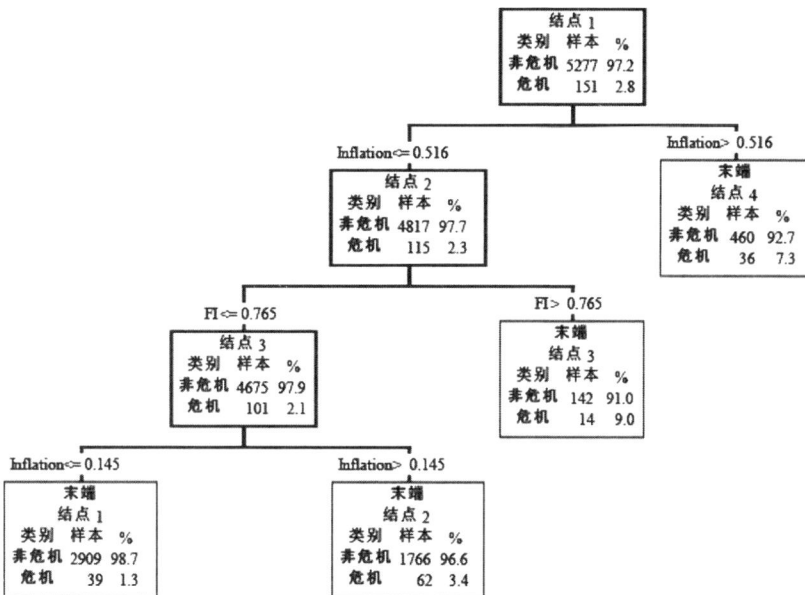

```
                        ┌─────────────────┐
                        │     结点 1       │
                        │ 类别  样本   %   │
                        │非危机 5277  97.2 │
                        │ 危机   151   2.8 │
                        └────────┬────────┘
          Inflation<= 0.516      │       Inflation> 0.516
         ┌─────────────────┐     │   ┌──────────────┐
         │     结点 2       │     │   │    末端       │
         │ 类别  样本   %   │     └───│   结点 4      │
         │非危机 4817  97.7 │         │ 类别  样本  % │
         │ 危机   115   2.3 │         │非危机 460 92.7│
         └────────┬────────┘         │ 危机   36  7.3 │
        FI <= 0.765│  FI > 0.765      └──────────────┘
   ┌─────────────────┐  ┌──────────────┐
   │     结点 3       │  │    末端       │
   │ 类别  样本   %   │  │   结点 3      │
   │非危机 4675  97.9 │  │ 类别  样本  % │
   │ 危机   101   2.1 │  │非危机 142 91.0│
   └────────┬────────┘  │ 危机   14  9.0 │
            │           └──────────────┘
```
```
   Inflation<= 0.145            Inflation> 0.145
  ┌──────────────┐            ┌──────────────┐
  │    末端       │            │    末端       │
  │   结点 1      │            │   结点 2      │
  │ 类别  样本  % │            │ 类别  样本  % │
  │非危机 2909 98.7│           │非危机 1766 96.6│
  │ 危机   39  1.3 │           │ 危机   62  3.4 │
  └──────────────┘            └──────────────┘
```

图 3-8　基于全球总样本的 BCT 模型（FI）

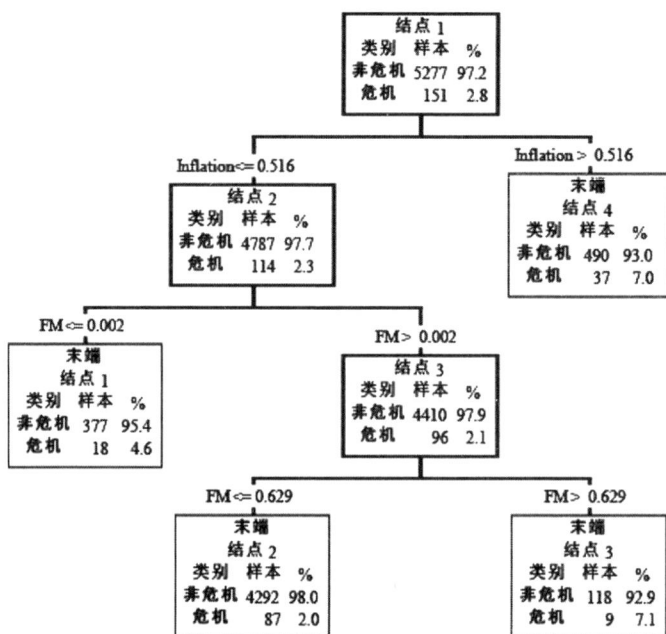

图 3-9 基于全球总样本的 BCT 模型（FM）

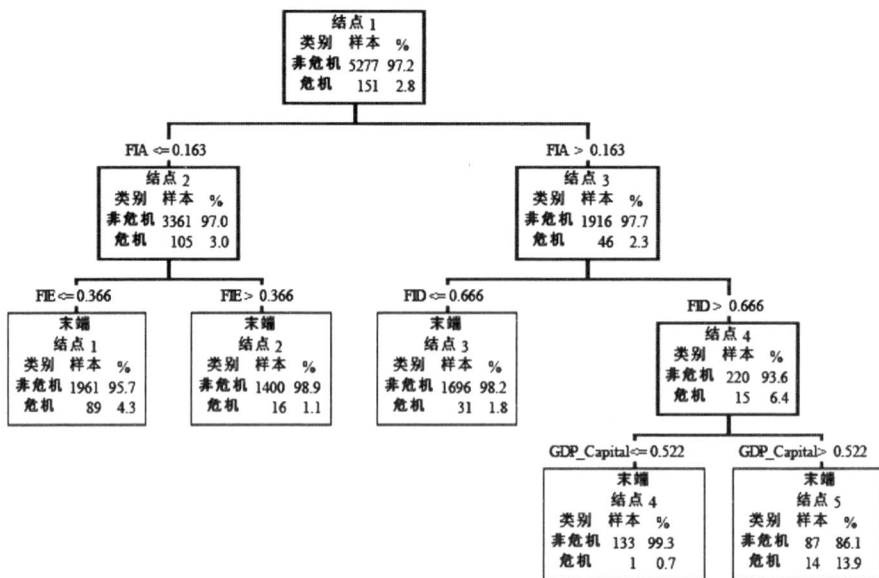

图 3-10 基于全球总样本的 BCT 模型（FID、FIA、FIE）

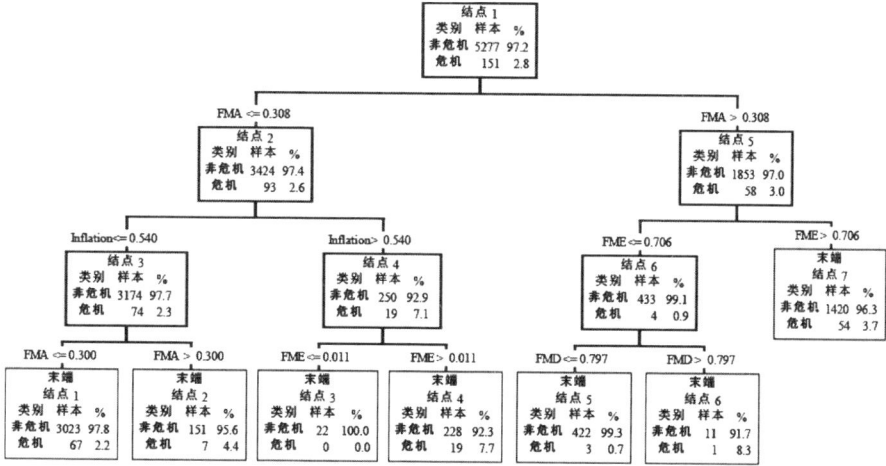

图 3-11 基于全球总样本的 BCT 模型（FMD、FMA、FME）

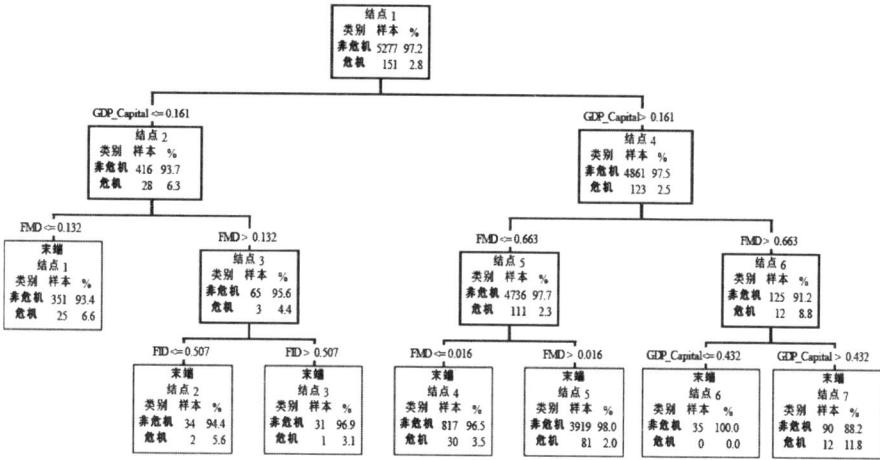

图 3-12 基于全球总样本的 BCT 模型（FID、FMD）

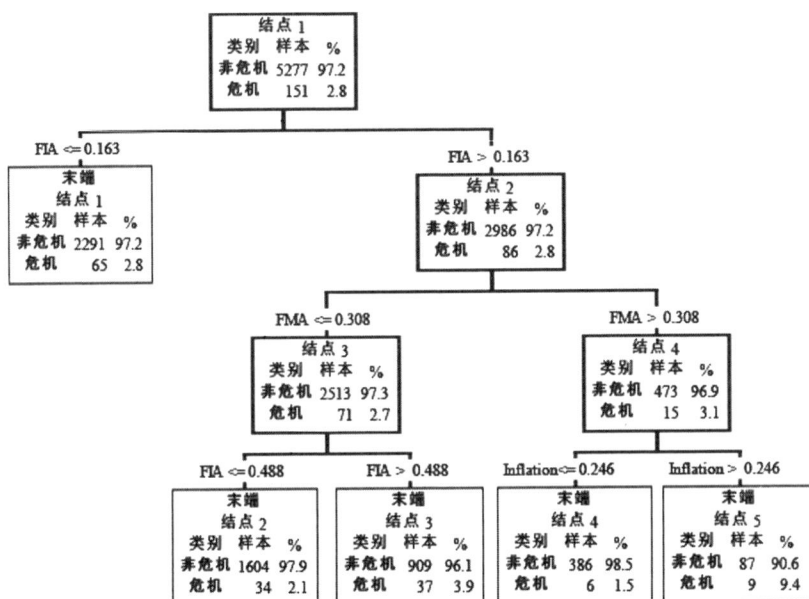

图 3-13　基于全球总样本的 BCT 模型（FIA、FMA）

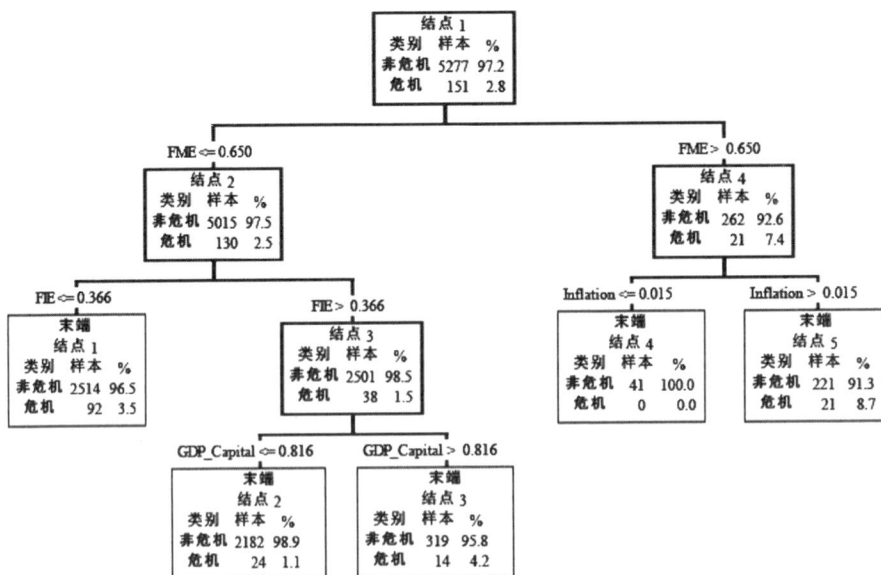

图 3-14　基于全球总样本的 BCT 模型（FIE、FME）

二、基于全球不同收入组别的 BCT 实证结果

为探讨不同收入组别的金融发展与银行危机爆发概率间的非线性关系，本书基于高收入组别、中等收入组别以及低收入组别样本构建了 BCT 模型，结果见图 3-15 至图 3-17。需要说明一点的是，由于穷尽所有金融发展指数与银行危机爆发概率间的非线性关系将导致本部分实证内容占用太大篇幅，且基于以金融发展 A 指数或 B 指数为代表的金融发展总体水平进行的实证研究已然能够对金融发展与银行危机爆发概率间的非线性关系在不同收入组别间的差异进行准确的刻画与清晰的描述，并能够实现对本章前一节所得到的实证结果的稳健性检验，故从本节至下一节，本书仅列出 FD_ A 或 FD_ B 相关的实证结果。

从图 3-15 可以发现，若 FD_ A 大于 0.741，则银行危机爆发的概率将从最初的 2.7% 大幅上升至 11%；而在 FD_ A 不高于 0.741 的情况下，若 Inflation 大于 0.557，则银行危机爆发的概率仍然会大幅上升到 8.7%。从而表明在高收入组别中，过高的 FD_ A 将极易引发银行危机，但较低的 FD_ A 伴随较高的 Inflation 也仍然会增大银行危机爆发的概率。由此可见，FD_ A 对银行危机爆发概率的影响呈现出明显的 U 型效应。

从图 3-16 可以发现，在 Inflation 不高于 0.103 但 GDP_ Growth 大于 0.895 的情况下，若 FD_ A 大于 0.244，则银行危机爆发的概率将从最初的 2.9% 大幅上升至 20%，表明在中等收入组别中，面临过热的宏观经济环境，过高的 FD_ A 将极易引发银行危机。

从图 3-17 可以发现，若 FD_ A 大于 0.065，则银行危机爆发的概率会降低至 0.2%。在 Inflation 不高于 0.190 的情况下，若 FD_ A 不高于 0.046，则银行危机爆发的概率也会下降至 0%；但若 FD_ A 处于 0.046 至 0.065 之间时，银行危机爆发的概率会大幅上升至 8%。因而表明在低收入组别中，FD_ A 对银行危机爆发概率的影响存在倒 U 型效应，即过高和过低的 FD_ A 都有助于低收入组别银行体系的稳定。

基于上述对图 3-15 至图 3-17 的分析可知，在中等收入组别中，金融发展的扩张更容易引发银行危机，而在高收入组别与低收入组别中，金融发展对银行危机爆发概率的影响分别呈现出 U 型与倒 U 型效应。

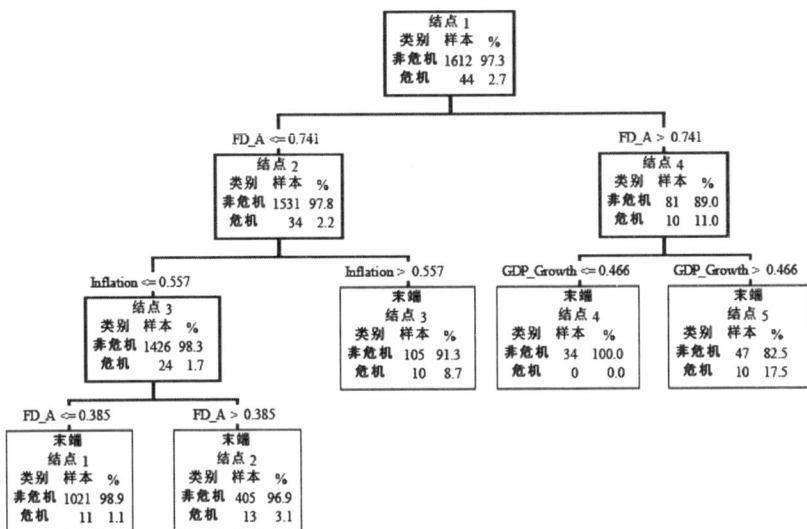

图 3-15　基于全球高收入组别的 BCT 模型（FD_ A）

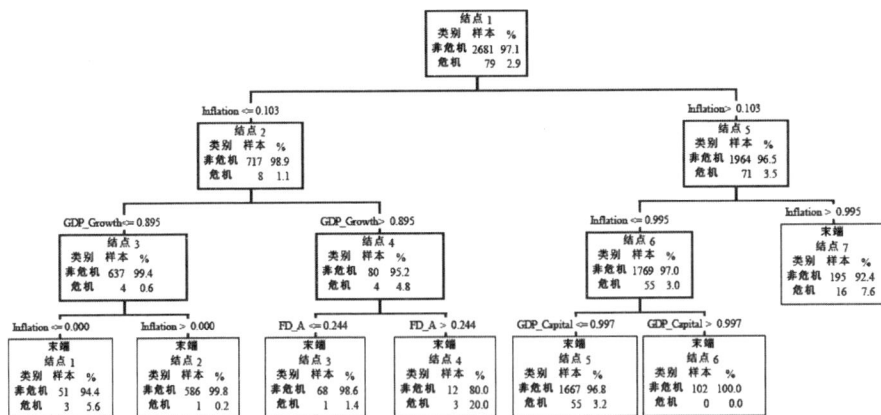

图 3-16　基于全球中等收入组别的 BCT 模型（FD_ A）

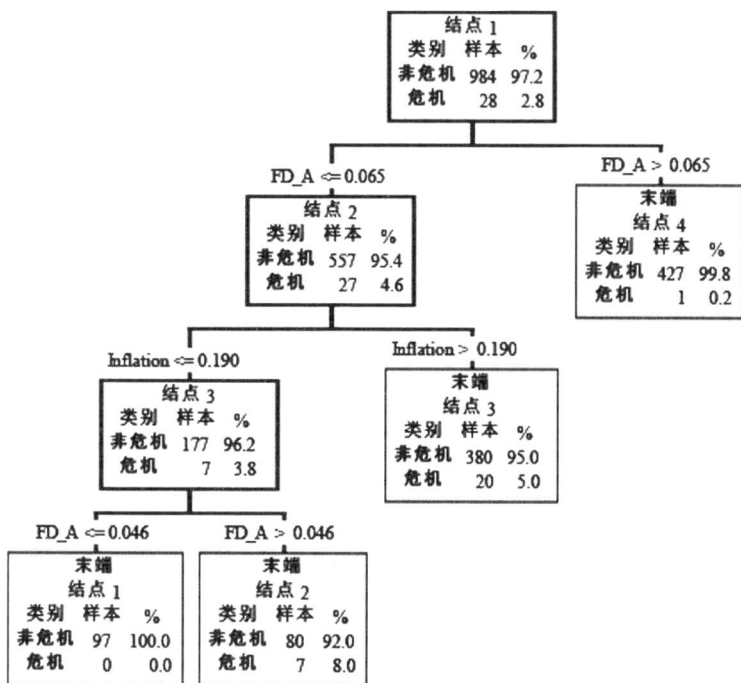

图 3-17 基于全球低收入组别的 BCT 模型 （FD_ A）

三、稳健性检验

（一）基于金融发展 B 指数的稳健性检验

为验证本书在本章第五节第一小节中基于全球总样本构建 BCT 模型所获得实证结果的稳健性，本书将本章第五节第一小节中的金融发展 A 指数（FD_ A）替换为金融发展 B 指数（FD_ B）并进行 BCT 模型的实证研究，结果见图3-18。

对比图 3-18 与图 3-4 可以发现，除在 FD_ B 与 FD_ A 的阈值上以及末端结点 2 与末端结点 3 中非危机与危机概率值存在略微差异外，整个 BCT 模型的结构甚至金融发展对银行危机爆发概率的非线性影响效应都一致，从而表明金融发展 A 指数与金融发展 B 指数尽管来源于不同的合成体系，但对银行危机爆发概率的非线性影响效应都相同，由此证明本章第五节第一小节所获得的实证结果是稳健的。

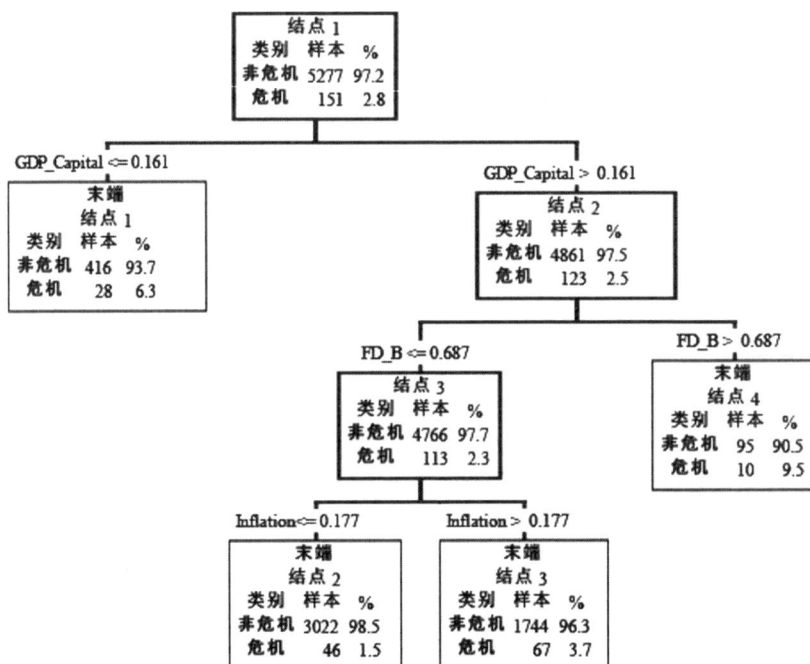

图 3-18　基于全球总样本的 BCT 模型（FD_ B）

（二）基于 RR 银行危机变量的稳健性检验

本书将前述本章第五节第一小节中的银行危机变量替换为 RR 银行危机变量［即由 Reinhart and Rogoff（2008，2013）设定的银行危机变量，目前已被哈佛商学院进行了扩充，各国家（地区）银行危机的爆发时间见附录 2 中的表 2］进行实证研究。考虑到对比的可靠性，本书将本章第五节第一小节中的国家（地区）与 RR 银行危机变量中的国家（地区）进行匹配，最终获得 57 个国家（地区）的样本，并基于 LV 变量与 RR 变量进行实证对比研究，结果见图 3-19 和图 3-20。

从图 3-19 可以看到，在 Inflation 不高于 0.516 的情况下，若 FD_ A 大于 0.741，则银行危机爆发的概率将大幅上升至 9.3%，反之则下降至 2.4%；而在 Inflation 大于 0.516 且 Kao_ Open 大于 0.030 的情况下，若 FD_ A 大于 0.035，则银行危机爆发的概率将上升至 5.2%，但若 FD_ A 不高于 0.035，则银行危机爆发的概率将下降至 0%。再观察图 3-20 可以发现,与图 3-19 结果相似,在 Inflation 不高于 0.141 的情况下,若 FD_ A 大于 0.731,则银行危机爆发的概率将大幅上升至 8.5%,反之则下降至 2.4%;而在 Inflation 大于 0.141 的情况下,若 FD_ A 大于 0.046,则银行危机爆发的概率将上升至 6.7%,但若 FD_ A 不高于 0.046,则银行危机爆发的概率将下降至 3.2%。由此可以发现,与 LV 变量实验相比,RR 变量实验中虽未出现 Kao_ Open 这一控制变量,但 FD_ A 对银行危机爆发概率的非线性影响效应却依然保持一致。

同时,对比图 3-19 与图 3-4 可以发现,尽管二者在 BCT 模型的结构上有所差异,但都展示出相同的结论,即 FD_ A 的上升会增加银行危机爆发的概率,因而可以表明,基于不同国家(地区)样本,金融发展对银行危机爆发概率的影响仍然都保持一致,证明本章第五节第一小节所获得的研究结果是稳健的。

基于以上分析,无论是基于 LV 变量与 RR 变量的实证对比,还是基于不同国家(地区)样本在 LV 变量上的实证对比,金融发展对银行危机爆发概率的非线性影响都存在较强的一致性,从而表明银行危机变量的替换以及国家(地区)样本的变化都不会影响金融发展对银行危机爆发概率的非线性影响效应,由此证明本章第五节第一小节所获得的研究结果具有良好的稳健性。

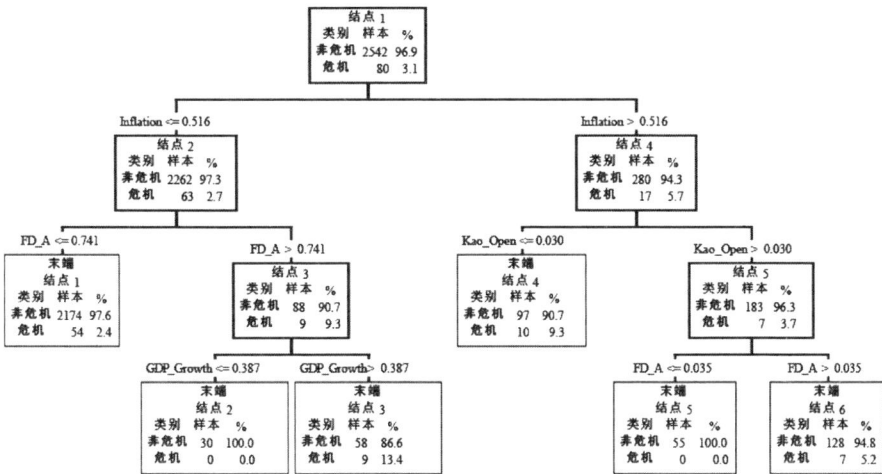

图 3-19 基于全球总样本的 BCT 模型 (LV 变量)

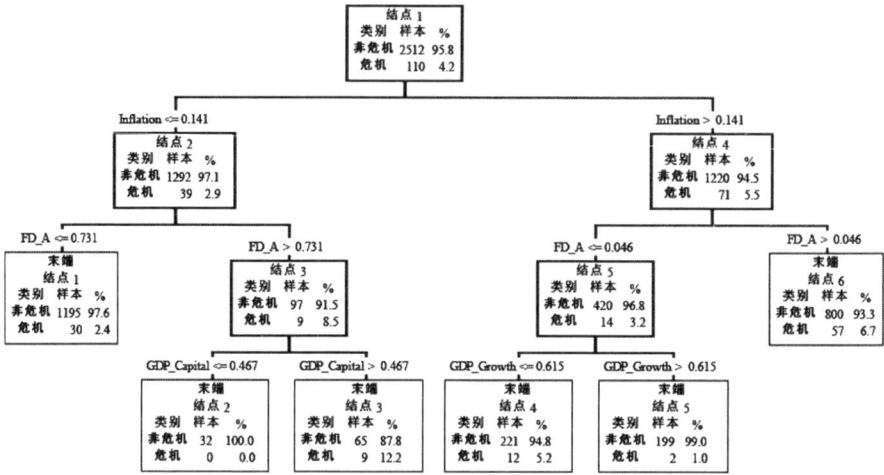

图 3-20 基于全球总样本的 BCT 模型（RR 变量）

（三）基于多重危机的稳健性检验

为验证多重危机的出现是否会影响本章第五节第一小节所获得的实证结果，本书基于 Laeven and Valencia（2018）的研究成果，将货币危机变量与主权债务危机变量增加到前述本章第五节第一小节的实证研究中，结果见图 3-21 至 3-23。

从图 3-21 和图 3-22 可以发现，在 GDP_Capital 大于 0.161 的情况下，若爆发货币（或主权债务）危机，即货币（或主权债务）危机变量取值为 1，则银行危机爆发的概率将大幅上升至 9%（或 18.9%）；在未爆发货币（或主权债务）危机，即货币（或主权债务）危机变量取值为 0 的情况下，若 FD_A 大于 0.741，则银行危机爆发的概率将大幅上升至 9.1%（或 10%），从而表明孪生危机对银行危机爆发概率的影响极大，而当孪生危机未出现时，FD_A 的增大也仍会提升银行危机爆发的概率。

从图 3-23 可以发现，货币危机与主权债务危机的同时出现（即货币危机变量与主权债务危机变量都取值为 1），将导致银行危机爆发的概率从最初的 2.8% 大幅上升至 42.9%，若此时 FD_A 大于 0.070，则银行危机爆发的概率还将继续大幅上升至 85.7%，表明三重危机的出现将极大地增加银行危机爆发的概率，而 FD_ A 的上升又将进一步增大这一概率。

基于以上分析可知，FD_ A 的扩大将会增加银行危机爆发的概率，这与本章第五节第一小节所获得的实证结果一致，从而表明本章第五节第一小节的实证结果是稳健的。同时，孪生危机以及三重危机还将显著提高银行危机爆发的概率。

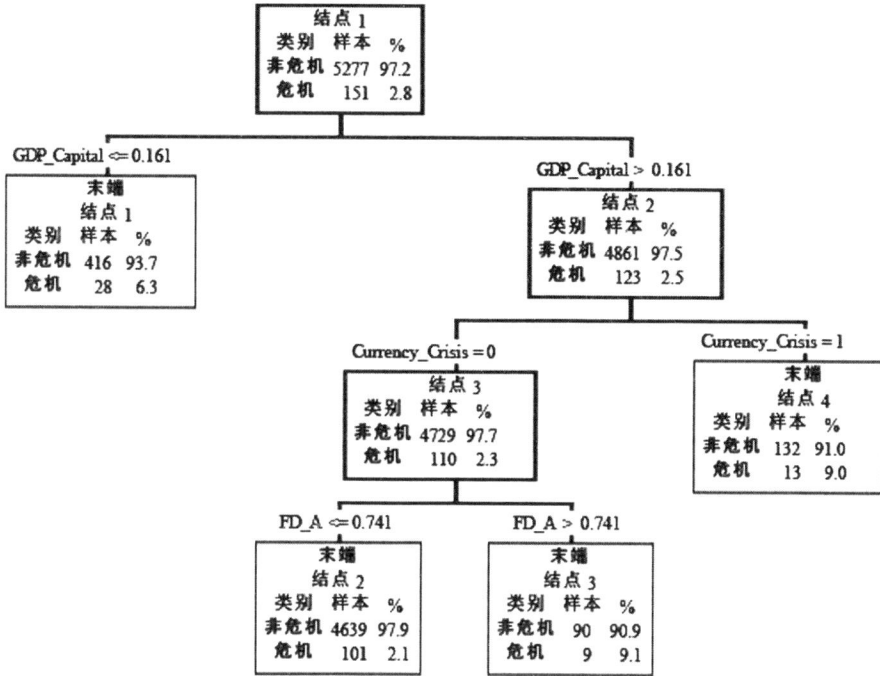

```
                    结点 1
              类别   样本    %
              非危机  5277  97.2
              危机     151   2.8

  GDP_Capital <= 0.161              GDP_Capital > 0.161
      末端                              结点 2
     结点 1                      类别   样本    %
 类别  样本    %                 非危机  4861  97.5
 非危机 416  93.7                危机    123   2.5
 危机   28   6.3
                      Currency_Crisis = 0        Currency_Crisis = 1
                          结点 3                     末端
                    类别   样本    %                结点 4
                    非危机  4729  97.7          类别   样本    %
                    危机    110   2.3           非危机 132  91.0
                                               危机    13   9.0

              FD_A <= 0.741        FD_A > 0.741
                 末端                 末端
                结点 2              结点 3
           类别  样本    %      类别  样本    %
           非危机 4639 97.9     非危机 90  90.9
           危机   101  2.1      危机    9   9.1
```

图 3-21 基于全球总样本的 BCT 模型（加入货币危机变量）

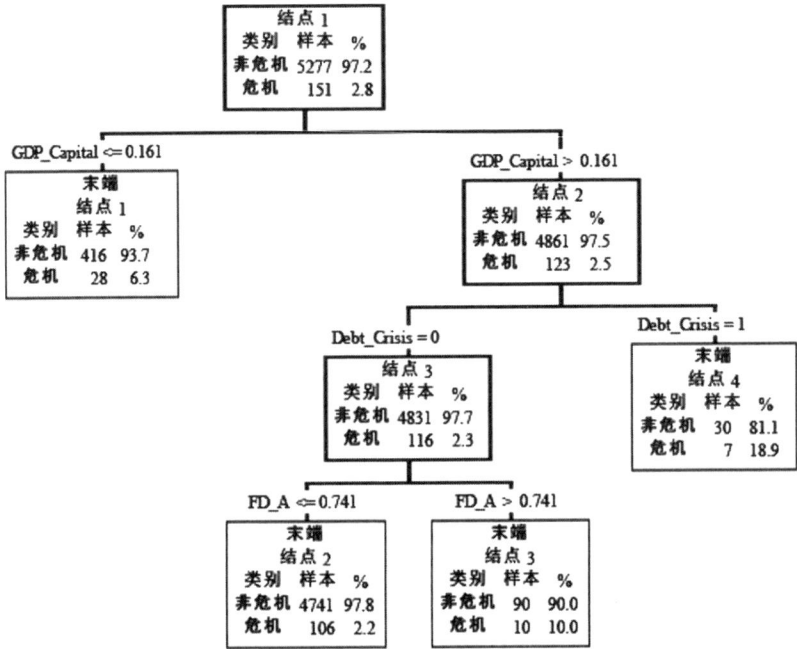

图 3-22　基于全球总样本的 BCT 模型（加入主权债务危机变量）

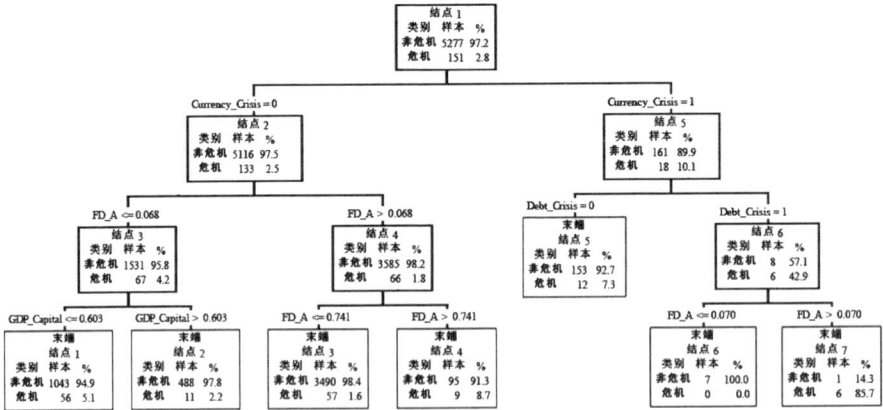

图 3-23　基于全球总样本的 BCT 模型（加入货币危机变量和主权债务危机变量）

（四）基于不同滞后期的稳健性检验

本书将本章第五节第一小节实证的滞后期从一年替换为两年进行实证研究，结果见图 3-24。对比图 3-24 与图 3-4 可以发现，除在图 3-24 中增加了 Kao_Open 的划分结果外，图 3-24 中 BCT 模型的其余结构与图 3-4 都相同，即在 GDP_Capital 超过阈值的情况下，FD_A 一旦超过阈值将会引起银行危机爆发概率上升。由此可见，本章第五节第一小节所获得的实证结果是稳健的。

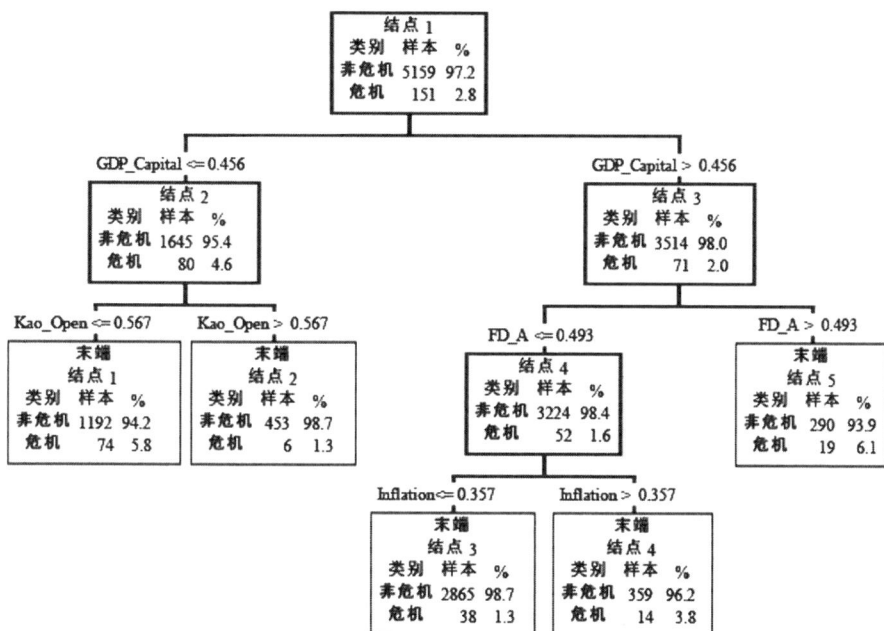

图 3-24　基于全球总样本的 BCT 模型（两年滞后期）

（五）基于不同研究区间的稳健性检验

为考察不同研究区间是否会影响本章第五节第一小节所获得的实证结果，本书以样本充足率为区间划分标准，将本章第五节第一小节中的研究区间缩减为 1996 年至 2016 年以及 2004 年至 2016 年并进行实证研究，结果见图 3-25 和图 3-26。

从图 3-25 可以看出，若 FD_A 大于 0.283，则银行危机爆发的概率将上升至 3.3%，此时，若 GDP_Growth 大于 0.798，则银行危机爆发的概率将大幅上升至 9.9%，表明过热的宏观经济环境与过高的 FD_ A 相结合，会增大银行危机爆发的概率。但若 GDP_ Growth 小于 0.798，一旦 FD_ A 超过 0.741，则银行危机爆发的概率也将大幅上升至 9.4%。因此可知，无论宏观经济环境如何变化，过高的 FD_ A 都将显著提升银行危机爆发的概率。

从图 3-26 可以看出，若 FD_ A 不高于 0.246，则银行危机爆发的概率将下降至 0.2%。但若 FD_ A 大于 0.246，则银行危机爆发的概率将上升至 3.3%，此时若 GDP_ Growth 大于 0.285 且 Kao_ Open 大于 0.970，则银行危机爆发的概率将上升至 6.3%，从而表明 FD_ A 越大，银行危机爆发的概率越高，且过热的宏观经济环境还将进一步提高银行危机爆发的概率。

基于图 3-25 和图 3-26 可知，FD_ A 越大，银行危机爆发的概率越高，这与本章第五节第一小节的实证结果一致，从而表明，本章第五节第一小节的实证结果具有良好的稳健性。

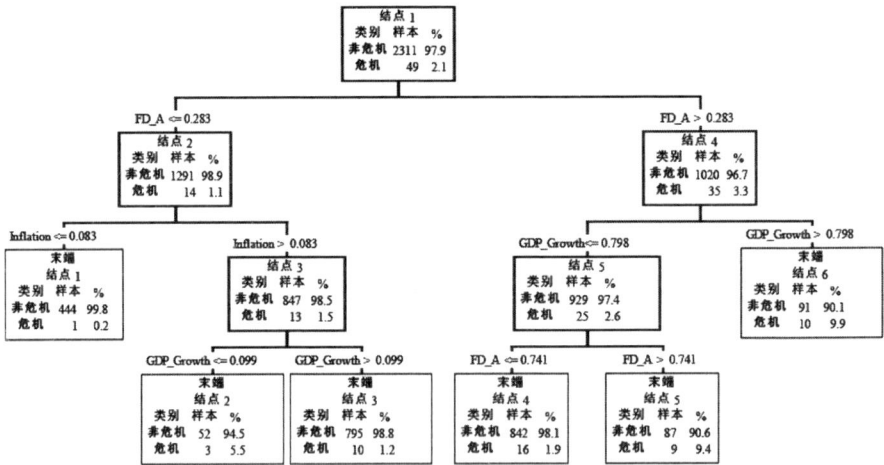

图 3-25　基于全球总样本的 BCT 模型 （1996-2016）

```
            结点 1
     类别   样本    %
   非危机  1387   98.0
   危机      29    2.0
```

FD_A <=0.246   FD_A > 0.246

```
      末端                            结点 2
     结点 1                     类别   样本    %
  类别  样本    %             非危机   824   96.7
 非危机  563  99.8            危机      28    3.3
 危机      1   0.2
```

GDP_Growth<=0.285   GDP_Growth> 0.285

```
      末端                            结点 3
     结点 2                     类别   样本    %
  类别  样本     %            非危机   716   96.2
 非危机  108  100.0           危机      28    3.8
 危机      0    0.0
```

Kao_Open <=0.970   Kao_Open > 0.970

```
      末端                            末端
     结点 3                          结点 4
  类别  样本    %             类别   样本    %
 非危机  418  98.1            非危机   298   93.7
 危机      8   1.9            危机      20    6.3
```

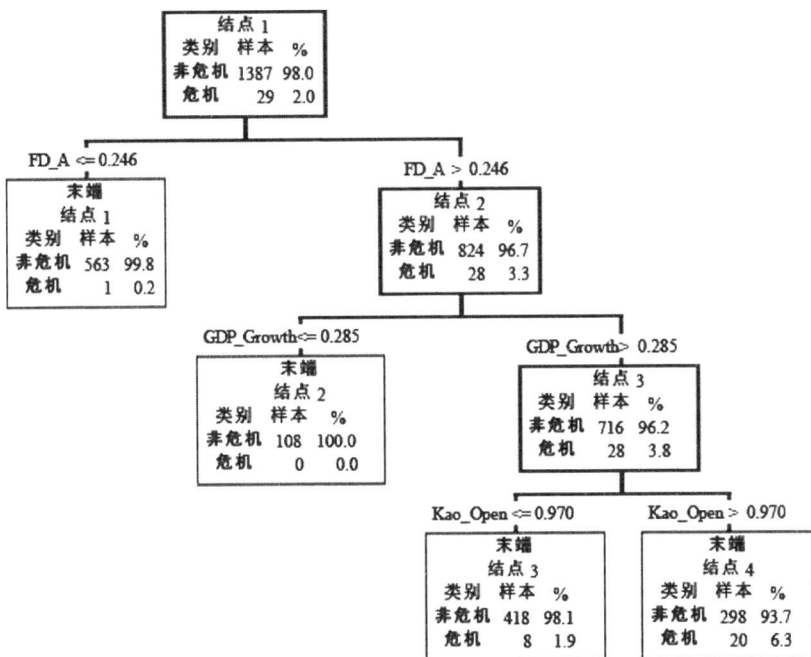

图 3-26 基于全球总样本的 BCT 模型（2004-2016）

第六节 小结

本书构建了面板 Logit 模型以及 BCT 模型并基于全球大部分国家（地区）样本考察了金融发展对银行危机爆发概率的线性与非线性影响效应，并开展了一系列稳健性检验，结论如下：

1. 从金融发展 A 指数来看，金融发展水平越高，银行危机爆发的概率将越大；具体来看，过高的金融深度和金融包容性都将导致更大的银行危机爆发概率，而金融效率对银行危机爆发概率的影响既存在正向的线性效应，又存在 U 型非线性效应；金融机构的发展会增加银行危机爆发的概率，但金融市场的发展对银行危机爆发概率的影响既存在正向的线性效应，也存在非对称 U 型效应。

2. 各维度下的金融发展水平对银行危机爆发概率的线性与非线性影响效应在多数情况下都证明金融发展水平越高越容易导致银行危机爆发这一结论，但也存在一定差异，如金融市场包容性对银行危机爆发概率的影响呈现出显著的负向效应，但金融机构效率与金融市场效率对银行危机爆发却无显著影响，同时，金融机构的包容性与效率都过低时，反而容易导致银行危机的爆发。

3. 从控制变量来看，人均 GDP 增速对银行危机爆发概率的影响呈现显著的负向效应，而实际 GDP 增速、通货膨胀率以及金融开放水平却显著正向影响银行危机爆发的概率。同时，从非线性视角来考察，在宏观经济状况的配合下，金融发展水平对银行危机爆发概率的影响会更加明显，如在金融包容性超过阈值的情况下，宏观经济状况的恶化会引起银行危机爆发的概率大幅上升，这样的非线性交互效应也同时出现在其余部分金融发展指标变量上。

4. 不同收入组别的国家（地区），其金融发展水平对银行危机爆发概率的线性与非线性影响效应皆存在差异。从线性效应来看，高收入组别的金融发展显著正向影响银行危机爆发的概率，但中等收入与低收入组别的这一影响效应却为负且不显著；从非线性效应来看，在中等收入组别中，当面临过热的宏观经济环境时，过高的金融发展水平将极易引发银行危机，而在高收入组别与低收入组别中，金融发展对银行危机爆发概率的影响分别呈现出 U 型与倒 U 型效应。

5. 通过纳入金融发展 B 指数、替换银行危机变量为 RR 银行危机变量、加入货币危机变量与主权债务危机变量、将解释变量一年的滞后期改为两年、变换不同研究区间等多种形式的对比研究发现，无论是基于面板 Logit 进行线性研究还是基于 BCT 进行非线性研究，本书基于总样本与不同收入组别样本所获得的实证结果皆具有良好的稳健性。

第四章

金融发展对经济恢复速度的影响研究

金融发展不仅对银行危机爆发的概率具有显著影响，而且对银行危机后经济的恢复速度也具有重要影响。从实践来看，据 Reinhart and Rogoff（2014）统计，次贷危机后，德国、美国的人均产出在较短时间就能得以恢复（德国为 3 年，美国为 6 年），但希腊、葡萄牙等国人均产出的恢复却持续了较长时间（希腊、葡萄牙都为 12 年），恢复时间呈现出的差距也在一定程度上体现了不同国家金融发展水平的差异。但令人遗憾的是，从学术研究视角尚未有学者专门探讨金融发展对经济恢复速度的影响效应。且关于经济恢复速度的影响因素研究中，虽然金融发展作为其中一类影响因素参与讨论，但金融发展的代理变量仅以信贷类变量来代表，因而无法准确刻画金融发展水平。因此，基于更能准确刻画金融发展水平的金融发展指数来探讨金融发展对银行危机后经济恢复速度的影响，就成为本章重点研究的问题。

第一节　经济恢复速度及特征的测度方法

一、经济恢复速度的测度方法

从目前的研究来看，经济恢复速度的测度方法主要分为以下两类：一是以危机开始当年至实际 GDP 增长率恢复至危机前五年均值时所经历的时间作为刻画经济恢复速度的变量（以下简称"五年均值测度法"）[1][2]；二是以危机开始当年至实际 GDP 增长率连续两年达到 0.5% 以上的第一年所经历的时间作为刻画经济恢复速度的变量（以下简称"连续两年测度法"）[3]。本书以"五年均值测度法"测度出的经济恢复速度作为基础实证研究中的经济恢复速度，以"连续两年测度法"测度出的经济恢复速度作为稳健性检验中的经济恢复速度。

二、经济恢复速度特征的测度方法

生存分析法是研究生存现象和响应时间数据统计规律的一种方法，主要用于分析在已知一定时间内某事件发生数量和不发生数量的条件下该事件发生的持续时间，即生存时间[4]。本书将银行危机后经济恢复速度，即经济恢复时间定义为生存时间，因此生存时间越长则意味着经济恢复时间越久，恢复速度也就越慢。为测度不同国家（地区）在银行危机后经济恢复速度特征，本书采用 K-M 方法进行分析。

假定银行危机后各国（地区）经济恢复时间为 T（T 为一连续型随机变量），则各国（地区）的经济恢复时间超过某一特定取值 t（$t \geq 0$）的概率，即生存函数为：

$$S(t) = P(T > t) = 1 - F(t) \tag{4.1}$$

其中，$F(t)$ 为变量 T 的累积分布函数，也被称为失效函数（Failure Function）。记 t_j 为统计出的所有国家（地区）的经济恢复时间，$j = 1, 2, \cdots, k$，代表经济恢复时间共 k 类。于是到达时间 t_j 时所有国家（地区）将存在三种情况，即经济未恢复、经济已恢复和归并（指研究区间结束时，经济仍未恢复）。于是在 t_{j-1} 时经济未恢复但 t_j 时经济已恢复的概率为 $\dfrac{n_j - d_j}{n_j}$，其中 n_j 代表

①　BORDO M，EICHENGREEN B，KLINGEBIEL D，et al. Is the crisis problem growing more severe？［J］. *Economic policy*，2001，16（32）：51-82.

②　WAN C，JIN Y Y. Output recovery after financial crises：An empirical study［J］. *Emerging markets finance and trade*，2014，50（6）：209-228.

③　BALDACCI E，GUPTA S，GRANADOS C M. How effective is fiscal policy response in systemic banking crises［J］. *IMF working paper*，2009，No. 09/160.

④　贺筱君，陈俊男，吴佳懋. 生存分析在股市期市涨跌预测中的应用［J］. 数量经济技术经济研究，2014（12）：116-126.

在 t_{j-1} 时经济未恢复的国家（地区）数量, d_j 代表在 t_j 时经济已恢复的国家（地区）数量。因此生存函数 $S(t)$ 的 K-M 估计量为:

$$\hat{S}(t) = \prod_{j=1|t_j \leqslant t}^{k} \frac{n_j - d_j}{n_j} \qquad (4.2)$$

于是, 根据生存函数的 K-M 估计量 $\hat{S}(t)$ 就能够刻画不同时刻 t 的所有国家（地区）的经济恢复正常的概率, 从而对银行危机后所有国家（地区）的经济恢复速度特征进行准确测度。

第二节 经济恢复速度影响效应的 Cox 理论模型

在生存分析模型中, Cox 比例风险模型（以下简称"Cox 模型"）不需要像参数模型一样提前假定风险函数的分布形式, 因此在建模上较参数模型具有更为明显的优势, 从而成为当前最为流行的一类生存分析模型。因此, 本书将引入 Cox 模型来探讨金融发展对经济恢复速度的影响效应。

如前所述, 各国家（地区）的生存函数为公式（4.1）所示的 $S(t)$ 。因此, 国家（地区） i 的经济在 t 时刻瞬时恢复正常的概率, 即风险率（Hazard Rate）或风险函数（Hazard Function）为:

$$
\begin{aligned}
\lambda_i(t) &= \lim_{\Delta t \to 0^+} \frac{P_i(t \leqslant T < t + \Delta t \mid T \geqslant t)}{\Delta t} \\
&= \lim_{\Delta t \to 0^+} \frac{P_i(t \leqslant T < t + \Delta t) / P_i(T \geqslant t)}{\Delta t} \\
&= \lim_{\Delta t \to 0^+} \frac{F_i(t + \Delta t) - F_i(t)}{S_i(t) \Delta t} \\
&= \frac{1}{S_i(t)} \lim_{\Delta t \to 0^+} \frac{F_i(t + \Delta t) - F_i(t)}{\Delta t} \\
&= \frac{f_i(t)}{S_i(t)}
\end{aligned}
\qquad (4.3)
$$

其中，$f_i(t)$ 为变量 T 的概率密度函数。进一步将风险函数 $\lambda_i(t)$ 分解为：

$$\lambda_i(t;\ X) = \lambda_0(t)\, g_i(X) = \lambda_0(t)\, exp(X_i'\beta) = \lambda_0(t)\, exp\left(\sum_{q=1}^{m} x_{i,\,q}\beta_q\right) \tag{4.4}$$

其中，$\lambda_i(t;\ X)$ 为包含金融发展变量与控制变量 X 的国家（地区）i 的经济在 t 时刻的风险函数；$\lambda_0(t)$ 为 t 时刻国家（地区）i 面临的一个基准风险率，即变量 X 都为 0 时的风险率，Cox 模型假设所有国家（地区）的基准风险率 $\lambda_0(t)$ 都相同；$X_i' = (x_{i,\,1},\ x_{i,\,2},\ \cdots,\ x_{i,\,q})$ 为影响国家（地区）i 的经济恢复速度的变量，共 q 个；$\beta = (\beta_1,\ \beta_2,\ \cdots,\ \beta_q)$ 为参数向量。由于存在删失数据，即截止到 2016 年经济仍未恢复正常的国家（地区），因此本书引入变量 d_i d_i（$d_i = 1$ 为非删失，$d_i = 0$ 为删失），则所有国家（地区）的 Cox 模型的部分似然函数为：

$$L(\beta) = \prod_{i=1}^{r} (L_i)^{d_i} = \prod_{i=1}^{r} \left[\frac{\lambda_0(t_i)\, exp(X_i'\beta)}{\sum_{q \in R(t_i)} \lambda_0(t_q)\, exp(X_q'\beta)}\right]^{d_i}$$

$$= \prod_{i=1}^{r} \left[\frac{exp(X_i'\beta)}{\sum_{q \in R(t_i)} exp(X_q'\beta)}\right]^{d_i} \tag{4.5}$$

其中，$R(t)$ 表示在 t 时的国家（地区）数量，r 为国家（地区）数量。于是，进一步对公式（4.5）中的似然函数取对数并运用牛顿——拉夫森算法（Newton-Raphson Algorithm）求得使公式（4.5）的对数值达到最大的 β 估计量 $\hat{\beta}$，从而就可以分析金融发展变量和控制变量 X 与经济恢复速度间的关系。

第三节　样本与指标的选择

本书基于 Laeven and Valencia（2018）的研究成果，选取了 118 个国家（地区）的样本作为研究对象。对于金融发展变量的选择，本书仍然保持与第三章实证研究中的金融发展变量一致。对于控制变量，本书借鉴了 Wan and

Jin（2014）、Tas and Cunedioğlu（2014）、Ambrosius（2017）等学者的研究成果①②③，选择了实际 GDP 增长率、人均 GDP 增速和对外贸易总额/GDP。需要说明一点的是，由于是考察银行危机前各金融发展变量对银行危机后经济恢复速度的影响，因此本书对于上述各金融发展变量以及控制变量，都采用了银行危机爆发前 5 年的均值。各指标变量见表 4-1。

表 4-1　金融发展与经济恢复速度的指标变量

类别	指标变量	定义	来源
被解释变量	经济恢复速度	危机开始当年至实际 GDP 增长率恢复至危机前五年均值时所经历的时间	基于世界银行的 WDI 数据库的相关变量自行计算得到
金融发展变量	金融发展 A 指数（FD_A）	见第二章	基于世界银行的 GFDD、IMF 的 FAS 数据库的相关指标变量自行计算得到
	金融机构深度指数（FID）		
	金融市场深度指数（FMD）		
	金融机构包容性指数（FIA）		
	金融市场包容性指数（FMA）		
	金融机构效率指数（FIE）		
	金融市场效率指数（FME）		
	金融深度指数（FDP）		
	金融包容性指数（FAC）		
	金融效率指数（FEF）		
	金融机构指数（FI）		
	金融市场指数（FM）		

---

① WAN C，JIN Y Y. Output recovery after financial crises：An empirical study［J］. *Emerging markets finance and trade*，2014，50（6）：209-228.

② TAS B K O，CUNEDIOGLU H E. How can recessions be brought to an end？effects of macroeconomic policy actions on durations of recessions［J］. *Journal of applied economics*，2014，17（1）：179-198.

③ AMBROSIUS C. What explains the speed of recovery from banking crises？［J］. *Journal of international money and finance*，2017，70：257-287.

类别	指标变量	定义	来源
控制变量	人均 GDP 增速（GDP_Capital）	基于美元计算的 GDP 与人口总量之比的增长率	世界银行的 WDI 数据库
	实际 GDP 增速（GDP_Growth）	基于美元计算的实际 GDP 增长率	
	对外贸易总额/GDP（Trade_GDP）	商品与服务的进出口贸易总额与 GDP 之比	

第四节　实证研究

一、经济恢复速度的测度结果

本书运用五年均值测度法对 118 个国家（地区）的经济恢复速度进行测度，结果见附录 3 的表 1。进一步将附录 3 表 1 中除缺失数据和归并数据外的其余所有国家（地区）的恢复时间统计在图 4-1 中。

从图 4-1 可以粗略看出，全球总样本的最大值为 18 年，最小值为 1 年，平均值为 2.748 年；全球不同收入组别的最小值都为 1 年，但最大值在中等收入组别中最高（18 年），而在低收入组别中最低（4 年）。同时，低收入组别的平均值在所有组别中最低（1.478 年）。由此表明，低收入组别较中等收入组别与高收入组别的经济恢复速度更快。

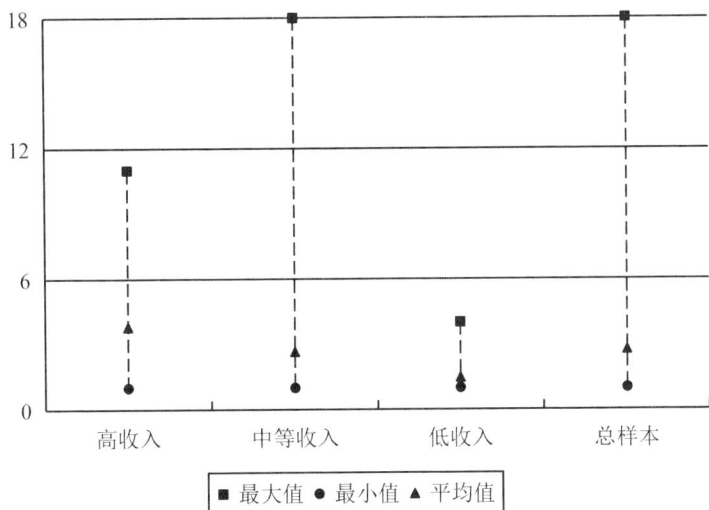

图 4-1　所有国家（地区）经济恢复时间的统计结果（单位：年）

二、经济恢复速度特征的测度结果

为更准确地测度全球各国家（地区）在银行危机后经济恢复速度的特征，本书对全球各国家（地区）经济恢复速度的数据进行统计，并运用 K-M 方法测度全球各国家（地区）经济的生存概率，即未恢复正常的概率，结果见表 4-2、图 4-2 和图 4-3。

表 4-2　经济恢复速度的统计结果

组别	在险时间	发生率	样本量	生存时间		
				25%	50%	75%
总样本	535	0.230	140	1	2	5
高收入	188	0.181	40	2	3	7
中等收入	311	0.212	76	1	2	4
低收入	36	0.639	24	1	1	2

从表 4-2 可以看到，全球总样本经济恢复正常的发生率（Incidence Rate）

为 0.230，同时，25%、50% 和 75% 的生存时间（Survivial Time）分位数所对应
的值分别为 1 年、2 年和 5 年，表明全球大部分国家（地区）的经济经历恢复的
时间都不太长。同时，从图 4-2 可以发现，全球总样本的 K-M 曲线呈阶梯下
降，表明经济的生存概率随恢复时间而递减，即恢复时间越长，经济恢复正常
的可能性也越大，这与事实是相吻合的。并且生存概率达到 0.5 的恢复时间仅
为 2 年，因此也印证了表 4-2 得到的全球大部分国家（地区）的经济经历的恢
复时间不太长这一结果。

进一步对比全球不同收入组别的经济恢复速度特征，从表 4-2 可以发现，
高收入组别的发生率（0.181）低于中等收入组别的发生率（0.212）以及低收
入组别的发生率（0.639）。同时，对比生存时间的不同分位数又可以发现，
25%、50% 和 75% 的生存时间分位数所对应的高收入组别的值分别为 2 年、3 年
与 7 年，都高于中等收入组别的值（1 年、2 年和 4 年）以及低收入组别的值
（1 年、1 年和 2 年），从而表明低收入组别经济的恢复速度快于中等收入组别经
济的恢复速度，中等收入组别经济的恢复速度又快于高收入组别经济的恢复速
度。同时从图 4-3 也可以发现，在相同生存概率下，低收入组别的恢复时间小
于中等收入组别的恢复时间又小于高收入组别的恢复时间，从而也印证了恢复

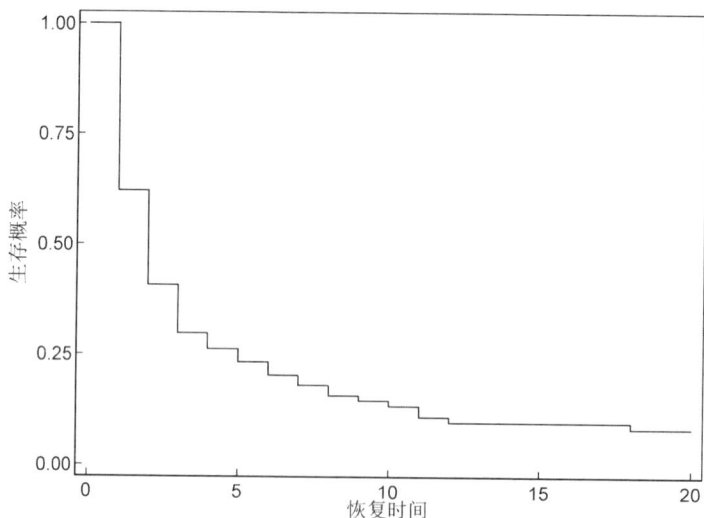

图 4-2　全球总样本生存概率的 K-M 估计结果

速度从快到慢依次为低收入、中等收入和高收入组别这一结果。尽管恢复时间超过 10 年之后，中等收入组别的生存概率大于高收入组别的生存概率，但 10 年之后的数据绝大部分为归并数据，即研究区间结束时经济仍未恢复，因此仍然可以认为中等收入组别的恢复时间小于高收入组别的恢复时间。此外，通过表 4-3 的对数秩检验可以证明，低收入组别、中等收入组别与高收入组别的经济恢复速度之间具有显著的差异。因此，这也为后续的实证研究中分收入组别来探讨金融发展对银行危机后经济恢复速度的影响提供了研究基础。

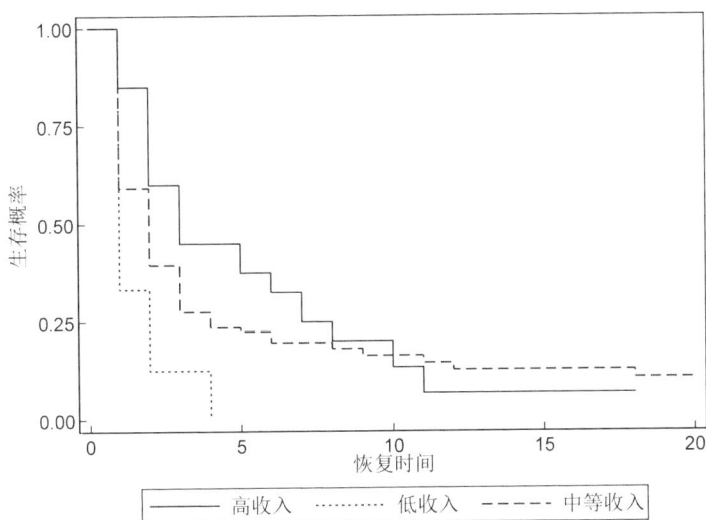

图 4-3　全球不同收入组别生存概率的 K-M 估计结果

表 4-3　全球不同收入组别生存概率差异性的对数秩检验

组别	Events observed	Events expected	chi2（1）	Pr>chi2
高收入	34	43.33		
中等收入	66	67.05	17.06	0.000
低收入	23	12.62		

三、基于全球总样本的 Cox 实证结果

基于经济恢复速度变量、金融发展变量以及控制变量，本书运用 Cox 模型对附录 3 表 1 中除缺失数据外的其余 110 个国家（地区）共 140 次银行危机进

行实证研究（本书将该部分的实证称为"基础实证"）。需要说明一点的是，为了检验 Cox 模型选择的合理性，本书还引入舍恩菲尔德（Schoenfeld）残差法对 Cox 模型进行检验。实证结果见表4-4。需要说明的是，正的回归系数表示指标变量的值越大，则银行危机后经济恢复时间越短，恢复速度也就越快，反之，负的回归系数表示指标变量的值越大，则银行危机后经济恢复速度越长，恢复速度也就越慢。此外，通过指数化系数可以获得风险率值，从而能对经济恢复速度时间进行更为精确的分析。

从表4-4可以发现如下结果：（1）第1列的金融发展变量系数显著为负，表明银行危机前 FD_ A 越高将导致银行危机后经济恢复速度越慢。具体而言，如果在银行危机前 FD_ A 增加1%，则银行危机后经济恢复速度将会下降78.13%[①]。这也得益于第2列至6列的金融发展变量呈现出的显著负值，表明银行危机前 FDP、FAC、FEF、FI 以及 FM 越大，银行危机后经济恢复速度将越慢；（2）从机构和市场维度来看，仅 FID 和 FIE 的系数保持显著性，其余变量系数皆不显著，从而说明银行危机前 FID 和 FIE 的增加将导致银行危机后经济恢复速度下降；（3）从金融深度、金融包容性与金融效率维度来看，仅 FMD 在10%的置信水平上显著，因此总体来说，不同维度下的金融发展水平对银行危机后经济恢复速度无显著的影响效应。

[①] 计算公式为 $[exp(-1.520)-1] \times 100$。其余指标变量风险率值也按此方法计算，故下文不再一一阐述。

表4-4 基于全球总样本的Cox估计结果

模型	1	2	3	4	5	6	7	8	9	10	11
金融发展变量											
FD_A	-1.520*** [0.546]										
FDP		-1.638*** [0.511]									
FAC			-1.919* [1.043]								
FEF				-1.132* [0.601]							
FI					-1.329** [0.520]						
FM						-1.748*** [0.651]					
FID							-3.023** [1.540]		0.535 [1.176]		
FIA							0.150 [1.357]			1.608 [1.342]	

续表

模型	1	2	3	4	5	6	7	8	9	10	11
FIE	-3.396** [1.551]	-3.417** [1.472]	-7.834** [3.163]	-4.879*** [1.821]	-3.587** [1.574]	-5.320*** [1.982]	-9.695** [4.408]				-0.634 [0.974]
FMD								-1.671 [1.414]	-1.911* [1.056]		
FMA								-2.160 [1.829]		-0.727 [3.034]	
FME								2.128 [1.362]			0.407 [0.848]
控制变量											
GDP_Capital	-0.572 [1.517]	-0.617 [1.467]	2.148 [3.506]	0.619 [1.786]	-0.346 [1.533]	0.215 [2.039]	-12.356 [7.701]	-9.536** [4.146]	-5.405*** [2.019]	-3.482 [4.796]	-3.251 [2.217]
GDP_Growth							5.661 [6.338]	2.261 [4.493]	0.102 [2.032]	-5.342 [7.037]	-2.534 [2.470]
Trade_GDP	-0.567 [0.387]	-0.471 [0.397]	-0.165 [0.717]	-0.656 [0.434]	-0.438 [0.403]	-1.103* [0.555]	2.618** [1.088]	1.040 [0.962]	-0.869 [0.564]	2.660 [2.358]	-0.174 [0.674]
Schoenfeld	0.262	0.258	0.754	0.270	0.222	0.870	0.494	0.580	0.621	0.225	0.565
Obs.	140	140	140	140	140	140	140	140	140	140	140
Countries	110	110	110	110	110	110	110	110	110	110	110

续表

模型	1	2	3	4	5	6	7	8	9	10	11
Log Likelih.	-313.042	-307.994	-66.577	-246.505	-313.603	-153.659	-42.975	-36.156	-153.157	-24.534	-134.578
AIC	634.085	623.988	141.153	501.010	635.207	315.317	97.950	84.311	316.314	59.068	279.156
BIC	644.505	634.368	147.139	510.733	645.628	323.695	105.018	90.578	326.786	63.234	289.283
Pseudo-R2	0.094	0.096	0.098	0.097	0.092	0.111	0.140	0.143	0.114	0.191	0.086
Wald p-val	0.000	0.000	0.000	0.000	0.000	0.000	0.000	0.000	0.000	0.000	0.000

注：Schoenfeld 代表 Schoenfeld 残差法的 p 值，大于 0.1 代表 Cox 模型的整体残差不随时间变化，表明 Cox 比例风险假设成立；Log Likelih. 代表对数似然值；AIC 与 BIC 分别代表 Akaike 信息判别法与贝叶斯信息判别法下的统计量；$Pseudo-R2 = (|LL_1| - |LL_0|)/|LL_1|$，其中 LL_0 和 LL_1 分别代表模型中所有解释变量的系数都为 0 时的似然函数值以及模型估计得到的似然函数值；Wald p-val 表示 Wald 检验的 p 值；中括号内的数值为标准误；*** 表示 p<0.01，** 表示 p<0.05，* 表示 p<0.1。

四、基于全球不同收入组别的 Cox 实证结果

为探讨不同收入组别的金融发展对经济恢复速度的影响效应，本书基于高收入组别、中等收入组别以及低收入组别样本分别构建 Cox 模型进行回归分析，结果见表 4-5 至表 4-7。需要说明一点的是，由于在部分金融发展指标中数据缺失使得部分实证研究无法进行，因此在中等收入与低收入组别的实证中缺少部分实证结果。

从表 4-5 至表 4-7 可以发现：（1）在高收入组别中，FD_A、FDP、FEF、FI、FM 的系数符号与总样本结果一样都显著为负，表明在高收入组别中，银行危机前金融发展水平越高，银行危机后经济恢复速度越慢。从机构与市场维度来看，所有金融发展变量的系数皆不显著。从金融深度、金融包容性与金融效率维度来看，仅 FMD 和 FIA 在 10% 的置信水平下显著，而 FIE 在 1% 的置信水平下显著。因此可以看出，不同维度下金融发展变量总体上对银行危机后经济恢复速度的影响效应并不显著；（2）在低收入组别中，所有金融发展变量的系数都不显著。而在中等收入组别中，仅 FDP 在 10% 的置信水平上显著，其余金融发展变量全都不显著，因此在低收入组别与中等收入组别中，金融发展对银行危机后经济恢复速度的影响效应总体上并不显著。

表 4-5 基于高收入组别的 Cox 估计结果

模型	1	2	3	4	5	6	7	8	9	10	11
金融发展变量											
FD_A	-2.588*** [0.799]										
FDP		-2.487*** [0.716]									
FAC			2.740 [2.108]								
FEF				-2.546** [1.028]							
FI					-2.288*** [0.699]						
FM						-2.367** [0.958]					
FID							-1.411 [1.551]		-0.171 [1.551]		
FIA							1.769 [1.129]			1.642* [0.969]	

续表

模型	1	2	3	4	5	6	7	8	9	10	11
FIE							-6.714 [4.951]				-4.103*** [1.324]
FMD								-0.242 [11.006]	-2.039* [1.346]		
FMA								3.434 [3.390]		1.388 [3.380]	
FME								6.754 [4.768]			0.456 [1.027]
控制变量											
GDP_Capital	-7.382*** [2.636]	-7.046*** [2.594]	-1.436 [3.405]	-5.871** [2.754]	-7.291*** [2.498]	-5.732* [3.275]	-4.937 [5.097]	8.872 [15.231]	-5.809 [3.088]	1.002 [2.865]	-9.272** [4.016]
GDP_Growth	1.776 [2.767]	1.129 [2.769]	-3.973 [4.671]	-1.213 [3.549]	1.835 [2.679]	-0.803 [3.582]	-1.821 [5.268]	-6.583 [19.724]	-1.572 [3.563]	-8.746 [5.678]	3.333 [4.939]
Trade_GDP	-0.004 [0.583]	0.097 [0.613]	2.415* [1.351]	0.784 [0.717]	0.429 [0.636]	0.034 [0.714]	3.163*** [1.226]	13.368** [6.210]	0.573 [0.715]	4.654* [2.664]	1.919** [0.825]
Schoenfeld	0.840	0.729	0.182	0.784	0.842	0.545	0.143	0.586	0.597	0.225	0.454
Obs.	40	40	40	40	40	40	40	40	40	40	40
Countries	34	34	34	34	34	34	34	34	34	34	34

续表

模型	1	2	3	4	5	6	7	8	9	10	11
Log Likelih.	-67.984	-68.285	-35.294	-64.307	-68.386	-62.796	-33.379	-8.697	-62.169	-22.299	-55.410
AIC	143.968	144.570	78.588	136.615	144.772	133.592	78.759	31.393	134.338	54.598	120.820
BIC	150.074	150.675	82.571	142.478	150.877	139.328	84.733	35.867	141.508	58.139	127.481
Pseudo-R2	0.160	0.157	0.099	0.131	0.155	0.110	0.148	0.495	0.119	0.180	0.122
Wald p-val	0.000	0.000	0.000	0.000	0.000	0.000	0.000	0.000	0.000	0.000	0.000

注:Schoenfeld 代表 Schoenfeld 残差法的 p 值,大于 0.1 代表残差不随时间变化,表明 Cox 模型的整体残差不随时间变化,表明 Cox 比例风险假设成立;Log Likelih. 代表对数似然值;AIC 与 BIC 分别代表 Akaike 信息判别法与贝叶斯信息判别法下的统计量;$Pseudo-R2 = (|LL_1| - |LL_0|)/|LL_0|$,其中 LL_0 和 LL_1 分别代表模型中所有解释变量的系数都为 0 时的似然函数值以及模型估计得到的似然函数值;Wald p-val 表示 Wald 检验的 p 值;中括号内的数值为标准误;*** 表示 p<0.01, ** 表示 p<0.05, * 表示 p<0.1。

表 4-6　基于中等收入组别的 Cox 估计结果

模型	1	2	3	4	5	6	7	8
金融发展变量								
FD_ A	−0.488 [2.294]							
FDP		−3.350* [1.978]						
FAC			1.102 [4.362]					
FEF				1.124 [1.012]				
FI					−0.296 [2.090]			
FM						−0.191 [1.828]		
FID							−0.431 [3.210]	
FIE								2.342 [2.608]
FMD							−2.661 [1.927]	
FME								0.820 [1.479]
控制变量								
GDP_ Capital	−1.155 [2.441]	−1.614 [2.177]	−7.395 [10.601]	−3.215 [3.066]	−1.204 [2.493]	−4.181 [2.790]	−4.328 [2.753]	−12.937 [11.875]
GDP_ Growth	−2.503 [2.250]	−1.787 [2.216]	2.789 [11.508]	−0.821 [2.886]	−2.471 [2.273]	−0.113 [2.727]	0.339 [2.654]	7.962 [10.674]

续表

模型	1	2	3	4	5	6	7	8
Trade_ GDP	-0.833 [0.512]	-0.525 [0.576]	0.812 [1.914]	-0.658 [0.526]	-0.823 [0.563]	-1.639** [0.817]	-1.483 [0.832]	-1.535 [1.054]
Schoenfeld	0.833	0.983	0.925	0.865	0.800	0.995	0.995	0.824
Obs.	76	76	76	76	76	76	76	76
Countries	57	57	57	57	57	57	57	57
Log Likelih.	-136.975	-132.287	-12.801	-101.209	-136.981	-58.456	-58.013	-19.118
AIC	281.951	272.575	33.602	210.418	281.962	124.912	126.026	48.237
BIC	289.756	280.302	35.194	217.369	289.767	130.381	132.862	51.777
Pseudo-R2	0.095	0.103	0.170	0.103	0.095	0.139	0.145	0.220
Wald p-val	0.000	0.000	0.000	0.000	0.000	0.000	0.000	0.000

注：Schoenfeld 代表 Schoenfeld 残差法的 p 值，大于 0.1 代表 Cox 模型的整体残差不随时间变化，表明 Cox 比例风险假设成立；Log Likelih. 代表对数似然值；AIC 与 BIC 分别代表 Akaike 信息判别法与贝叶斯信息判别法下的统计量；$Pseudo - R2 = (|LL_0| - |LL_1|)/|LL_0|$，其中 LL_0 和 LL_1 分别代表模型中所有解释变量的系数都为 0 时的似然函数值以及模型估计得到的似然函数值；Wald p-val 表示 Wald 检验的 p 值；中括号内的数值为标准误；***表示 p<0.01，**表示 p<0.05，*表示 p<0.1。

表 4-7　基于低收入组别的 Cox 估计结果

模型	1	2	3	4
金融发展变量				
FD_ A	3.336 [11.795]			
FDP		-2.770 [3.643]		
FEF			-20.753 [13.563]	
FI				1.664 [5.882]

续表

模型	1	2	3	4
控制变量				
GDP_ Capital	6.052 [8.535]	7.710 [7.562]	11.138 [9.475]	6.052 [8.535]
GDP_ Growth	−5.781 [7.613]	−7.306 [6.883]	−10.832 [8.216]	−5.781 [7.613]
Trade_ GDP	−0.742 [2.386]	−0.286 [2.723]	−4.822 [4.696]	−0.742 [2.386]
Schoenfeld	0.934	0.947	0.999	0.934
Obs.	24	24	24	24
Countries	19	19	19	19
Log Likelih.	−24.995	−24.938	−13.961	−24.995
AIC	57.991	57.876	35.922	57.991
BIC	60.547	60.433	37.132	60.547
Pseudo-R2	0.008	0.010	0.076	0.008
Wald p-val	0.000	0.000	0.000	0.000

注：Schoenfeld 代表 Schoenfeld 残差法的 p 值，大于 0.1 代表 Cox 模型的整体残差不随时间变化，表明 Cox 比例风险假设成立；Log Likelih. 代表对数似然值；AIC 与 BIC 分别代表 Akaike 信息判别法与贝叶斯信息判别法下的统计量；$Pseudo - R2 = (|LL_0| - |LL_1|)/|LL_0|$，其中 LL_0 和 LL_1 分别代表模型中所有解释变量的系数都为 0 时的似然函数值以及模型估计得到的似然函数值；Wald p-val 表示 Wald 检验的 p 值；中括号内的数值为标准误；*** 表示 $p<0.01$，** 表示 $p<0.05$，* 表示 $p<0.1$。

五、稳健性检验

（一）基于金融发展 B 指数的稳健性检验

本书将前述基础实证与不同收入组别实证中的金融发展 A 指数替换为金融发展 B 指数进行实证研究，结果见表 4-8。对比表 4-8 中各列与表 4-4 至表 4-7 中第 1 列可以发现，无论是金融发展指数还是控制变量，其符号与显著性都未发生改变。因此可以证明，金融发展 A 指数与金融发展 B 指数尽管来源于不同的合成体系，但都能够刻画金融发展水平，并对银行危机后经济恢复速度具有相同的影响效果，表明前述基础实证所获得的研究结果是稳健的。

表 4-8 基于金融发展 B 指数的 Cox 估计结果

模型	总样本	高收入	中等收入	低收入
金融发展变量				
FD_B	−1.508 *** [0.581]	−2.634 *** [0.868]	−0.079 [2.001]	8.728 [7.929]
控制变量				
GDP_Capital	−3.521 ** [1.565]	−7.337 *** [2.664]	−1.100 [2.654]	11.327 [9.126]
GDP_Growth	−0.449 [1.527]	1.789 [2.783]	−3.659 [2.416]	−9.995 [8.554]
Trade_GDP	−0.594 [0.383]	−0.020 [0.582]	−0.535 [0.442]	−0.502 [2.747]
Schoenfeld	0.284	0.857	0.481	0.935
Obs.	140	40	76	24
Countries	110	34	57	19
Log Likelih.	−313.504	−68.297	−202.090	−35.833
AIC	635.007	144.595	412.180	79.665
BIC	645.428	150.700	421.342	83.227
Pseudo-R2	0.092	0.156	0.107	0.015
Wald p-val	0.000	0.000	0.000	0.000

注：Schoenfeld 代表 Schoenfeld 残差法的 p 值，大于 0.1 代表 Cox 模型的整体残差不随时间变化，表明 Cox 比例风险假设成立；Log Likelih. 代表对数似然值；AIC 与 BIC 分别代表 Akaike 信息判别法与贝叶斯信息判别法下的统计量；$Pseudo - R2 = (|LL_0| - |LL_1|)/|LL_0|$，其中 LL_0 和 LL_1 分别代表模型中所有解释变量的系数都为 0 时的似然函数值以及模型估计得到的似然函数值；Wald p-val 表示 Wald 检验的 p 值；中括号内的数值为标准误；*** 表示 p<0.01，** 表示 p<0.05，* 表示 p<0.1。

（二）基于 RR 银行危机变量的稳健性检验

本书将前述基础实证研究中基于 Laeven and Valencia（2018）设定的银行危机变量而测度出的经济恢复速度变量替换为基于 RR 银行危机变量［即由 Reinhart and Rogoff（2008，2013）设定的银行危机变量，目前已被哈佛商学院进行了扩充，各国家（地区）银行危机的爆发时间见附录 2 中的表 2］而测度出的经济恢复速度变量（见附录 3 的表 2)①。同时，考虑到对比的可靠性，本书将基础实证（LV 银行危机变量）中的国家（地区）与 RR 银行危机变量中的国家（地区）进行匹配，进而基于两类银行危机变量测度出经济恢复速度变量进行实证对比研究，结果见表 4-9 和表 4-10。需要说明一点的是，由于存在部分缺失数据，因此与表 4-9 相比，表 4-10 中缺少部分实验。

对比表 4-9 和表 4-10 可以看出，无论是 FD_ A、FDP 还是 FI，其系数的符号与显著性在表 4-9 和 4-10 中都完全一致，从而表明本书构建的金融发展指数与基于不同银行危机变量测度出的经济恢复速度之间的关系是稳定的，因此可以认为，基于 LV 变量的实证结果具有良好的稳健性。

同时，对比表 4-9 和表 4-4 可以发现，在表 4-4 中显著的金融发展变量在表 4-9 中几乎也保持同样的显著性，且系数符号也完全一致，因而表明，基于不同国家（地区）样本，金融发展对银行危机后经济恢复速度的影响仍然能够保持一致性，证明前述基础实证所获得的研究结果具有良好的稳健性。

基于上述分析，无论是基于 LV 变量与 RR 变量的实证对比，还是基于不同国家（地区）样本在 LV 变量上的实证对比，金融发展对银行危机爆发概率的影响都能保持较强的一致性，从而表明替换银行危机变量以及改变国家（地区）样本都不会影响金融发展对银行危机后经济恢复速度的影响效应，由此证明，前述基础实证所获得的研究结果是非常稳健的。

---

① 本书在附录 3 的表 2 中仅展示出与附录 3 的表 1 中重叠的 57 个国家（地区）的经济恢复速度。

表4-9 基于全球总样本的Cox估计结果(LV变量)

模型	1	2	3	4	5	6	7	8	9	10	11
金融发展变量											
FD_A	-2.749*** [0.684]										
FDP		-2.982*** [0.629]									
FAC			-1.191 [1.724]								
FEF				-1.666** [0.792]							
FI					-2.801*** [0.740]						
FM						-2.477*** [0.739]					
FID							-6.407*** [2.180]		0.235 [1.410]		
FIA							-2.322* [1.386]			-0.889 [1.542]	

续表

模型	1	2	3	4	5	6	7	8	9	10	11
FIE	-2.763 [2.157]	-2.896 [2.129]					-6.322 [8.249]				-2.830 [2.507]
FMD								-3.667*** [1.333]	-2.754** [1.263]		
FMA								-2.567 [4.146]		2.170 [3.887]	
FME								3.138* [1.786]			0.552 [1.557]
控制变量											
GDP_Capital	-1.572 [2.054]	-1.418 [2.012]	-7.242 [5.084]	-5.583* [2.329]	-2.213 [2.368]	-5.385*** [2.101]	-38.167*** [11.876]	-9.906** [4.467]	-4.618* [2.382]	-20.482 [14.589]	-3.477 [3.805]
GDP_Growth	0.069 [0.560]	0.295 [0.522]	2.564 [4.963]	0.828 [2.493]	-2.103 [2.299]	0.100 [2.000]	19.318*** [6.841]	0.433 [5.683]	-0.959 [2.060]	5.639 [8.833]	-1.936 [4.249]
Trade_GDP			0.044 [2.032]	-0.137 [0.697]	0.328 [0.602]	-0.384 [0.612]	2.643 [2.173]	0.594 [2.056]	0.281 [0.606]	6.093 [4.143]	0.617 [1.284]
Schoenfeld	0.780	0.865	0.941	0.865	0.775	0.962	0.683	0.395	0.885	0.311	0.538
Obs.	77	77	77	77	77	77	77	77	77	77	77
Countries	55	55	55	55	55	55	55	55	55	55	55

续表

模型	1	2	3	4	5	6	7	8	9	10	11
Log Likelih.	−137.974	−136.599	−30.663	−108.719	−138.266	−99.890	−24.127	−22.265	−97.988	−13.414	−63.873
AIC	283.948	281.198	69.326	225.438	284.532	207.781	60.255	56.530	205.976	36.829	137.747
BIC	291.903	289.154	72.658	232.664	292.488	214.825	64.890	61.165	214.782	38.818	144.753
Pseudo−R2	0.119	0.128	0.033	0.106	0.117	0.124	0.165	0.229	0.141	0.202	0.086
Wald p−val	0.000	0.000	0.000	0.000	0.000	0.000	0.000	0.000	0.000	0.000	0.000

注:Schoenfeld 代表 Schoenfeld 残差法的 p 值,大于 0.1 代表 Cox 模型的整体残差不随时间变化,表明 Cox 比例风险假设成立;Log Likelih. 代表对数似然值;AIC 与 BIC 分别代表 Akaike 信息判别法与贝叶斯信息判别法下的统计量;$Pseudo-R2 = (|LL_1| - |LL_0|)/|LL_0|$,其中 LL_1 和 LL_0 分别代表模型中所有解释变量的系数都为 0 时的似然函数值以及模型估计得到的似然函数值;Wald p−val 表示 Wald 检验的 p 值;中括号内的数值为标准误;*** 表示 p<0.01,** 表示 p<0.05,* 表示 p<0.1。

表 4-10　基于全球总样本的 Cox 估计结果（RR 变量）

模型	1	2	3
金融发展变量			
FD_A	−2.245 *** [0.823]		
FDP		−3.087 *** [0.847]	
FI			−2.077 *** [0.762]
控制变量			
GDP_Capital	−3.594 [2.225]	−2.510 [2.235]	−3.463 [2.267]
GDP_Growth	1.465 [2.139]	0.483 [2.131]	1.214 [2.207]
Trade_GDP	0.641 [0.624]	0.736 [0.646]	0.743 [0.640]
Schoenfeld	0.851	0.908	0.846
Obs.	107	107	107
Countries	55	55	55
Log Likelih.	−119.565	−117.503	−119.835
AIC	247.130	243.006	247.671
BIC	254.445	250.321	254.985
Pseudo-R2	0.066	0.082	0.064
Wald p-val	0.000	0.000	0.000

注：Schoenfeld 代表 Schoenfeld 残差法的 p 值，大于 0.1 代表 Cox 模型的整体残差不随时间变化，表明 Cox 比例风险假设成立；Log Likelih. 代表对数似然值；AIC 与 BIC 分别代表 Akaike 信息判别法与贝叶斯信息判别法下的统计量；$Pseudo-R2 = (|LL_0|-|LL_1|)/|LL_0|$，其中 LL_0 和 LL_1 分别代表模型中所有解释变量的系数都为 0 时的似然函数值以及模型估计得到的似然函数值；Wald p-val 表示 Wald 检验的 p 值；中括号内的数值为标准误；*** 表示 p<0.01，** 表示 p<0.05，* 表示 p<0.1。

（三）基于多重危机的稳健性检验

Laeven and Valencia（2018）通过实证研究表明，孪生危机甚至三重危机较单一的银行危机对经济造成的后果更为严重，从而导致经济复苏更加困难。因此，本书基于 Wan and Jin（2014）、Ambrosius（2017）的研究成果，将货币危机变量与主权债务危机变量①增加到前述基础实证研究中。结果如表 4-11 至表 4-13 所示。

将表 4-11 至表 4-13 与表 4-4 进行对比可以发现，分别加入货币危机变量与主权债务危机变量甚至将两个变量同时加入基础实证研究中，大部分金融发展变量的系数符号与显著性都无变化，同时大多数控制变量的符号与显著性也并未发生变化，从而表明货币危机与主权债务危机因素的加入并不会改变金融发展对银行危机后经济恢复速度的影响关系。因此可以证明，基础实证研究所获得的结果是稳健的。

---

① Laeven and Valencia（2018）认为货币危机是指本币兑美元汇率出现急速的名义贬值，要求同时满足以下两个条件：第一，年贬值幅度达到 30% 及以上；第二，年贬值幅度至少超过上一年贬值幅度的 10%。Laeven and Valencia（2018）通过主权债务违约与重组事件来界定主权债务危机的爆发时间。

表 4-11　基于全球总样本的 Cox 估计结果（加入货币危机变量）

模型	1	2	3	4	5	6	7	8	9	10	11
金融发展变量											
FD_A	-1.532*** [0.553]										
FDP		-1.652*** [0.522]									
FAC			-1.302 [3.349]								
FEF				-1.181* [0.614]							
FI					-1.342** [0.527]						
FM						-1.838*** [0.691]					
FID							-1.407 [1.444]		0.315 [1.493]		
FIA							-0.288 [0.851]			2.786** [1.393]	

续表

模型	1	2	3	4	5	6	7	8	9	10	11
FIE							-8.907** [3.620]				-0.629 [0.957]
FMD								-1.317 [1.402]	-1.797 [1.174]		
FMA								-0.680 [2.590]		4.881 [4.994]	
FME								1.632 [1.221]			0.476 [0.827]
孪生危机变量											
Currency_Crisis	-0.092 [0.210]	-0.082 [0.216]	-0.442 [1.503]	-0.228 [0.244]	-0.093 [0.207]	-0.207 [0.331]	-0.264 [0.756]	1.201 [1.032]	-0.134 [0.408]	4.539 [3.393]	0.413 [0.350]
控制变量											
GDP_Capital	-3.459** [1.566]	-3.459** [1.487]	-6.539 [6.946]	-4.972*** [1.836]	-3.655** [1.587]	-5.586*** [2.012]	-13.811*** [3.015]	-7.365* [4.372]	-5.466*** [2.003]	1.623 [3.055]	-2.266 [2.404]
GDP_Growth	-0.522 [1.518]	-0.592 [1.469]	2.428 [6.891]	0.581 [1.789]	-0.288 [1.533]	0.370 [2.043]	7.433** [3.427]	-2.659 [6.508]	0.113 [2.027]	-19.297* [10.101]	-3.595 [2.699]
Trade_GDP	-0.580 [0.392]	-0.486 [0.402]	0.235 [2.152]	-0.721 [0.440]	-0.449 [0.407]	-1.186** [0.567]	2.153* [1.162]	1.976 [1.886]	-0.914 [0.569]	8.614 [5.354]	-0.065 [0.673]

续表

模型	1	2	3	4	5	6	7	8	9	10	11
Schoenfeld	0.376	0.359	0.199	0.378	0.325	0.926	0.173	0.356	0.523	0.485	0.502
Obs.	140	140	140	140	140	140	140	140	140	140	140
Countries	110	110	110	110	110	110	110	110	110	110	110
Log Likelih.	-312.978	-307.944	-50.311	-246.204	-313.538	-153.498	-49.113	-35.424	-153.103	-20.650	-134.045
AIC	635.956	625.887	110.622	502.408	637.075	316.996	112.226	84.847	318.206	53.300	280.089
BIC	648.982	638.863	116.717	514.562	650.101	327.468	121.797	92.159	330.772	57.549	292.241
Pseudo-R2	0.094	0.096	0.055	0.099	0.092	0.112	0.183	0.161	0.114	0.241	0.089
Wald p-val	0.000	0.000	0.000	0.000	0.000	0.000	0.000	0.000	0.000	0.000	0.000

注：Schoenfeld 代表 Schoenfeld 残差法的 p 值，大于 0.1 代表 Cox 模型的整体残差不随时间变化，表明 Cox 比例风险假设成立；Log Likelih. 代表对数似然值；AIC 与 BIC 分别代表 Akaike 信息判别法与贝叶斯信息判别法下的统计量；$Pseudo-R2 = (|LL_1| - |LL_0|) / |LL_0|$，其中 LL_1 和 LL_0 分别代表模型中所有解释变量的系数都为 0 时的似然函数值以及模型估计得到的似然函数值；Wald p-val 表示 Wald 检验的 p 值；中括号内的数值为标准误；*** 表示 p<0.01，** 表示 p<0.05，* 表示 p<0.1。

表 4-12　基于全球总样本的 Cox 估计结果（加入主权债务危机变量）

模型	1	2	3	4	5	6	7	8	9	10	11
金融发展变量											
FD_A	-1.529*** [0.548]										
FDP		-1.653*** [0.517]									
FAC			-1.693 [1.290]								
FEF				-0.745 [0.537]							
FI					-1.331** [0.520]						
FM						-1.825*** [0.694]					
FID							-3.023** [1.540]		0.417 [1.225]		
FIA							0.150 [1.357]			1.608 [1.342]	

续表

模型	1	2	3	4	5	6	7	8	9	10	11
FTE							-9.695** [4.408]				-0.912 [0.926]
FMD								-1.401 [1.623]	-1.913* [1.055]		
FMA								-1.796 [1.883]		-0.727 [3.034]	
FME								2.415 [1.547]			0.782 [0.774]
孕生危机变量											
Debt_Crisis	-0.124 [0.202]	-0.142 [0.183]	1.105 [1.042]	-0.063 [0.227]	-0.090 [0.211]	-0.225 [0.448]	ommited	1.997 [1.416]	-0.279 [0.468]	ommited	1.013 [0.677]
控制变量											
GDP_Capital	-3.413** [1.548]	-3.414** [1.476]	-8.506** [3.870]	-3.881** [1.728]	-3.612** [1.569]	-5.196*** [1.990]	-12.356 [7.701]	-10.297** [5.211]	-5.189* [2.080]	-3.482 [4.796]	-3.674 [2.700]
GDP_Growth	-0.567 [1.516]	-0.640 [1.473]	3.155 [3.950]	-1.203 [1.730]	-0.332 [1.530]	-0.096 [2.230]	5.661 [6.338]	3.023 [5.151]	-0.340 [2.306]	-5.342 [7.037]	-1.510 [2.726]
Trade_GDP	-0.560 [0.387]	-0.464 [0.397]	-0.024 [0.790]	-0.250 [0.384]	-0.433 [0.403]	-1.124** [0.561]	2.618** [1.088]	1.814 [1.518]	-0.886 [0.569]	2.660 [2.358]	0.030 [0.630]

续表

模型	1	2	3	4	5	6	7	8	9	10	11
Schoenfeld	0.358	0.340	0.871	0.541	0.318	0.900	0.494	0.574	0.558	0.225	0.632
Obs.	140	140	140	140	140	140	140	140	140	140	140
Countries	110	110	110	110	110	110	110	110	110	110	110
Log Likelih.	-313.000	-307.938	-40.999	-349.638	-313.581	-153.598	-42.975	-35.317	-153.070	-24.534	-133.572
AIC	635.999	625.875	91.997	709.276	637.162	317.197	97.950	84.634	318.139	59.068	279.144
BIC	649.025	638.851	99.480	722.869	650.188	327.668	105.018	91.946	330.705	63.234	291.295
Pseudo-R2	0.094	0.096	0.161	0.091	0.092	0.111	0.140	0.163	0.114	0.191	0.093
Wald p-val	0.000	0.000	0.000	0.000	0.000	0.000	0.000	0.000	0.000	0.000	0.000

注:omitted 代表对应的主权债务危机变量与对应的银行危机变量存在极强的共线性,从而在计算时被省略;Schoenfeld 代表对应的 p 值,大于 0.1 代表 Cox 模型的整体残差不随时间变化,表明 Cox 比例风险假设成立;Log Likelih. 代表对数似然值;AIC 与 BIC 分别代表 Akaike 信息判别法与贝叶斯信息判别法下的统计量;$Pseudo-R2 = (\mid LL_0 \mid - \mid LL_1 \mid) / \mid LL_0 \mid$,其中 LL_0 和 LL_1 分别代表模型中所有解释变量的系数都为 0 时的似然函数数值以及模型估计得到的似然函数数值;Wald p-val 表示 Wald 检验的 p 值;中括号内的数值为标准误;*** 表示 p<0.01,** 表示 p<0.05,* 表示 p<0.1。

表4-13　基于全球总样本的 Cox 估计结果（加入货币危机与主权债务危机变量）

模型	1	2	3	4	5	6	7	8	9	10	11
金融发展变量											
FD_A	-1.535*** [0.553]										
FDP		-1.659*** [0.523]									
FAC			-1.872 [1.353]								
FEF				-1.168 [0.619]							
FI					-1.341** [0.526]						
FM						-1.851*** [0.708]					
FID							-1.952 [1.328]		0.323 [1.491]		
FIA							-0.073 [0.798]			2.786** [1.393]	

续表

模型	1	2	3	4	5	6	7	8	9	10	11
FIE							-9.889** [3.983]				-0.880 [1.028]
FMD								-1.122 [1.590]	-1.852 [1.195]		
FMA								-0.539 [2.414]		4.881 [4.994]	
FME								2.052 [1.564]			0.760 [0.880]
三重危机变量											
Currency_Crisis	-0.074 [0.225]	-0.057 [0.235]	-0.348 [0.733]	-0.251 [0.246]	-0.084 [0.219]	-0.190 [0.400]	0.825 [1.254]	1.009 [1.171]	-0.070 [0.468]	4.539 [3.393]	0.145 [0.480]
Debt_Crisis	-0.078 [0.213]	-0.107 [0.200]	1.087 [1.044]	0.164 [0.244]	-0.039 [0.218]	-0.061 [0.564]	-1.999 [1.898]	1.602 [1.512]	-0.227 [0.552]	ommited	0.864 [0.652]
控制变量											
GDP_Capital	-3.459** [1.568]	-3.445** [1.495]	-8.981** [4.002]	-5.057*** [1.861]	-3.660*** [1.586]	-5.533*** [2.147]	-14.078*** [3.133]	-8.801 [5.604]	-5.263** [2.113]	1.623 [3.055]	-3.290 [2.557]
GDP_Growth	-0.528 [1.521]	-0.615 [1.478]	3.735 [4.090]	0.693 [1.823]	-0.287 [1.534]	0.275 [2.416]	5.991 [3.758]	-0.997 [6.953]	-0.251 [2.360]	-19.297* [10.101]	-2.002 [3.178]

续表

模型	1	2	3	4	5	6	7	8	9	10	11
Trade_GDP	-0.574 [0.392]	-0.477 [0.403]	-0.070 [0.763]	-0.720 [0.441]	-0.446 [0.407]	-1.185** [0.567]	2.559* [1.336]	2.650 [2.100]	-0.907 [0.570]	8.614 [5.354]	0.042 [0.670]
Schoenfeld	0.477	0.456	0.761	0.482	0.429	0.922	0.242	0.490	0.600	0.485	0.895
Obs.	140	140	140	140	140	140	140	140	140	140	140
Countries	110	110	110	110	110	110	110	110	110	110	110
Log Likelih.	-312.963	-307.916	-66.068	-246.153	-313.534	-153.495	-48.620	-34.915	-153.058	-20.650	-133.526
AIC	637.926	627.833	144.136	504.305	639.068	318.989	113.239	85.830	320.116	53.300	281.052
BIC	653.557	643.403	153.115	518.890	654.699	331.556	124.178	94.186	334.776	57.549	295.229
Pseudo-R2	0.094	0.096	0.105	0.099	0.092	0.112	0.191	0.173	0.114	0.241	0.093
Wald p-val	0.000	0.000	0.000	0.000	0.000	0.000	0.000	0.000	0.000	0.000	0.000

注：omitted 代表对应的主权债务危机变量与对应的银行危机变量存在极强的共线性，从而在计算时被省略；Schoenfeld 代表 Schoenfeld 残差法的 p 值，大于 0.1 代表 Cox 模型的整体残差判别量，表明 Cox 比例风险假设成立；Log Likelih. 代表对数似然值；AIC 与 BIC 分别代表 Akaike 信息判别法与贝叶斯信息判别法下的统计量；$Pseudo-R2 = (|LL_0| - |LL_1|)/|LL_0|$，其中 LL_0 和 LL_1 分别代表模型中所有解释变量的系数都为 0 时的似然函数值以及模型估计得到的似然函数值；Wald p-val 表示 Wald 检验的 p 值；中括号内的数值为标准误；*** 表示 $p<0.01$，** 表示 $p<0.05$，* 表示 $p<0.1$。

（四）基于不同均值的稳健性检验

从前述基础实证研究可以发现，无论是在经济恢复速度的测度中还是在危机前金融发展变量与控制变量的计算上都使用了 5 年均值这一计算标准。因此为验证基础实证研究结论的稳健性，本书将 5 年均值这一计算标准分别替换为 3 年均值和 7 年均值并进行相应的实证研究，最终的实证结果分别见表 4-14 和表 4-15。

对比表 4-14 和表 4-4 的结果可以发现，基于 5 年均值测度出的经济恢复速度与金融发展变量的 Cox 回归系数的符号与基于 7 年均值所获得的结果完全相同，且显著性水平也在绝大部分金融发展变量上都保持了一致。同时，对比表 4-15 和表 4-4 的结果也可以发现，除了在表 4-4 和表 4-15 中第 7 列的 FIA、第 9 列的 FID 和第 10 列的 FIA 这三个变量的系数符号相反外，其余金融发展变量的系数符号在表 4-4 与表 4-15 中都相同，且各变量的显著性在绝大部分情况下也都保持了一致。基于以上分析可以认为，基于不同均值测度出的经济恢复速度与金融发展之间的关系具有良好的稳定性，由此可知，本书的基础实证所获得的研究结果是稳健的。

表4-14 基于全球总样本的 Cox 估计结果（7 年均值）

模型	1	2	3	4	5	6	7	8	9	10	11
金融发展变量											
FD_A	-0.973** [0.393]										
FDP		-0.913** [0.377]									
FAC			-2.045** [0.977]								
FEF				-0.568 [0.419]							
FI					-0.889* [0.478]						
FM						-0.995** [0.445]					
FID							-2.748** [1.387]		0.863 [1.042]		
FIA							1.378* [0.837]			1.769 [1.074]	

续表

模型	1	2	3	4	5	6	7	8	9	10	11
FIE							−6.067* [3.315]				−1.069 [0.859]
FMD								−1.248 [1.926]	−1.381 [0.849]		
FMA								−4.450** [1.749]		−1.128 [2.276]	
FME								2.320 [1.764]			0.859 [0.865]
控制变量											
GDP_Capital	−2.188 [1.529]	−2.389 [1.502]	−8.731*** [3.407]	−3.142* [1.765]	−2.631 [1.757]	−2.516 [1.916]	−7.419 [5.456]	−14.057*** [4.334]	−3.064 [2.001]	−6.460 [7.538]	−6.310** [2.942]
GDP_Growth	−2.782* [1.545]	−2.627* [1.543]	−1.227 [3.446]	−2.062 [1.760]	−1.402 [1.673]	−4.129** [1.913]	−2.495 [4.411]	−7.007 [5.565]	−3.770* [1.944]	−22.987*** [7.941]	−0.287 [2.918]
Trade_GDP	−0.484 [0.321]	−0.436 [0.328]	0.174 [0.652]	−0.397 [0.359]	−0.719* [0.389]	−0.546 [0.414]	2.662*** [0.949]	1.952* [1.131]	−0.427 [0.432]	6.515 [3.357]	−0.492 [0.754]
Schoenfeld	0.151	0.126	0.614	0.192	0.128	0.685	0.850	0.645	0.538	0.784	0.400
Obs.	140	140	140	140	140	140	140	140	140	140	140
Countries	110	110	110	110	110	110	110	110	110	110	110

续表

模型	1	2	3	4	5	6	7	8	9	10	11
Log Likelih.	-430.463	-426.113	-63.001	-355.151	-321.045	-229.943	-38.219	-30.576	-229.898	-15.780	-96.371
AIC	868.927	860.226	134.003	718.301	650.089	467.886	88.439	73.153	469.796	41.560	202.741
BIC	880.397	871.665	139.989	729.211	660.510	477.561	94.985	79.420	481.890	44.755	211.547
Pseudo-R2	0.090	0.089	0.164	0.092	0.084	0.113	0.181	0.299	0.113	0.374	0.131
Wald p-val	0.000	0.000	0.000	0.000	0.000	0.000	0.000	0.000	0.000	0.000	0.000

注：Schoenfeld 代表 Schoenfeld 残差法的 p 值，大于 0.1 代表 Cox 模型的整体残差随时间变化，表明 Cox 比例风险假设成立；Log Likelih. 代表对数似然值；AIC 与 BIC 分别代表 Akaike 信息判别法与贝叶斯判别信息判别量的统计量；$Pseudo-R2 = (\mid LL_1 \mid) / \mid LL_0 \mid$，其中 LL_0 和 LL_1 分别代表模型中所有解释变量的系数都为 0 时的似然函数值以及模型估计得到的似然函数值；Wald p-val 表示 Wald 检验的 p 值；中括号内的数值为标准误；*** 表示 p<0.01，** 表示 p<0.05，* 表示 p<0.1。

表4-15　基于全球总样本的 Cox 估计结果（3 年均值）

模型	1	2	3	4	5	6	7	8	9	10	11
金融发展变量											
FD_A	-1.933*** [0.589]										
FDP		-2.194*** [0.575]									
FAC			-2.375** [0.957]								
FEF				-1.074* [0.596]							
FI					-1.868*** [0.572]						
FM						-1.940** [0.811]					
FID							-1.555 [1.987]		-1.006 [1.463]		
FIA							-1.034 [1.481]			-1.224 [1.742]	

续表

模型	1	2	3	4	5	6	7	8	9	10	11
FIE	-2.449* [1.379]	-2.580* [1.332]					-5.192 [5.763]				-2.382* [1.230]
FMD			-5.571 [3.449]	-3.884** [1.569]				-2.422** [1.100]	-1.283 [1.379]		
FMA								-3.389 [2.592]		-1.420 [3.147]	
FME								3.131*** [1.171]			1.341 [1.091]
控制变量											
GDP_Capital	-1.973 [1.432]	-1.944 [1.426]	0.314 [3.742]	-0.738 [1.589]	-2.381* [1.403]	-4.982* [1.993]	-8.155 [5.810]	-10.405** [5.146]	-4.834** [2.077]	-5.040 [5.853]	-6.413* [3.323]
GDP_Growth					-1.992 [0.170]	-0.055 [1.902]	3.825 [5.672]	3.704 [5.811]	-0.366 [1.994]	-1.358 [6.635]	1.150 [3.059]
Trade_GDP	-0.124 [0.354]	-0.003 [0.359]	-0.741 [0.699]	-0.341 [0.393]	0.079 [0.377]	-1.155** [0.542]	-0.664 [1.127]	-0.348 [1.090]	-0.806 [0.566]	-0.207 [2.141]	-0.484 [0.879]
Schoenfeld	0.464	0.229	0.702	0.483	0.412	0.940	0.245	0.284	0.461	0.221	0.449
Obs.	140	140	140	140	140	140	140	140	140	140	140
Countries	110	110	110	110	110	110	110	110	110	110	110

续表

模型	1	2	3	4	5	6	7	8	9	10	11
Log Likelih.	-412.055	-406.171	-53.604	-336.909	-411.349	-143.217	-35.188	-27.019	-140.792	-20.097	-83.712
AIC	832.109	820.343	115.208	681.819	830.697	294.434	82.377	66.039	291.585	50.194	177.425
BIC	843.579	831.782	121.194	629.693	842.167	302.812	89.190	72.306	302.056	54.360	185.992
Pseudo-R2	0.103	0.106	0.129	0.097	0.104	0.120	0.078	0.223	0.135	0.122	0.110
Wald p-val	0.000	0.000	0.000	0.000	0.000	0.000	0.000	0.000	0.000	0.000	0.000

注：Schoenfeld 代表 Schoenfeld 残差法的 p 值，大于 0.1 代表 Cox 模型的整体残差不随时间变化，表明 Cox 比例风险假设成立；Log Likelih. 代表对数似然值；AIC 与 BIC 分别代表 Akaike 信息判别法与贝叶斯信息判别法下的统计量；$Pseudo-R2 = (|LL_1| - |LL_0|)/|LL_0|$，其中 LL_0 和 LL_1 分别代表模型中所有解释变量的系数都为 0 时的似然函数值以及模型估计得到的似然函数值；Wald p-val 表示 Wald 检验的 p 值；中括号内的数值为标准误；*** 表示 p<0.01，** 表示 p<0.05，* 表示 p<0.1。

（五）基于不同恢复速度测度方法的稳健性检验

如前所述，经济恢复速度的测度方法除本书在基础实证研究中所使用的"五年均值测度法"外，还包括"连续两年测度法"。因此，为检验本书使用"五年均值测度法"所获得的实证研究结果的稳健性，本书将"五年均值测度法"替换为"连续两年测度法"对经济恢复速度进行测度，并探讨其与金融发展的关系。实证结果见表4-16。

对比表4-16与表4-4可以发现，从金融发展变量的系数符号来看，仅在表4-16和表4-4中第7列的FID和FIA以及第8列的FMA中具有相反的系数符号，其余金融发展变量的系数符号皆相同，且显著性在大部分情况下也保持一致，从而表明，基于不同恢复速度测度方法所获得的经济恢复速度与金融发展之间的关系是一致的。因此可以认为，本书的基础实证所获得的研究结果是稳健的。

表4-16 基于全球总样本的Cox估计结果(连续两年测度法)

模型	1	2	3	4	5	6	7	8	9	10
金融发展变量										
FD_A	-3.907*** [1.020]									
FDP		-3.772*** [0.906]								
FAC			-3.600 [2.997]							
FEF				-2.056** [0.933]						
FI					-3.468*** [0.965]					
FM						-4.032*** [1.294]				
FID							2.710 [5.799]		0.447 [1.809]	
FLA							-3.446* [1.916]			

213

续表

模型	1	2	3	4	5	6	7	8	9	10
FIE							-19.802* [10.545]			-2.497* [1.439]
FMD								-6.320* [3.597]	-4.752*** [1.719]	
FMA								1.292 [6.775]		
FME								1.801 [2.705]		0.250 [1.044]
控制变量										
GDP_Capital	0.824 [1.930]	0.724 [2.035]	-23.441** [9.794]	-1.330 [2.554]	0.809 [2.155]	-1.453 [2.466]	-61.116*** [13.909]	-21.852 [15.439]	-1.180 [3.040]	-2.782 [3.284]
GDP_Growth	0.527 [2.011]	1.092 [2.232]	29.336** [11.772]	3.246 [2.726]	1.140 [2.194]	5.783* [3.253]	79.130*** [17.144]	23.769 [19.320]	5.136 [3.785]	7.956** [3.363]
Trade_GDP	0.635 [0.445]	0.516 [0.501]	-2.107 [1.635]	-0.142 [0.545]	0.667 [0.534]	-1.265** [0.584]	0.623 [1.964]	1.084 [2.619]	-0.861 [0.690]	-0.898 [0.897]
Schoenfeld	0.583	0.512	0.834	0.475	0.211	0.220	0.994	0.652	0.492	0.447
Obs.	144	144	144	144	144	144	144	144	144	144

续表

模型	1	2	3	4	5	6	7	8	9	10
Countries	112	112	112	112	112	112	112	112	112	112
Log Likelih.	−371.211	−269.191	−15.853	−221.790	−274.788	−116.632	−2.844	−6.754	−113.345	−63.849
AIC	750.423	546.382	39.707	451.580	557.577	241.264	17.688	25.507	236.690	137.698
BIC	761.893	556.959	45.693	461.579	568.192	249.962	25.892	31.774	247.562	146.731
Pseudo−R2	0.032	0.051	0.430	0.036	0.046	0.125	0.825	0.475	0.150	0.153
Wald p−val	0.000	0.000	0.000	0.000	0.000	0.000	0.000	0.000	0.000	0.000

注：Schoenfeld 代表 Schoenfeld 残差法的 p 值，大于 0.1 代表 Cox 模型的整体残差不随时间变化，表明 Cox 比例风险假设成立；Log Likelih. 代表对数似然值；AIC 与 BIC 分别代表 Akaike 信息判别法与贝叶斯信息判别法下的统计量；$Pseudo-R2 = (|LL_1| - |LL_0|)/|LL_0|$，其中 LL_1 和 LL_0 分别代表模型中所有解释变量的系数都为 0 时的似然函数值以及模型估计得到的似然函数值；Wald p−val 表示 Wald 检验的 p 值；中括号内的数值为标准误；*** 表示 p<0.01，** 表示 p<0.05，* 表示 p<0.1。

215

（六）基于 Weibull 分布模型的稳健性检验

Kleinbaum and Klein（2005）认为，如果 Cox 模型的选择正确，则其回归结果应该与参数模型的回归结果相似，至少在系数符号上是一致的[①]。因而可以通过考察参数模型的回归结果来印证 Cox 模型回归结果的稳健性。基于此，本书采用参数回归模型中运用最为广泛的威布尔（Weibull）分布模型替换基础实证研究中的 Cox 模型进行回归分析，结果如表 4-17 所示。

对比表 4-17 与表 4-4 可以看出，表 4-17 中所有金融发展变量的系数符号与表 4-4 中的结果都保持了一致，且控制变量除在表 4-17 与表 4-4 中第 1 列、第 2 列和第 5 列的 GDP_ Growth 上出现相反的系数符号外，其余控制变量的系数符号在表 4-17 和表 4-4 中都相同。由此可见，Weibull 分布模型的回归结果与 Cox 模型的回归结果极其相似，从而证明了本书采用 Cox 模型的正确性以及基于 Cox 模型的基础实证研究结果的稳健性。需要说明一点的是，表 4-4 中金融发展变量的系数显著性普遍强于表 4-17 中的金融发展变量的系数显著性，从而证明了运用 Cox 模型更能准确挖掘出金融发展对银行危机后经济恢复速度的影响效应，这也与前述通过舍恩菲尔德（Schoenfeld）残差法对 Cox 模型的适用性进行检验所得到的结果不谋而合。

---

① KLEINBAUM D, KLEIN M. *Survival analysis: A self - learning text* [M]. New York: springer, 2005.

表 4-17 基于全球总样本的 Weibull 估计结果

模型	1	2	3	4	5	6	7	8	9	10	11
金融发展变量											
FD_A	-0.905* [0.528]										
FDP		-1.013* [0.542]									
FAC			-2.305* [1.223]								
FEF				-0.575 [0.559]							
FI					-0.617 [0.506]						
FM						-1.233* [0.644]					
FID							-3.184 [1.944]		1.264 [1.453]		
FIA							0.166 [1.526]			2.100 [1.965]	

续表

模型	1	2	3	4	5	6	7	8	9	10	11
FIE							-11.906** [4.925]				-0.680 [0.892]
FMD								-1.588 [1.588]	-1.791 [1.171]		
FMA								-2.373 [1.887]		-0.212 [2.520]	
FME								2.189 [1.521]			-0.503 [0.850]
控制变量											
GDP_Capital	-5.812*** [1.977]	-5.719*** [1.969]	-7.617** [3.601]	-6.616*** [2.184]	-6.294*** [2.003]	-5.651** [2.442]	-12.470* [6.470]	-8.709* [4.849]	-6.132** [2.549]	-0.446 [5.803]	-4.731 [3.292]
GDP_Growth	0.936 [1.925]	0.856 [1.929]	1.402 [3.653]	1.509 [2.103]	1.402 [1.932]	0.426 [2.383]	5.874 [5.299]	2.042 [5.209]	0.713 [2.450]	-7.657 [6.983]	-0.725 [3.200]
Trade_GDP	-1.289*** [0.396]	-1.217*** [0.398]	-0.253 [0.734]	-1.290*** [0.448]	-1.206*** [0.391]	-1.602*** [0.570]	2.999*** [1.093]	0.601 [1.242]	-1.380** [0.543]	2.866 [2.277]	-1.009 [0.726]
Obs.	140	140	140	140	140	140	140	140	140	140	140
Countries	110	110	110	110	110	110	110	110	110	110	110
Log Likelih.	-114.535	-113.195	-32.916	-99.539	-115.339	-71.621	-21.254	-17.313	-71.728	-13.153	-54.677

续表

模型	1	2	3	4	5	6	7	8	9	10	11
FIE							-11.906** [4.925]				-0.680 [0.892]
FMD								-1.588 [1.588]	-1.791 [1.171]		
FMA								-2.373 [1.887]		-0.212 [2.520]	
FME								2.189 [1.521]			-0.503 [0.850]
控制变量											
GDP_Capital	-5.812*** [1.977]	-5.719*** [1.969]	-7.617** [3.601]	-6.616*** [2.184]	-6.294*** [2.003]	-5.651** [2.442]	-12.470* [6.470]	-8.709** [4.849]	-6.132** [2.549]	-0.446 [5.803]	-4.731 [3.292]
GDP_Growth	0.936 [1.925]	0.856 [1.929]	1.402 [3.653]	1.509 [2.103]	1.402 [1.932]	0.426 [2.383]	5.874 [5.299]	2.042 [5.209]	0.713 [2.450]	-7.657 [6.983]	-0.725 [3.200]
Trade_GDP	-1.289*** [0.396]	-1.217*** [0.398]	-0.253 [0.734]	-1.290*** [0.448]	-1.206*** [0.391]	-1.602*** [0.570]	2.999*** [1.093]	0.601 [1.242]	-1.380** [0.543]	2.866 [2.277]	-1.009 [0.726]
Obs.	140	140	140	140	140	140	140	140	140	140	140
Countries	110	110	110	110	110	110	110	110	110	110	110
Log Likelih.	-114.535	-113.195	-32.916	-99.539	-115.339	-71.621	-21.254	-17.313	-71.728	-13.153	-54.677

（七）基于 Cox-Snell 残差法的稳健性检验

前述基础实证研究结果的稳健性在很大程度上取决于 Cox 模型选择的合理性，而 Cox 模型选择的合理性不仅应该通过舍恩菲尔德（Schoenfeld）残差法进行验证，而且还应该检验其拟合效果来予以证明。因此，本书对基础实证研究中 Cox 模型的 Cox-Snell 残差进行测度，并计算该残差的累积风险率的 Nelson-Aslen 估计量，从而绘制出图 4-4。从图 4-4 可以看出，Cox-Snell 残差与其累积风险率的估计值所构成的关系图（即图中的虚线）与图中斜率为 1 的实线比较接近，表明本书在基础实证研究中所构建的 Cox 模型具有良好的拟合效果，从而证明基础实证所获得的研究结果具有良好的稳健性。

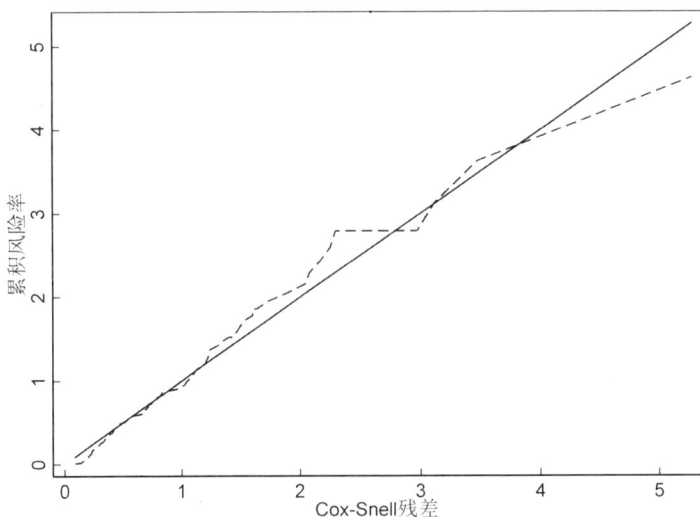

图 4-4 Cox 模型的 Cox-Snell 残差图

第五节 小结

本书运用五年均值测度法对全球大部分国家（地区）在银行危机后的经济恢复速度进行了测度，进而基于 K-M 方法对其经济恢复速度的特征进行了刻画，最后构建了 Cox 模型探讨了银行危机前金融发展对银行危机后经济恢复速度的影响效应，并开展了一系列稳健性检验，结论如下：

1. 总体来讲，大部分国家（地区）经济的恢复时间都不太长，而从不同收入组别来讲，低收入组别的恢复速度快于中等收入组别的恢复速度，高收入组别的恢复速度最慢。

2. 无论从金融发展 A 指数还是金融深度指数、金融包容性指数、金融效率指数、金融机构指数以及金融市场指数来看，银行危机前金融发展水平越高将会降低银行危机后经济的恢复速度。进一步，银行危机前金融机构深度、金融机构效率与金融市场深度的扩张也将导致银行危机后经济恢复速度下降。

3. 从不同收入组别来看，低收入组别和中等收入组别的金融发展对银行危机后经济恢复速度的影响效应并不显著。而在高收入组别中，金融发展 A 指数、金融深度指数、金融效率指数、金融机构指数与金融市场指数都与总样本结果一样，对银行危机后经济恢复速度的影响呈现出显著的负向效应，从而表明银行危机前高收入组别的金融发展水平越高，银行危机后经济的恢复速度将越慢。此外，在高收入组别中不同维度下的金融发展水平对银行危机后经济恢复速度几乎不存在显著的影响效应。

4. 通过纳入金融发展 B 指数、替换银行危机变量为 RR 银行危机变量、加入货币危机变量与主权债务危机变量、将所有变量的均值区间从 5 年变更为 3 年和 7 年、将五年均值测度法替换为连续两年测度法、纳入 Weibull 分布模型、采用 Cox-Snell 残差法等不同形式的对比研究发现，本书基于总样本与不同收入组别样本所获得的实证结果皆具有良好的稳健性。

第五章

金融发展视域下的银行危机预警研究

探讨金融发展对银行危机的爆发以及危机后经济恢复速度的影响，其最终目的在于构建银行危机预警体系，从而为金融风险管理部门防范银行危机爆发以及迅速复苏经济提供可操作性的应用工具与方法。尽管目前学者们已构建了众多预警体系对银行危机展开预警研究，但鲜有学者从金融发展视域出发展开银行危机预警研究，同时，已有研究往往只关注银行危机爆发的预测研究，却忽略了对银行危机后经济恢复速度的预测研究。因此从金融发展视域出发构建包括银行危机爆发和经济恢复速度的预警体系并展开预警研究，就成为本章的重点研究内容。

第一节 银行危机预警的理论框架

一、银行危机爆发预警的理论框架

银行危机预警既包括银行危机爆发的预警，也包括银行危机后经济恢复速度的预警。银行危机爆发预警的理论框架主要包含如下内容：

第一，预警指标体系的构建。由于本书在第三章已经通过大量的实证研究证明了金融发展对银行危机爆发概率具有显著的线性影响效应与非线性影响效应，因此在预警指标体系的构建上，应该将金融发展指数与相应的控制变量都纳入其中，同时加入银行危机爆发的指示性变量，从而共同构成银行危机爆发的预警指标体系。

第二，预警模型的构建。通过本书第三章可知，基于面板 Logit 模型与 BCT 模型能够分别探讨金融发展对银行危机爆发概率的线性与非线性影响效应。因此，本书仍然通过构建面板 Logit 模型与 BCT 模型对银行危机爆发的概率分别开展线性与非线性预测研究。模型构建原理见第三章第一节。

第三，预警模型的训练与测试。首先需要将研究样本划分为训练样本集与测试样本集，然后运用训练样本集对构建的预警模型进行训练，进而基于测试样本集对通过训练得到的预警模型进行测试，并基于相应的评估方法对预警模型的预测性能进行评估，最终选择出具有最优预测性能的预警模型。

通过上述步骤能够获得最能准确预测银行危机爆发概率的预警模型，进而基于未来金融发展指数与相应控制变量的实际变化结果，就能够预测出未来银行危机爆发的概率，从而为金融风险管理部门提前采取措施防范银行危机的爆发提供决策借鉴。

二、经济恢复速度预警的理论框架

与银行危机爆发预警的理论框架相同，银行危机后经济恢复速度预警的理论框架也包含如下内容：

第一，预警指标体系的构建。由于本书在第四章已经通过大量的实证研究证明了金融发展对银行危机后经济恢复速度具有显著的影响效应，因此在预警指标体系的构建上，应该将金融发展指数与相应的控制变量都纳入其中，同时加入经济恢复速度变量，从而共同构成银行危机后经济恢复速度的预警指标体系。

第二，预警模型的构建。通过本书第四章可知，基于 Cox 模型能够对金融发展与银行危机后经济恢复速度之间的关系进行探讨。因此，本书仍然通过构建 Cox 模型对银行危机后经济恢复速度开展预测研究。模型构建原理见第四章第二节。

第三，预警模型的训练与测试。首先需要将研究样本划分为训练样本集与测试样本集，然后运用训练样本集对构建的预警模型进行训练，进而基于测试样本集对通过训练得到的预警模型进行测试，并基于相应的评估方法对预警模型的预测性能进行评估，最终选择出具有最优预测性能的预警模型。

通过上述步骤能够获得最能准确预测经济恢复速度的预警模型。进而基于未来金融发展指数与相应控制变量的实际变化结果，就能够预测出未来银行危机后经济的恢复速度，从而为金融风险管理部门提前采取措施缩短银行危机的持续时间并降低银行危机的负面影响提供决策借鉴。

第二节　银行危机爆发预警的实证研究

一、样本与指标的选择

针对第三章第二节中的 118 个国家（地区）共 5428 个样本数据，本书运用 10 折交叉验证法将所有样本数据随机划分成 10 组，其中 1 组样本数据作为测试样本集，其余 9 组样本数据作为训练样本集，进而基于金融发展指数与控制变量运用面板 Logit 模型和 BCT 模型进行训练与样本外预测分析。需要指出的是，由于二分类数据集的预测往往会遭遇非均衡样本问题，就本书而言，银行危机类样本数据仅有 151 个，而非银行危机类样本数据则多达 5277 个，二者的非均衡比例高达 1∶34.95，存在严重的非均衡样本问题，从而很可能导致预警模型的预测结果偏向非银行危机类样本，最终会大大降低预警模型的预测效果。因此，本书在进行预警模型的训练与测试前，将运用目前最常用的一类非均衡样本处理方法——合成少数类过采样方法（Synthetic Minority Over-sampling Technique，SMOTE）①② 对训练样本中的非均衡样本问题进行处理，进而再进行

---

① SMOTE 方法属于过采样方法的一种，其基本原理为基于每个少数类样本与随机选中的最近邻样本生成人造样本，最终使少数类样本增加至与多数类样本同等数量。对于该方法的详细介绍，可参考 Chawla et al.（2002）。

② CHAWLA N, BOWYER K, HALL L, et al. SMOTE: Synthetic minority over-sampling technique [J]. *Journal of artificial intelligence research*, 2002, 16: 321-357.

预警模型的训练与测试分析，从而充分保证预警模型的预测效果。

二、实证结果与分析

（一）基于金融发展 A 指数的实证结果

从第三章的实证研究可知，金融发展对银行危机的爆发具有显著的线性与非线性影响效应，因此，显然可以根据金融发展指数来预测银行危机爆发的概率。于是，本书基于金融发展 A 指数及相应的控制变量，运用面板 Logit 模型以及 BCT 模型对训练样本集进行训练，并运用测试样本集进行样本外预测，最后通过预测精度（Accuracy）[①]、第一类错误（Type I Error）[②]、第二类错误（Type II Error）[③]

---

① 预测精度为预测正确的样本数量占预测样本总数量的比值，该值越大表明预测精度越高，在一定程度上能够评价模型的预测性能，但面对存在非均衡样本问题的数据集时，该评价方法则会失效。原因在于，就本书而言，银行危机类样本与非银行危机类样本的非均衡比例高达 1∶34.95，若将银行危机类样本全部都预测错误，模型的预测精度也能高达 97.22%（5277/5428），但显然构建这样的预测模型是失效的。因此，本书将该值列出仅为与其余评价方法相比较，在最终判定模型的预测性能时不参考该评价方法的结果。

② 第一类错误也叫"弃真错误"，是指当零假设为真时，假设检验的结论是拒绝零假设的这样一类错误。就本书而言，第一类错误可以理解为将非银行危机类样本预测为银行危机类样本这样一类错误，其为非银行危机类样本被预测错误的数量占非银行危机类样本的总数量。

③ 第二类错误也叫"取伪错误"，是指当零假设不为真时，假设检验的结论是接受零假设的这样一类错误。就本书而言，第二类错误可以理解为将银行危机类样本预测为非银行危机类样本这样一类错误，其为银行危机类样本被预测错误的数量占银行危机类样本的总数量。通常，第一、二类错误之间存在此消彼长的关系，即第一类错误的增加会导致第二类错误的减少，反之亦然。但对于金融风险管理部门而言，势必更加关注第二类错误，原因在于与面临第一类错误而提前采取不必要的管控措施所造成的监管资源浪费成本相比，面临第二类错误而忽视即将到来的银行危机所造成的经济损失成本更大。

以及 AUC[①] 来评价基于面板 Logit 模型和 BCT 模型的预测性能，结果见图 5-1。

从图 5-1 可以发现，在第一类错误与第二类错误上面板 Logit 模型都低于 BCT 模型，且在 AUC 值上面板 Logit 模型又高于 BCT 模型。进一步通过配对样本 T 检验[②]对 BCT 模型与面板 Logit 模型在第一类错误、第二类错误和 AUC 值上的差异进行显著性检验发现，二者在第一类错误、第二类错误和 AUC 值上的配对样本 T 检验的 p 值分别为 0.000、0.000 和 0.005，表明二者在上述三类评价指标上的差异在 1% 的置信水平上是显著的。

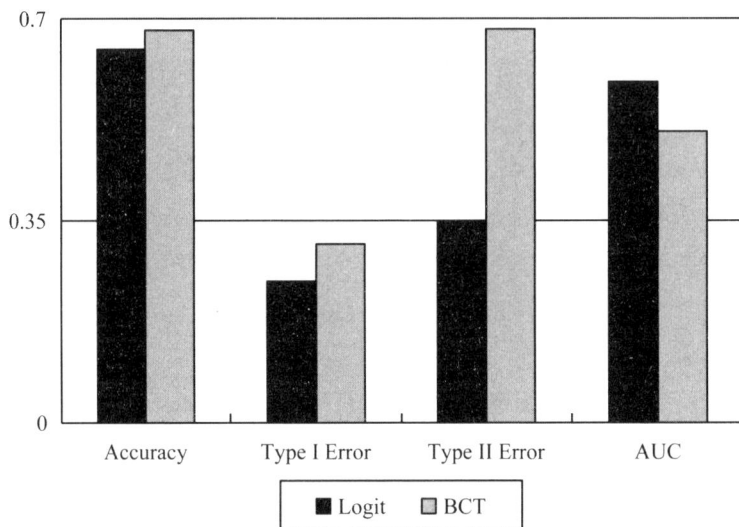

图 5-1　面板 Logit 模型与 BCT 模型的预测结果

① AUC 是受试者工作特征曲线（Receiver Operating Characteristic Curve，ROC）下方的面积（Area Under Curve）。在 ROC 中纵轴为灵敏度（Sensitivity），即 1-第二类错误，横轴为 1-特异度（Specificity），即第一类错误。因此，给定不同分类阈值水平将获得不同的灵敏度与 1-特异度的组合点并将其进行连接，就绘制出 ROC 曲线。如果曲线越靠近左上角，表明不同分类阈值下模型的灵敏度越高而 1-特异度越低，模型性能越优异。为基于 ROC 曲线定量化考察模型的预测性能，还将进一步计算 ROC 曲线下方的面积，即 AUC。该值越大表明 ROC 曲线越靠近左上角，模型的第一类错误和第二类错误总体更低，因而预测性能越优异。Sarlin and Peltonen（2013）、Drehmann and Juselius（2014）、Caggiano et al.（2014）、Lang and Schmidt（2016）、Caggiano et al.（2016）等都运用了 AUC 指标对银行危机预警模型展开性能评价。

② 之所以可以运用配对样本 T 检验对不同预警模型在各评价指标上的差异进行显著性检验，原因在于通过对所有样本的各指标变量在 5% 的置信水平下进行正态分布检验发现皆满足正态分布。下文使用配对样本 T 检验时将不再赘述该原因。

　　基于上述分析可知，BCT模型尽管能够捕捉金融发展对银行危机爆发概率的非线性影响效应，但基于金融发展指数对银行危机爆发概率进行非线性预测的效果却不尽人意，其较高的第二类错误表明BCT模型容易将银行危机类样本判断为非银行危机类样本。而与BCT模型相比，面板Logit模型能够从线性视角基于金融发展指数对银行危机爆发的概率进行更为准确的预测。

（二）基于金融发展B指数的实证结果

　　从第三章可知，金融发展A指数与金融发展B指数对银行危机爆发概率的线性与非线性影响效果几乎相同，那么是否基于金融发展B指数也如金融发展A指数一样，能够对银行危机爆发概率进行准确预测呢？且面板Logit模型是否仍然较BCT模型具有更为优越的预测性能呢？基于此，本书将对金融发展B指数在银行危机爆发概率预测中的效果进行考察，结果见图5-2。

　　从图5-2可以看出：（1）基于金融发展B指数构建的预测模型在银行危机爆发概率的预测上，面板Logit模型的第一类错误和第二类错误仍然低于BCT模型，且AUC值也仍然高于BCT模型。同时根据配对样本T检验分析表明，在第一类错误和第二类错误上，面板Logit模型与BCT模型的差异在1%的置信水平上显著，而在AUC值上，面板Logit模型与BCT模型的差异在5%的置信水平上显著。因此，与基于金融发展A指数构建的预测模型一样，基于金融发展B指数构建的预测模型中面板Logit模型仍然较BCT模型在银行危机爆发概率的预测上具有更为明显的优势；（2）在预测精度、第一类错误、第二类错误和AUC值上，基于金融发展A指数与金融发展B指数构建的面板Logit模型之间具有较小的差异，类似的结果也出现在BCT模型上。同时通过配对样本T检验可以发现，基于金融发展A指数与金融发展B指数构建的面板Logit模型的预测精度差异和第一类错误差异在5%的置信水平上显著，二者的第二类错误差异在10%的置信水平上显著，而二者的AUC值在10%的置信水平上不显著，而对BCT模型的配对样本T检验则显示出基于金融发展A指数与金融发展B指数构建的BCT模型在预测精度、第一类错误、第二类错误以及AUC值上的差异在10%的置信水平上都不显著。

　　基于以上分析可以认为，与基于金融发展A指数一样，基于金融发展B指数所构建的预警模型也能够对银行危机爆发概率进行准确预测，并且较BCT模型，面板 Logit 模型仍然具有更为优越的预测性能。

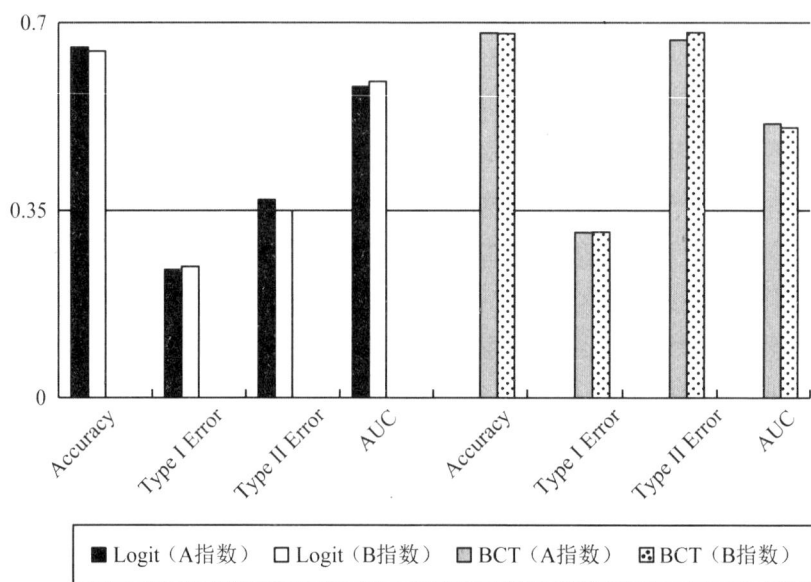

图5-2　基于金融发展 A 指数与 B 指数的预测结果

（三）基于全球不同收入组别的实证结果

从第三章对不同收入组别的实证结果可知，不同收入组别所体现出的金融发展对银行危机爆发概率的影响效应与总样本所体现出的金融发展对银行危机爆发概率的影响效应存在一定差异，那么这样的差异是否也会导致银行危机预警模型在各组别以及与全球总样本之间的预测性能存在差异呢？基于此，本书对全球不同收入组别的预警模型进行预测性能对比实验，结果见图5-3、图5-4和表5-1、表5-2。

从图5-3和图5-4可以发现：（1）无论是面板 Logit 模型的预测结果还是 BCT 模型的预测结果，全球不同收入组别与全球总样本之间都存在一定差异。譬如在图5-3中，低收入组别的第一类错误和第二错误都最低以及 AUC 值最高，而全球总样本的第二类错误最高而 AUC 值更低。同样在图5-4中，高收入组别和低收入组别分别拥有最低的第一类错误和第二类错误，而全球总样本拥有更高的第一类错误和第二类错误。然而，通过表5-1的配对样本 T 检验却发现，全球不同收入组别与全球总样本之间的差异仅在第一类错误上显著，而在更为重要的第二类错误和 AUC 值上几乎都不显著。因此可以认为，全球不同收入组别与全球总样本之间在预测性能上的差异不明显。（2）根据表 5-1 还可知，全球不同收入组别之间无论是在面板 Logit 模型上还是在 BCT 模型上的差异也仅在第一类错误上显著，而在更为重要的第二类错误和 AUC 值上几乎无显著差异，因而可以认为各收入组别之间的预测结果差异并不明显。（3）与全球总样本的实证结果相似，表 5-2 显示出全球不同收入组别的预测结果在面板 Logit 模型与 BCT 模型上的差异在绝大部分情况下都显著，因而表明在全球不同收入组别中面板 Logit 模型与 BCT 模型的预测性能仍然存在显著差异。

基于以上分析可知，全球不同收入组别之间以及与全球总样本之间，无论是在面板 Logit 模型还是 BCT 模型上的差异都不明显，而全球不同收入组别的面板 Logit 模型和 BCT 模型之间却存在较为显著的差异。因此可以认为，无论基于全球总样本还是全球不同收入组别样本来构建面板 Logit 模型，都能够对银行危机的爆发概率进行更为准确的预测。

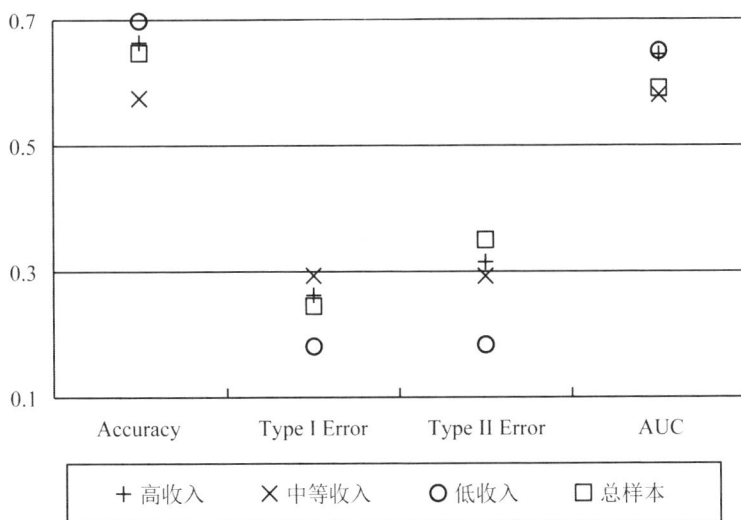

图 5-3 全球不同收入组别与全球总样本的面板 Logit 模型预测结果

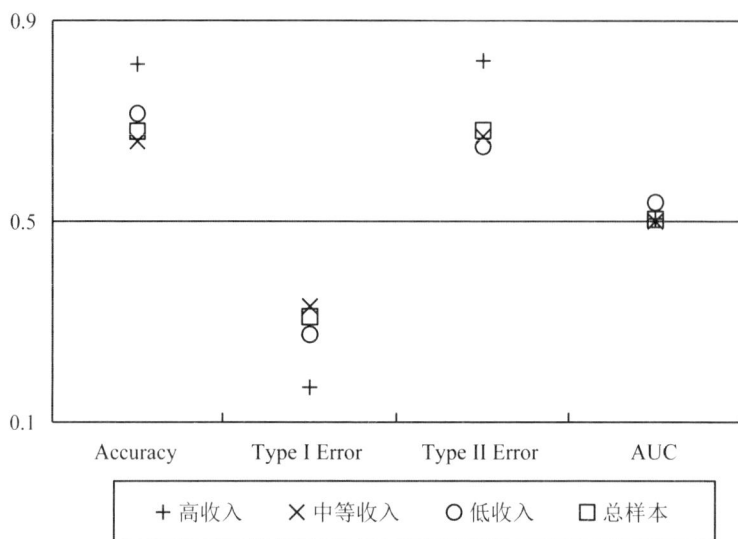

图 5-4 全球不同收入组别与全球总样本的 BCT 模型预测结果

表 5-1 全球不同收入组别与全球总样本预测结果的配对样本 T 检验（p 值）

模型	性能评价指标	高收入 vs 总样本	中等收入 vs 总样本	低收入 vs 总样本	高收入 vs 中等收入	高收入 vs 低收入	中等收入 vs 低收入
	Accuracy	0.118	0.000***	0.026**	0.000***	0.176	0.001**
Logit	Type I Error	0.050*	0.001***	0.000***	0.011**	0.000***	0.000***
	Type II Error	0.741	0.583	0.119	0.813	0.287	0.373
	AUC	0.309	0.860	0.559	0.294	0.959	0.515
	Accuracy	0.000***	0.061*	0.104	0.000***	0.000***	0.033**
BCT	Type I Error	0.000***	0.049**	0.120	0.000***	0.000***	0.042**
	Type II Error	0.189	0.863	0.733	0.061*	0.107	0.831
	AUC	0.983	0.909	0.481	0.887	0.479	0.405

注：***表示 p<0.01，**表示 p<0.05，*表示 p<0.1。

表 5-2　全球不同收入组别的面板 Logit 与 BCT 模型预测结果的配对样本 T 检验（p 值）

性能评价指标	高收入	中等收入	低收入
Accuracy	0.000***	0.000***	0.526
Type I Error	0.000***	0.011**	0.003***
Type II Error	0.000***	0.000***	0.004***
AUC	0.002***	0.128	0.324

注：***表示 p<0.01，**表示 p<0.05。

（四）基于不同预警模型的实证结果

除面板 Logit 和 BCT 模型外，目前应用在银行危机预测上的模型还包括线性判别分析（Linear Discriminant Analysis，LDA）模型、K 最近邻（K-Nearest Neighbor，KNN）模型等线性预警模型以及人工神经网络（Artificial Neural Network，ANN）模型、支持向量机（Support Vector Machine，SVM）模型等非线性预警模型。那么究竟这些预警模型的预测性能如何？是否比本书所采用的面板 Logit 模型和 BCT 模型更加优异呢？基于此，本书将对比面板 Logit 模型、BCT 模型、LDA 模型［本书选择贝叶斯判别分析（Bayes Discriminant Analysis，BDA）模型为代表性模型］、KNN 模型、ANN 模型［本书选择 BP 神经网络（BP-Neural Network，BPNN）模型为代表性模型］以及 SVM 模型在银行危机爆发概率上的预测性能，对比结果见图 5-5 和表 5-3。

从图 5-5 和表 5-3 可以发现：（1）尽管 SVM 模型具有最低的第一类错误（0%），但却拥有最高的第二类错误（100%）和最低的 AUC 值（0.5），表明 SVM 只能准确预测非银行危机类样本，而无法准确预测银行危机类样本。由此可见，SVM 模型对银行危机爆发概率的预测完全失效；（2）面板 Logit 模型、BCT 模型、KNN 模型、BDA 模型以及 BPNN 模型相比，面板 Logit 模型尽管在第一类错误上高于 BDA 模型，但在第二类错误上却低于其余模型且在 AUC 值上又都高于其余模型，同时根据表 5-3 的配对样本 T 检验结果可以发现，面板 Logit 模型与其余模型在第一类错误、第二类错误和 AUC 值上的差异几乎都显著，从而表明面板 Logit 模型对于银行危机爆发概率的预测具有显著的优越性；（3）与以 SVM 模型、BPNN 模型和 BCT 模型为代表的非线性模型相比，以面板 Logit 模型、KNN 模型和 BDA 模型为代表的线性模型在多数评价指标上，尤其是第二类错误和 AUC 值上具有更为明显的优势，因此可以认为，并非使用越复杂的非线性模型更能准确预测银行危机爆发的概率，反而使用更为简单的线性模型能够获得更好的预测效果。

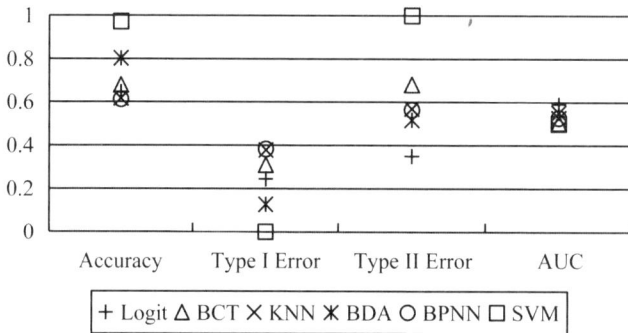

图 5-5 不同预警模型的预测结果

表 5-3 不同预警模型预测结果的配对样本 T 检验（p 值）

模型	Accuracy	Type I Error	Type II Error	AUC
Logit vs BCT	0.033 **	0.000 ***	0.000 ***	0.005 ***
Logit vs KNN	0.031 **	0.000 ***	0.000 ***	0.017 **
Logit vs BDA	0.000 ***	0.000 ***	0.001 ***	0.119
Logit vs BPNN	0.612	0.071 *	0.058 *	0.076 *
BCT vs KNN	0.000 ***	0.000 ***	0.000 ***	0.049 **
BCT vs BDA	0.000 ***	0.000 ***	0.002 ***	0.087 *
BCT vs BPNN	0.304	0.294	0.237	0.549
KNN vs BDA	0.000 ***	0.000 ***	0.264	0.339
KNN vs BPNN	0.951	0.950	0.955	0.992
BDA vs BPNN	0.013 **	0.003 ***	0.596	0.287

注：*** 表示 $p<0.01$，** 表示 $p<0.05$，* 表示 $p<0.1$。

（五）基于多重危机的实证结果

从第三章可知，货币危机变量与主权债务危机变量的加入并不会改变金融发展对银行危机爆发概率的影响效应，那么是否纳入货币危机变量和主权债务危机变量的模型也与未纳入货币危机变量和主权债务危机变量的模型在银行危机爆发概率预测上具有相同的性能呢？基于此，在前述构建的预警模型（以下简称为"原模型"）基础上，本书分别纳入货币危机变量与主权债务危机变量以及同时纳入这两类变量来构建新的预警模型（以下分为简称"货币模型""债务模型"以及"货币+债务模型"），并与原模型进行性能对比，实证结果见图 5-6、图 5-7 和表 5-4。

从图 5-6、图 5-7 和表 5-4 可以看到：（1）对于面板 Logit 模型而言，在 AUC 值上，原模型高于其余模型，而在第一类错误和第二类错误上，原模型又都低于其余模型。对于 BCT 模型而言，原模型尽管具有最高的第一类错误，但却拥有最低的第二类错误以及较低的 AUC 值；（2）从表 5-4 的配对样本 T 检验结果可以发现，对于面板 Logit 模型而言，原模型与其余模型的差异在各评价指标上几乎都具有显著性；对于 BCT 模型而言，原模型与其余模型的差异除在 AUC 值上不显著外，在其余评价指标上几乎都具有显著性。

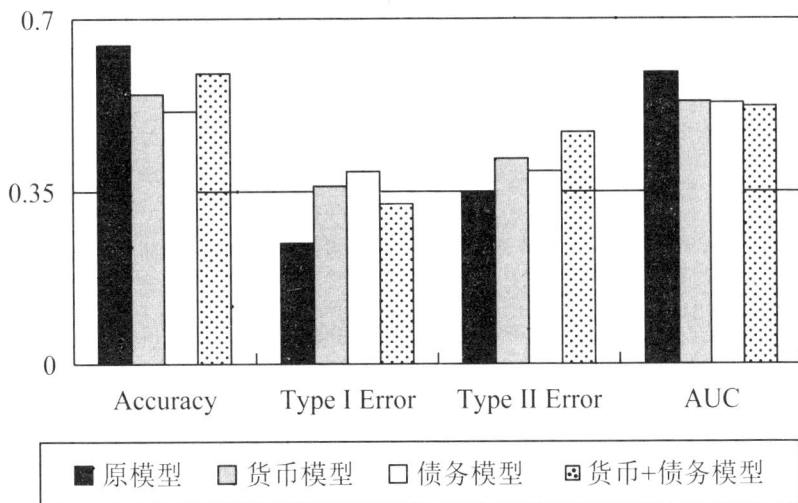

图 5-6 基于面板 Logit 模型的预测结果

基于上述分析可知，无论是单独加入货币危机变量和主权债务危机变量还是同时加入这两个变量，面板 Logit 模型和 BCT 模型的预测性能都并未提升，反而不如未加入这两个变量的原面板 Logit 模型和 BCT 模型的预测性能。

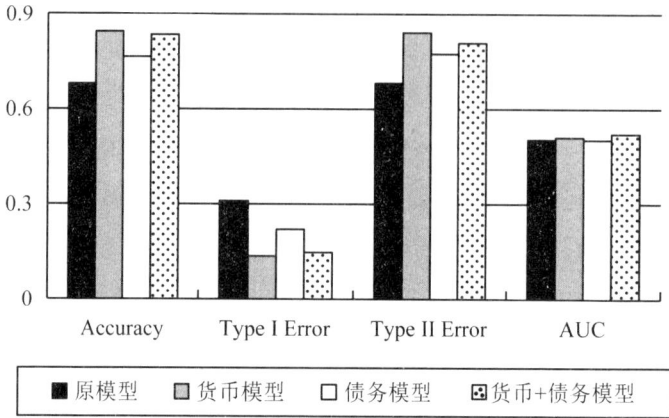

图 5-7　基于 BCT 模型的预测结果

表 5-4　不同模型预测结果的配对样本 T 检验（p 值）

模型	Accuracy	Type I Error	Type II Error	AUC
Logit（原模型）vs Logit（货币模型）	0.000***	0.000***	0.043**	0.007***
Logit（原模型）vs Logit（债务模型）	0.000***	0.000***	0.413	0.053*
Logit（原模型）vs Logit（货币+债务模型）	0.001***	0.000***	0.002***	0.011**
BCT（原模型）vs BCT（货币模型）	0.000***	0.000***	0.010**	0.756
BCT（原模型）vs BCT（债务模型）	0.000***	0.000***	0.141	0.954
BCT（原模型）vs BCT（货币+债务模型）	0.000***	0.000***	0.047**	0.478

注：***表示 p<0.01，**表示 p<0.05，*表示 p<0.1。

（六）基于不同滞后期的实证结果

从第三章可知，滞后期的选择并不影响金融发展对银行危机爆发概率的影响效应，但是否会影响模型的预测性能呢？基于此，本书基于两年滞后期所构建的模型（以下称为"两年滞后模型"）与本书基于一年滞后期所构建的原模型进行银行危机爆发概率预测性能的对比，结果见图5-8。

从图5-8可以看到，无论是面板Logit模型还是BCT模型，尽管滞后一年都较滞后两年具有更高的第一类错误，但前者却具有更低的第二类错误。而在AUC值上，尽管滞后一年的BCT模型低于滞后两年的BCT模型，但滞后一年的面板Logit模型却又高于滞后两年的面板Logit模型。进一步通过配对样本T检验发现，滞后一年与滞后两年的面板Logit模型在第一类错误、第二类错误和AUC值上差异的配对样本T检验的p值分别为0.051、0.243和0.112，基于BCT模型所获得的上述p值又分别为0.002、0.764和0.586，表明无论是面板Logit模型还是BCT模型，滞后一年与滞后两年的模型都仅在第一类错误上存在显著差异，而在第二类错误和AUC值上并不存在显著差异。

基于以上分析可知，总体来看，滞后一年较滞后两年的模型在银行危机爆发概率预测上拥有更为优异的性能，但两类模型的预测性能差异不明显。

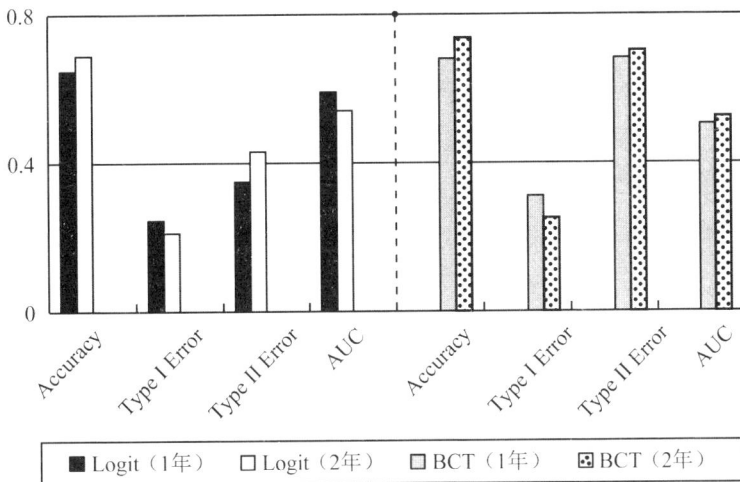

图5-8 不同滞后期模型的预测结果

第三节 经济恢复速度预警的实证研究

一、样本与指标的选择

针对第四章第三节中的 110 个国家（地区）的 140 个经济恢复速度样本数据，本书运用 5 折交叉验证法将 140 个样本数据随机划分成 5 组，其中 1 组样本数据作为测试样本集，其余 4 组样本数据作为训练样本集，进而基于金融发展指数与控制变量运用 Cox 模型进行训练与样本外预测分析。

二、实证结果与分析

（一）基于金融发展 A 指数的实证结果

从第四章表 4-4 的基础实证研究中可知，银行危机前金融发展指数对银行危机后经济恢复速度具有显著的负向影响，因此显然可以根据金融发展指数去预测银行危机后经济恢复的速度。于是本书基于金融发展 A 指数，运用 Cox 模型对训练样本集进行训练，并运用测试样本集进行样本外预测，进而通过预测精度[①]对 Cox 模型的预测性能进行评价，结果见图 5-9。

从图 5-9 可以看到，5 折下的预测精度都较高，其中第 5 折的预测精度接近 0.7，同时 5 折的平均预测精度超过 0.5，从而表明本书构建的 Cox 模型能够通过金融发展指数准确地预测银行危机后经济的恢复速度。

此外，本书还进一步统计了不同误差下的误差样本占总误差样本的比例（以下简称"误差比"），结果见图 5-10。从图 5-10 可以看到，误差仅为 1 年的误差比高达 45% 以上，且误差在 2 年以内的误差比高达 70% 以上，而 4 年以

---

① 预测精度为预测正确的样本数量占预测样本总数量的比值，该值越大表明预测精度越高，在一定程度上能够评价模型的预测性能。由于以 Cox 模型为代表的生存分析模型不存在如本章第二节构建的二分类模型所面临的非均衡样本问题，因而生存分析模型的预测性能只需要通过预测精度就能够进行准确评价。

上的误差比仅 15.3%，从而表明本书构建的 Cox 模型对于银行危机后经济恢复速度的预测误差较小，证明本书构建的 Cox 模型能够基于金融发展指数准确预测银行危机后经济恢复速度这一事实。

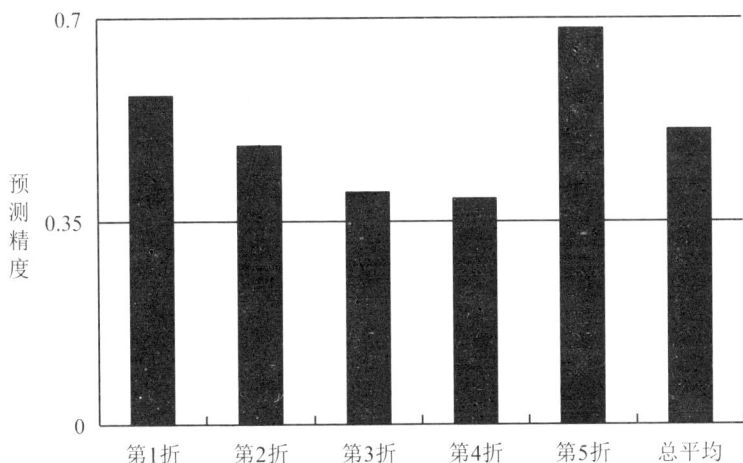

图 5-9　Cox 模型的样本外预测结果

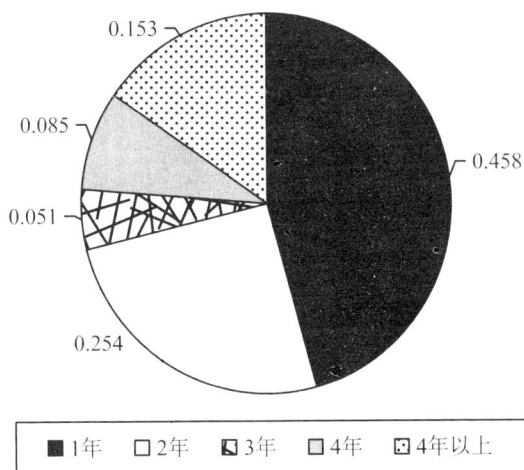

图 5-10　Cox 模型的样本外预测的误差比

（二）基于金融发展 B 指数的实证结果

从第四章可知，金融发展 A 指数与金融发展 B 指数对银行危机后经济恢复速度都具有相同的影响效果，因此，本书将进一步对比金融发展 A 指数与金融发展 B 指数对经济恢复速度的预测性能，结果见图 5-11 和图 5-12。从图 5-11 可以看到，金融发展 B 指数在第 2 折交叉验证实验上较金融发展 A 指数的预测精度略微更高，因而 5 折的总平均上金融发展 B 指数略高于金融发展 A 指数。但从图 5-12 却发现，误差在 3 年及以上的误差比上，金融发展 B 指数也略高于金融发展 A 指数，表明基于金融发展 A 指数构建的 Cox 模型对银行危机后经济恢复速度预测的误差较金融发展 B 指数更小。因此从总体来讲，基于金融发展 A 指数与基于金融发展 B 指数所构建的 Cox 模型，无论在样本外预测准确率还是预测误差上都相差极小，因此可以认为，无论是基于金融发展 A 指数还是金融发展 B 指数对银行危机后经济恢复速度进行预测都能获得较为准确的预测效果。

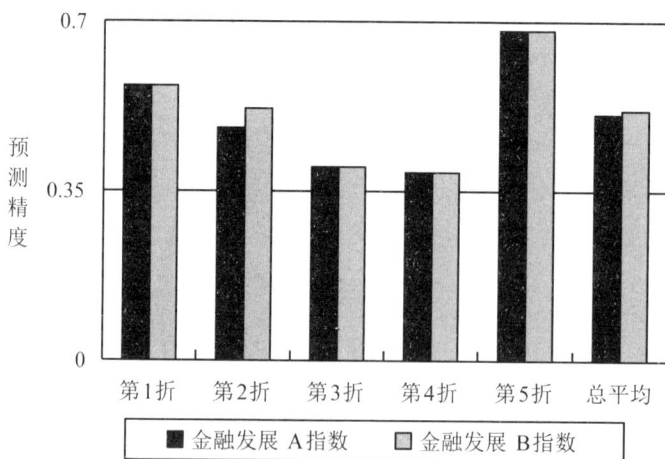

图 5-11　基于金融发展 A、B 指数的预测结果

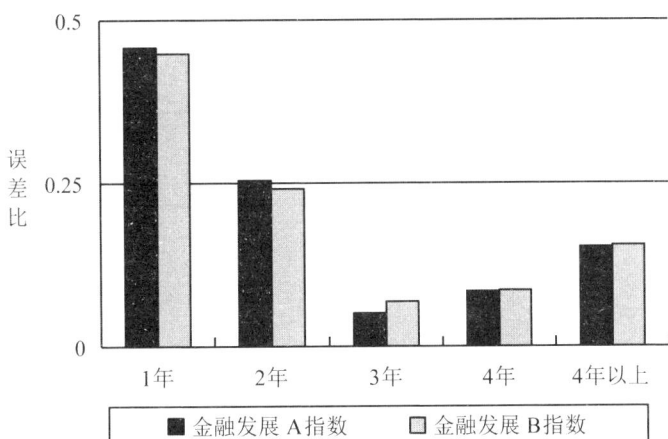

图 5-12　基于金融发展 A、B 指数的误差比

（三）基于全球不同收入组别的实证结果

从第四章对全球不同收入组别的 Cox 回归结果以及对全球总样本的 Cox 回归结果的分析可知，金融发展对经济恢复速度的影响效应在全球不同收入组别间及其与全球总样本间都存在差异。因而这样的差异是否会体现在 Cox 模型的预测精度上呢？基于此，本书分别对全球不同收入组别进行 Cox 建模与预测实证，结果见图 5-13。需要说明一点的是，由于各收入组别的样本数量存在一定差异，故针对中等收入组别采用 4 折交叉验证法进行训练样本与测试样本的划分，而针对高收入和低收入组别则采用 2 折交叉验证法进行训练样本与测试样本的划分，因此在图 5-13 中仅列出所有折数的平均预测精度。

从图 5-13 可以看到，基于全球总样本构建的 Cox 模型较基于全球不同收入组别单独构建的 Cox 模型在经济恢复速度预测上具有更高的预测精度。因此可以认为，基于全球总样本构建的 Cox 模型在经济恢复速度预测上比基于全球不同收入组别单独构建的 Cox 模型更为优越。

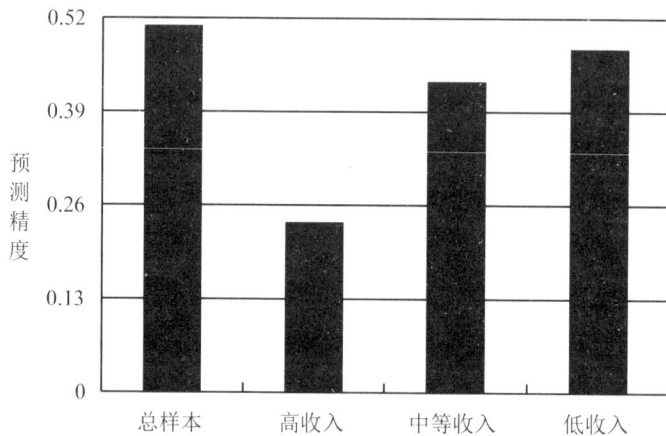

图 5-13　基于不同收入组别的样本外预测结果对比

（四）基于不同参数回归模型的实证结果

尽管第四章通过舍恩菲尔德（Schoenfeld）残差法证明了 Cox 模型选择的正确性，但为了更加充分地体现本书构建的 Cox 模型对银行危机后经济恢复速度具有良好的预测性能，本书采用参数回归模型中运用最为广泛的威布尔（Weibull）分布模型以及采用较为广泛的指数（Exponential）分布模型和冈珀茨（Gompertz）分布模型进行实证对比研究，结果见图 5-14。

从图 5-14 可以看到，无论是各折上的预测精度还是 5 折的平均预测精度，Cox 模型都远高于指数分布模型、威布尔分布模型和冈珀茨分布模型。且通过配对样本 T 检验对各模型预测结果的差异性进行检验发现，Cox 模型与指数分布模型、威布尔分布模型以及冈珀茨分布模型的预测结果的配对样本 T 检验的 p 值分别为 0.001、0.002 和 0.002，表明在 1% 的置信水平下 Cox 模型与各参数回归模型的预测结果都具有十分显著的差异。因此可以认为，本书构建的 Cox 模型对银行危机后经济恢复速度的预测性能显著优于参数回归模型的预测性能。

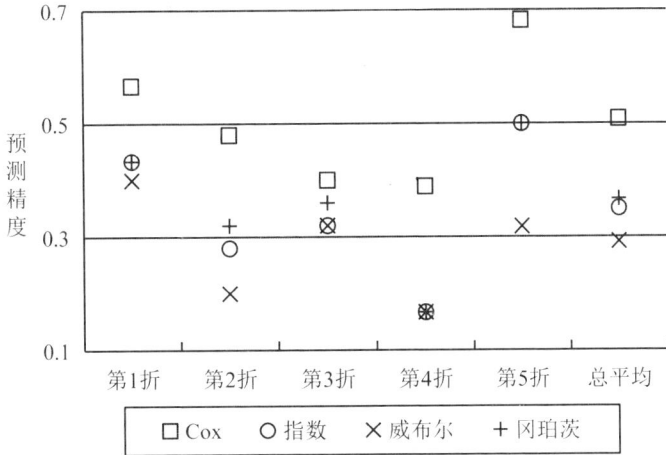

图 5-14　参数回归模型与 Cox 模型的样本外预测结果

（五）基于多重危机的实证结果

尽管第四章的实证研究表明，货币危机与主权债务危机因素的加入并不会改变金融发展对银行危机后经济恢复速度的影响效应，但是否会对 Cox 模型的预测性能产生影响呢？为此，本书将在实证研究中分别加入货币危机变量与主权债务危机变量以及同时加入这两个变量，结果见图 5-15。

从图 5-15 可以发现，本书构建的 Cox 模型无论是在各折上的预测精度还是在 5 折上的平均预测精度都比基于多重危机的 Cox 模型的预测精度更高，且通过配对样本 T 检验发现其检验统计量的 p 值为 0.043，表明本书构建的 Cox 模型的预测精度与基于多重危机的 Cox 模型的预测精度间的差异在 5% 的置信水平上是显著的。因此可以认为，多重危机变量的加入并不能提升 Cox 模型的预测性能，而本书构建的未纳入多重危机变量的 Cox 模型反而具有更为优越的预测性能。

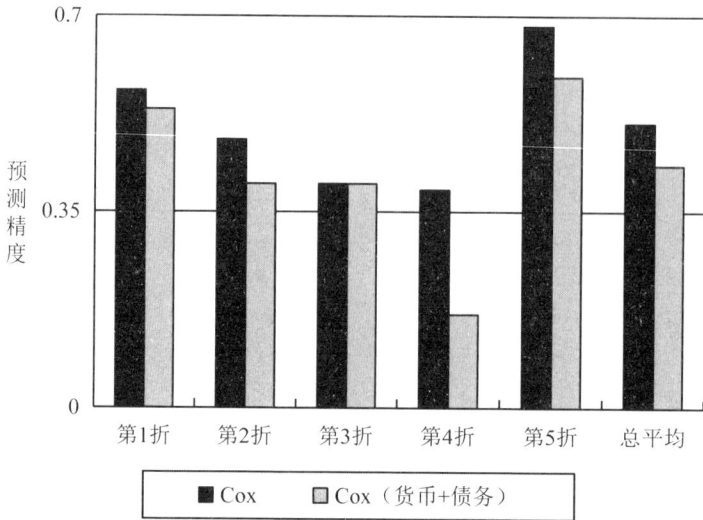

图 5-15　基于多重危机的样本外预测结果

注：由于单独加入货币危机变量和主权债务危机变量所获得的预测结果与同时加入这两个变量所获得的预测结果相同，故仅列出同时加入货币危机变量和主权债务危机变量的预测结果。

（六）基于不同均值的实证结果

通过第四章的表4-4与表4-15的对比发现，基于不同均值测度出的经济恢复速度与金融发展的关系较为稳定。然而，这样的稳定性是否又能体现在 Cox 模型的预测性能上呢？为此，本书将基于3年均值和7年均值分别构建 Cox 模型并对银行危机后经济恢复速度进行预测实证，结果见图5-16。

从图5-16可以发现，基于5年均值所构建的 Cox 模型除在第2折和第3折上较分别基于3年均值和7年均值所构建的 Cox 模型具有略微更低的预测精度外，在其余折数上以及5折平均上都具有更高的预测精度。同时，通过配对样本 T 检验对上述三类模型的预测精度的差异性进行考察发现，基于5年均值所构建的 Cox 模型与基于3年均值和基于7年均值所构建的 Cox 模型在预测精度上的配对样本 T 检验的 p 值分别为 0.021 和 0.062，表明从5%和10%的置信水平上看，基于5年均值与基于3年均值以及与基于7年均值的 Cox 模型在预测精度上具有明显差异。基于上述分析可以认为，基于5年均值构建的 Cox 模型较基于其余均值构建的 Cox 模型具有更为优异的预测性能。

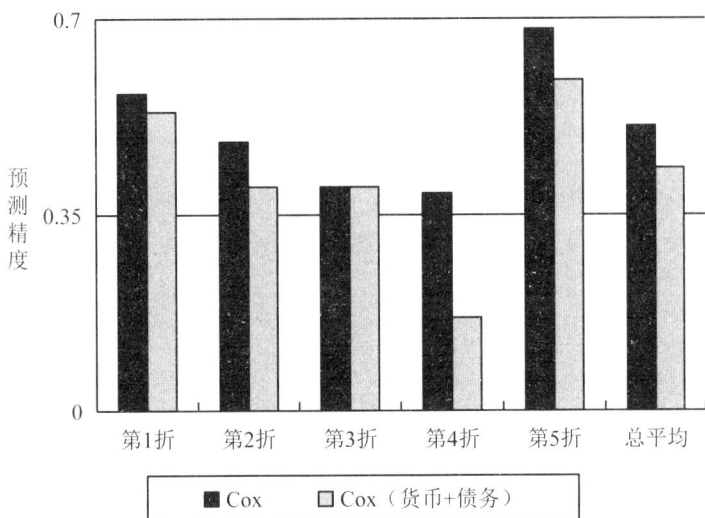

图 5-16　基于不同均值的样本外预测结果

第四节　小结

本书基于第三章与第四章的研究样本，运用交叉验证法将研究样本划分为训练样本集与测试样本集，进而基于训练样本集构建银行危机预警模型和经济恢复速度预警模型，并基于预测精度、第一类错误、第二类错误和 AUC 等不同评估方法对预警模型在测试样本上的预测性能进行评价，结论如下：

（1）在银行危机爆发概率的预测上，相比 BCT 模型甚至其余的线性与非线性模型，本书构建的面板 Logit 模型能够最为准确地预测银行危机样本。基于金融发展 A 指数与基于金融发展 B 指数构建的银行危机预警模型在预测性能上无显著差异，这一结果也同样出现在基于全球不同收入组别与基于全球总样本所构建的银行危机预警模型的对比实验上以及出现在基于一年滞后期与两年滞后期所构建的银行危机预警模型的对比实验上。但未加入多重危机变量构建的预警模型优于加入多重危机变量构建的预警模型。

（2）在经济恢复速度的预测上，无论是基于金融发展 A 指数还是基于金融发展 B 指数构建的预警模型，都能对银行危机后经济恢复速度进行准确预测。基于全球总样本构建的预警模型较基于全球不同收入组别构建的预警模型具有更为优异的预测性能。Cox 模型较不同参数回归模型在经济恢复速度的预测上更为准确。加入多重危机变量构建的预警模型反而不如未加入多重危机变量构建的预警模型。基于 5 年均值构建的预警模型较基于 3 年和 7 年均值构建的预警模型更为优异。

结　语

第一节　结论

为探讨金融发展对银行危机爆发以及危机后经济恢复速度的影响效应并构建银行危机预警系统，本书首先对金融发展测度、银行危机界定、金融发展与银行危机爆发、金融发展与经济恢复速度以及银行危机预警相关的文献进行了回顾与梳理。其次，从"债务—通缩"理论、金融市场的信息不对称理论、行业生命周期假说、金融自由化理论、信贷周期理论与耗散结构理论着手，分析了金融发展对银行危机爆发以及对经济恢复速度的线性与非线性影响效应。再次，融合金融结构理论与金融功能理论，将机构与市场两大结构维度同深度、包容性与效率三大功能维度进行交叉，构建了 3×2 矩阵的金融发展指标体系，并运用 PCA 方法合成金融发展指数，进而对全球部分国家（地区）的金融发展水平进行了测度研究。然后，构建了面板 Logit 模型与 BCT 模型分别实证研究了金融发展对银行危机爆发的线性与非线性影响效应，并通过纳入不同金融发展指数、替换银行危机变量、加入多重危机变量、变更解释变量滞后期、变换不同研究区间等多种方式进行稳健性检验。接着，采用五年均值测度法对银行危机后经济恢复速度进行测度，运用 K-M 方法对经济恢复速度特征进行刻画，并构建 Cox 模型探讨金融发展对银行危机后经济恢复速度的影响效应，进而通过纳入不同金融发展指数、替换银行危机变量、加入多重危机变量、变更所有变量的均值区间、改变经济恢复速度测度方法、纳入不同参数回归模型、进行 Cox-Snell 残差分析等方式进行稳健性检验。最后，构建了包含银行危机爆发预警体系与经济恢复速度预警体系在内的银行危机预警体系，并以预测精度、第一类错误、第二类错误以及 AUC 作为评估指标，基于金融发展 A 指数、金融发展 B 指数、不同收入组别、不同预测模型、多重危机、不同滞后期和不同均值等多个角度探讨了本书构建的预警体系的准确性与科学性。基于上述分析，本书获得如下结论：

1. 与国际组织 IMF 构建的金融发展指标体系类似，本书构建的金融发展指标体系也能够准确测度全球各国（地区）的金融发展水平。但与 IMF 的金融发展指标体系相比，本书构建的金融发展指标体系具有体系更为完整、指标更为丰富、时间跨度更大等优势。且通过对全球各国（地区）的金融发展水平测度发现，金融发展水平较低的国家（地区）多集中在经济不太发达的区域，而金融发展水平较高的国家（地区）多集中在经济更为发达的区域。同时，高收入组别与中等收入组别以及与低收入组别的金融发展水平差距随时间的推进在逐步扩大。

2. 整体来看，金融发展水平越高，银行危机爆发的概率越大。但具体来看，金融深度和金融包容性的增强以及金融机构的发展都更加容易引发银行危机，而金融效率的提升与金融市场的发展需要保持在合理的区间，越高或越低都更加容易引发银行危机。同时，金融市场包容性的增强则能够显著提升银行体系的稳定性。

3. 银行危机后全球各国（地区）的经济恢复时间都不太长，恢复速度由快到慢分别为低收入组别、中等收入组别与高收入组别。更为重要的是，银行危机前金融发展水平越高，危机后经济恢复速度将越慢，这样的关系也体现在金融深度、金融包容性、金融效率、金融机构与金融市场上。进一步，危机前金融机构深度、金融机构效率与金融市场深度的扩张也将会减缓危机后经济的恢复速度。

4. 基于本书的金融发展指数所构建的面板 Logit 模型和 Cox 模型在银行危机爆发预测以及经济恢复速度的预测上具有最为优异的性能。

第二节　政策建议

基于上述结论，本书对金融监管部门提出如下几方面政策建议：

1. 当前的预警体系都仅包含银行危机爆发预警部分，同时在预警指标的选择上，金融发展水平仅以信贷类指标作为代表，因而导致当前的预警体系既在框架上不完整，又在指标设计上不准确。基于此，本书认为在预警体系的构建中，应该考虑加入经济恢复速度预警的部分，且可以考虑将本书构建的包含矩阵型多维度指标体系的金融发展指数作为金融发展水平的代理指标，从而完善当前的预警体系以提升其预警效果。

2. 尽管金融系统是一个复杂的非线性系统，但并非构建越复杂的非线性模型才能准确预测银行危机的爆发。相反，采用本书构建的以面板 Logit 模型为代表的线性模型反而能够最为准确地捕获银行危机爆发的预警信号，从而实现对于银行危机爆发的准确预测。

3. 健康的金融体系能够帮助实体经济提升效率并促进经济增长，但金融化过度则会导致经济活动投机性强、交易频繁、资产价格剧烈波动、金融资源离开实体经济"空转"等风险，从而大大提升银行危机爆发的概率（刘锡良和文书洋，2018）。而中国已初步呈现金融化过度的迹象（刘锡良，2017；刘锡良和文书洋，2018）。因此，对于中国金融监管部门而言，应该高度重视金融化过度带来的弊端，一是可以考虑通过营造有利于实体经济发展的社会环境来提高实体经济的投资效率和资源配置效率，让实体经济获得更高的资本回报率，从而增加实体经济对资金的吸附能力，解决"脱实向虚"的问题；二是完善金融机构的内控制度，强化信用管理，重视信用文化建设，优化金融信用环境，防止信贷过度增长，提高信贷质量，从而保证金融体系的稳健运行；三是发展多层次资本市场，增强资本市场的直接融资功能，改变以银行信贷为主的融资结构，同时通过优化准入机制、退市机制提升上市公司质量，改善投资环境，从而降低资本市场波动，提升金融体系的稳定性。

第三节　研究展望

本书基于全球视角，探讨了金融发展对银行危机爆发以及经济恢复速度的影响效应，并进一步构建了银行危机预警体系，从而为全球银行危机预警机制的完善提供了思路。但本书认为未来可在如下几点进行更为深入的研究：

1. 囿于目前全球数据的不完整，诸如移动支付、数字货币等金融科技并未纳入本书的金融发展指标体系中，而关于影子银行的相关指标也只纳入了规模类指标。因此，随着科技的不断发展，未来可以尝试借助更为先进的技术来挖掘更为丰富的数据信息，从而不断完善金融发展指标体系。

2. 本书仅围绕银行危机进行了相关问题的探讨，但银行危机仅是一类金融危机，因此，未来可考虑将主题扩展至货币危机、主权债务危机等不同形式的金融危机，从而为全球金融危机预警体系的完善提供更多参考价值。

3. 借鉴本书构建金融发展指标体系的思路与框架，未来可以将其应用于一国（地区）金融发展指标体系的构建中，并进一步提高数据频率，从而开展金融发展与对外投资水平、区域创新质量、区域经济增长等影响关系更加微观且丰富的研究。

参考文献

一、国内著作类（按作者姓氏排序）

[1] 陈雨露，马勇．大金融论纲 [M]．北京：中国人民大学出版社，2013.

[2] 王曙光．金融发展理论 [M]．北京：中国发展出版社，2010.

[3] 周炜星．金融物理学导论 [M]．上海：上海财经大学出版社，2007.

二、国内期刊论文类（按作者姓氏排序）

[1] 白钦先．金融结构、金融功能演进与金融发展理论的研究历程 [J]．经济评论，2005（3）.

[2] 杜思正，冼国明，冷艳丽．中国金融发展、资本效率与对外投资水平 [J]．数量经济技术经济研究，2016（10）.

[3] 贺筱君，陈俊男，吴佳懋．生存分析在股市期市涨跌预测中的应用 [J]．数量经济技术经济研究，2014（12）.

[4] 黄昌利，任若恩．中国的 M2/GDP 水平与趋势的国际比较、影响因素：1978-2002 [J]．中国软科学，2004（2）.

[5] 胡宗义，李毅．金融发展对环境污染的双重效应与门槛特征 [J]．中国软科学，2019（7）.

[6] 贾俊生，伦晓波，林树．金融发展、微观企业创新产出与经济增长——基于上市公司专利视角的实证分析 [J]．金融研究，2017（1）.

[7] 荆中博，杨海珍，杨晓光．基于货币市场压力指数的银行危机预警研究 [J]．金融研究，2012（5）：45-55.

[8] 李苗苗，肖洪钧，赵爽．金融发展、技术创新与经济增长的关系研究——基于中国的省市面板数据 [J]．中国管理科学，2015（2）.

[9] 林毅夫，章奇，刘明兴．金融结构与经济增长：以制造业为例

[J].世界经济，2003（1）.

[10] 吕朝凤，黄梅波.金融发展能够影响 FDI 的区位选择吗 [J].金融研究，2018（8）.

[11] 吕朝凤.金融发展、不完全契约与经济增长 [J].经济学（季刊），2017，17（1）.

[12] 欧阳远芬，李璐.逆房地产周期调控政策对抑制银行危机的有效性分析 [J].国际金融研究，2014（9）.

[13] 万超，靳玉英.金融危机后产出恢复分析：基于资本流入突然中断的视角 [J].财贸研究，2014（1）.

[14] 王道平.利率市场化、存款保险制度与系统性银行危机防范 [J].金融研究，2016（1）.

[15] 吴冲，吕静杰，潘启树，等.基于模糊神经网络的商业银行信用风险评估模型研究 [J].系统工程理论与实践，2004（11）.

[16] 苏治，卢曼，李德轩.深度学习的金融实证应用：动态、贡献与展望 [J].金融研究，2017（5）.

[17] 徐丽芳，许志伟，王鹏飞.金融发展与国民储蓄率：一个倒 U 型关系 [J].经济研究，2017（2）.

[18] 杨权.全球金融危机后早期预警模型的新进展及其困境 [J].国外社会科学，2013（1）.

[19] 姚耀军，董钢锋.中小企业融资约束缓解：金融发展水平重要抑或金融结构重要？——来自中小企业板上市公司的经验证据 [J].金融研究，2015（4）.

[20] 尹雷，卞志村.利率市场化、存款保险制度与银行危机——基于跨国数据的实证研究 [J].国际金融研究，2016（1）.

[21] 易信，刘凤良.金融发展与产业结构转型——理论及基于跨国面板数据的实证研究 [J].数量经济技术经济研究，2018（6）.

[22] 于成永.金融发展与经济增长关系：方向与结构差异——源自全球银行与股市的元分析证据 [J].南开经济研究，2016（1）.

[23] 张智富，郭云喜，张朝洋.宏观审慎政策协调能否抑制国际性银行危机传染？——基于跨境金融关联视角的实证研究 [J].金融研究，2020，（7）.

[24] 郑振龙.构建金融危机预警系统 [J].金融研究，1998（8）.

［25］周迪，钟绍军. 空间外溢与金融发展的俱乐部趋同：以长三角城市群为例［J］. 管理评论，2018，30（9）.

三、国外著作类（按作者姓氏排序）

［1］［美］埃得加·E. 彼得斯. 复杂性、风险与金融市场［M］. 宋学锋，曹庆仁，王新宇，译. 北京：中国人民大学出版社，2004.

［2］BECK T. *The role of finance in economic development：Benefits，risks and politics*［M］. In：Mueller D（Ed.），the oxford handbook of capitalism，oxford university press，oxford，2012，chapter 6.

［3］GOLDSMITH R W. *Financial structure and development*［M］. In：New Haven，yale university press，1969.

［4］HELLMANN T，MURDOCK K，STIGLITZ J. *Financial restraint：Towards a new paradigm*［M］. The role of government in east Asian economic development comparative institutional analysis，M. Aoki，H-K. Kim & M. Okuno-Fujiwara，eds.，clarendon press：oxford，1996.

［5］［美］罗纳德·麦金农. 经济发展中的货币与资本［M］. 卢骢，译. 上海：三联书店上海分店，1998.

［6］［美］罗萨里奥·N. 曼特尼亚，［美］H. 尤金·斯坦利. 经济物理学导论：金融中的相关性与复杂性［M］. 北京：中国人民大学出版社，2006.

［7］KLEINBAUM D，KLEIN M. *Survival analysis：A self - learning text*［M］. New York：springer，2005.

［8］SHAW E S. *Financial deepening in economic development*［M］. In：London，oxford university press，1973.

［9］SUNDARARAJAN V，BALINO T J T. *Banking crises：Causes and issues*［M］. In：Washington D.C.，international monetary fund，1991.

四、国外期刊论文类（按作者姓氏排序）

［1］AMBROSIUS C. What explains the speed of recovery from banking crises？［J］. *Journal of international money and finance*，2017，70.

［2］ANG J B，FREDRIKSSON P G. State history，legal adaptability and financial development［J］. *Journal of banking and finance*，2018，89.

［3］AUDIT D, ALAM N. Why have credit variables taken centre stage in predicting systemic banking crises？［J］. *Latin American journal of central banking*, 2022, 3.

［4］BARRELL R, DAVIS E P, KARIM D, et al. Bank regulation, property prices and early warning systems for banking crises in OECD countries［J］. *Journal of banking and finance*, 2010, 34.

［5］BECK T, DEMIRGUC－KUNT A, LEVINE R. A new database on the structure and development of the financial sector［J］. *The world bank economic review*, 2000, 14 (3).

［6］BECK T, DEMIRGUC－KUNT A, LEVINE R. Bank concentration, competition, and crises：First results［J］. *Journal of banking and finance*, 2006, 30 (5).

［7］BECK T, DEMIRGUC－KUNT A, LEVINE R. Finance, inequality and the poor［J］. *Journal of economic growth*, 2007, (12).

［8］BECK T, DEMIRGUC－KUNT A, LEVINE R. Financial institutions and markets across countries and over times：The updated financial development and structure database［J］. *The world bank economic review*, 2010, 24 (1).

［9］BECK T, LEVINE R. Industry growth and capital allocation：Does having a market－or bank－based system matter？［J］. *Journal of financial economics*, 2002, 64 (2).

［10］BORDO M D, MEISSNER C M. Does inequality lead to a financial crisis？［J］. *Journal of international money and finance*, 2012, 31.

［11］BOUVATIER V, OUARDI S E. Credit gaps as banking crisis predictors：A different tune for middle－ and low－income countries［J］. *Emerging markets review*, 2023, 54.

［12］BUSSIERE M, FRATZSCHER M. Towards a new early warning system of financial crises［J］. *Journal of international money and finance*, 2006, 25.

［13］BUYUKKARABACAK B, VALEV N T. The role of household and business credit in banking crises［J］. *Journal of banking and finance*, 2010, 34.

［14］CAGGIANO G, CALICE P, LEONIDA L. Early warning systems and systemic banking crises in low income countries：A multinomial logit approach

［J］. *Journal of banking and finance*，2014，47.

［15］CAGGIANO G，CALICE P，LEONIDA L.，et al. Comparing logit-based early warning systems：Does the duration of systemic banking crises matter？ ［J］. *Journal of empirical finance*，2016，37.

［16］CAVALCANTE R C，BRASILEIRO R C，SOUZA V L F，et al. Computational intelligence and financial markets：A survey and future directions ［J］. *Expert systems with applications*，2016，55（1）.

［17］CHAWLA N，BOWYER K，HALL L，et al. SMOTE：Synthetic minority over-sampling technique ［J］. *Journal of artificial intelligence research*，2002，16.

［18］CHIU Y B，LEE C C. Financial development，income inequality，and country risk ［J］. *Journal of international money and finance*，2019，93.

［19］DAVIS E P，KARIM D. Comparing early warning systems for banking crises ［J］. *Journal of financial stability*，2008，4.

［20］DAVIS E P，KARIM D. LIADZE I. Should multivariate early warning systems for banking crises pool across regions？［J］. *Review of world economics*，2011，147（4）.

［21］DEMIRGUC-KUNT A，DETRAGIACHE E. Cross-country empirical studies of systemic bank distress：A survey ［J］. *National institute economic review*，2005，192.

［22］DEMIRGUC-KUNT A，DETRAGIACHE E. Does deposit insurance increase banking system stability？An empirical investigation ［J］. *Journal of monetary economics*，2002，49.

［23］DEMIRGUC-KUNT A，DETRAGIACHE E. The determinants of banking crises in developing and developed countries ［J］. *IMF staff papers*，1998，45.

［24］DUTTAGUPTA R，CASHIN P. Anatomy of banking crises in developing and emerging market countries ［J］. *Journal of international money and finance*，2011，30.

［25］FILIPPOPOULOU C，GALARIOTIS E，SPYROU S. An early warning system for predicting systemic banking crises in the Eurozone：A logit regression approach ［J］. *Journal of economic behavior and organization*，2020，172.

［26］FRATZSCHER M，MEHL A，VANSTEENKISTE I. 130 years of fiscal vulnerabilities and currency crashes in advanced economies [J]. *IMF economic review*, 2011, 59.

[27] GERSL A, JASOVA M. Credit-based early warning indicators of banking crises in emerging markets [J]. *Economic systems*, 2018, 42 (1).

[28] GOURINCHAS P O, OBSTFELD M. Stories of the twentieth century for the twenty-first [J]. *American economic journal*: *Macroeconomics*, 2012, 4 (1).

[29] HUANG X, ZHANG C Z. What explains the recovery speed of financial markets from banking crises? [J]. *Research in international business and finance*, 2024, 70.

[30] HAMDAOUI M. Are systemic banking crises in developed and developing countries predictable? [J]. *Journal of multinational financial management*, 2016, 37-38.

[31] HUYNH T, UEBELMESSER S. Early warning models for systemic banking crises: Can political indicators improve prediction? [J]. *European journal of political economy*, 2024, 81.

[32] JORDA O, SCHULARICK M, TAYLOR A M. Financial crises, credit booms and external imbalances: 140 years of lessons [J]. *IMF economic review*, 2011, 59.

[33] JOY M, RUSNAK M, SMIDKOVA K, et al. Banking and currency crises: Differential diagnostics for developed countries [J]. *International journal of finance and economics*, 2017, 22.

[34] KAMINSKY G, REINHART C. The twin crises: The causes of banking and balance-of-payments problems [J]. *American economic review*, 1999, 89 (3).

[35] KARIM D, LIADZE I, BARRELL R, et al. Off-balance sheet exposures and banking crises in OECD countries [J]. *Journal of financial stability*, 2013, 9.

[36] KENDALL J. Local financial development and growth [J]. *Journal of banking and finance*, 2012, 36 (5).

[37] KHAN A H, KHAN H A, DEWAN H. Central bank autonomy, legal institutions and banking crises incidence [J]. *International journal of finance and economics*, 2013, 18.

[38] KING R, LEVINE R. Finance, entrepreneurship and growth: Theory and

evidence ［J］. *Journal of monetary economics*, 1993, 32 (3).

［39］ KLOMP J, HAAN D J. Central bank independence and financialinstability ［J］. *Journal of financial stability*, 2009, 5.

［40］ LAEVEN L, VALENCIA F. Systemic banking crises database ［J］. *IMF economic review*, 2013, 61 (2).

［41］ LANG M, SCHMIDT P G. The early warnings of banking crises: Interaction of broad liquidity and demand deposits ［J］. *Journal of international money and finance*, 2016, 61.

［42］ LEVINE R. Bank－based or market－based financial systems: Which is better? ［J］. *Journal of financial intermediation*, 2002, 11 (4).

［43］ LEVINE R, ZERVOS S. Stock market development and long run growth ［J］. *The world bank economic review*, 1996, 10 (2).

［44］ LIU X W, WANG P F, YANG Z C. Delayed crises and slow recoveries ［J］. *Journal of financial economics*, 2024, 152.

［45］ NACEUR S B, CANDELON B, LAJAUNIE Q. Taming financial development to reduce crises ［J］. *Emerging markets review*, 2019, 40.

［46］ NGUYEN T C, CASTRO V, WOOD J. A new comprehensive database of financial crises: Identification, frequency, and duration ［J］. *Economic modelling*, 2022, 108.

［47］ QIN X, LUO C Y. Capital account openness and early warning system for banking crises in G20 countries ［J］. *Economic modelling*, 2014, 39.

［48］ REINHART C M, ROGOFF K S. Banking crises: An equal opportunity menace ［J］. *Journal of banking and finance*, 2013, 37 (11).

［49］ REINHART C, ROGOFF K. From financial crash to debt crisis ［J］. *American economic review*, 2011, 101 (5).

［50］ REINHART C, ROGOFF K. Recovery from financial crises: Evidence from 100 episodes ［J］. *American economic review*, 2014, 104 (5).

［51］ ROY S, KEMME D M. Causes of banking crises: Deregulation, credit booms and asset bubbles, then and now ［J］. *International review of economics and finance*, 2012, 24.

［52］ ROY S. What drives the systemic banking crises in advanced economies?

[J]. *Global finance journal*, 2022, 54.

[53] SCHULARICK M, TAYLOR A M. Credit booms gone bust: Monetarypolicy, leverage cycles and financial crises 1870 – 2008 [J]. *American economic review*, 2012, 102.

[54] STOLBOV M. Anatomy of international banking crises at the onset of the Great Recession [J]. *International economics and economic policy*, 2015, 12 (4).

[55] TAS B K O, CUNEDIOGLU H E. How can recessions be brought to an end? effects of macroeconomic policy actions on durations of recessions [J]. *Journal of applied economics*, 2014, 17 (1).

[56] WAN C, JIN Y Y. Output recovery after financial crises: An empirical study [J]. *Emerging markets finance and trade*, 2014, 50 (6).

[57] WANG S Q. Income inequality and systemic banking crises: A nonlinear nexus [J]. *Economic systems*, 2023, 47.

[58] ZIGRAIOVA D, JAKUBIK P. Systemic event prediction by an aggregate early warning system: An application to the Czech Republic [J]. *Economic systems*, 2015, 39.

五、国外报告类（按作者姓氏排序）

[1] ABIAD A, BALAKRISHNAN R, BROOKS P, et al. What's the damage? Medium-term output dynamics after banking crises [R]. IMF working paper, 2009.

[2] ANGELONI C, WOLFF G B. Are banks affected by their holdings of government debt? [R]. Bruegel working paper, 2012.

[3] ARDIC O P, HEIMANN M, MYLENKO N. Access to financial services and the financial inclusion agenda around the world: A cross-country analysis with a new data set [R]. Policy research working paper, 2011.

[4] BALDACCI E, GUPTA S, GRANADOS C M. How effective is fiscal policy response in systemic banking crises [R]. IMF working paper, 2009.

[5] BECK T, DEMIRGUC-KUNT A, LEVINE R. A new database on financial development and structure [R]. Policy research working paper series, 1999.

[6] BECK T, FEYEN E, IZE A, et al. Benchmarking financial development [R]. Policy research working paper series, 2008.

［7］CANDELON B, CARARE A, HASSE J B, et al. Globalization and the new normal ［R］. IMF working paper, 2018.

［8］CAPRIO G, KLINGEBIEL D, LAEVEN L, et al. Banking crises database ［M］. In Cambridge: cambridge university press, 2005.

［9］CIHAK M, DEMIRGUC－KUNT A, FEYEN E, et al. Benchmarking financial systems around the world ［R］. Policy research working paper, 2012.

［10］DEMIRGUC－KUNT A, DETRAGIACHE E. Financial liberalization and financial fragility ［R］. IMF working paper, 1998.

［11］DETRAGIACHE E, HO G. Responding to banking crises: Lessons from cross-country evidence ［R］. IMF working paper, 2010.

［12］DEMIRGUC－KUNT A, KLAPPER L. Measuring financial inclusion: Explaining variation in use of financial services across and within countries ［R］. Brooking papers on economic activity, 2013.

［13］EICHENGREEN B, ARTETA C. Banking crises in emerging markets: Presumptions and evidence ［R］ Center for international and development economics research (CIDER) working paper, 2000.

［14］HAN R, MELECKY M. Financial inclusion for financial stability ［R］. Policy research working paper, 2013.

［15］LAEVEN L, VALENCIA F. Systemic banking crises revisited ［R］. IMF working paper, 2018.

［16］MANASSE P, SAVONA R, VEZZOLI M. Rules of thumb for banking crises in emerging markets ［R］. Quaderni DSE working paper, 2013.

［17］MISHKIN F S. Understanding financial crises: A developing country perspective ［R］. NBER working paper, 1996.

［18］NARDO M, SAISANA M, SALTELLI A, et al. Handbook on constructing composite indicators: Methodology and user guide ［R］. OECD statistics working papers, 2005.

［19］REINHART C M, ROGOFF K S. This time is different: A panoramic view of eight centuries of financial crises ［R］. NBER working paper, 2008.

［20］ROSSI M. Financial fragility and economic performance in developing countries ［R］. IMF working papers, 1999.

［21］SAHAY R，CIHAK M，N'DIAYE P，et al. Rethinking financial deepening：Stability and growth in emerging markets ［R］. IMF staff discussion note，2015.

［22］SARMA M. Index of financial inclusion－A measure of financial sector inclusiveness ［R］. Berlin working papers on money，finance，trade and development，2012.

［23］SVIRYDZENKA K. Introducing a new broad－based index of financial development ［R］. IMF working paper，2016.

［24］WILLIAMSON J，MAHAR M. A survey of financial liberalization ［R］. Essays in international finance，1998.

六、电子资料类

［1］https：//www. hbs. edu/behavioral－finance－and－financial－stability/data/Pages/global. aspx 哈佛商学院银行危机数据库网站

［2］https：//databank. worldbank. org/source/global－financial－ development 世界银行全球金融发展数据库网站

［3］https：//datacatalog. worldbank. org/dataset/global － financial － inclusion － global－findex－database GFD 数据库网站

［4］http：//data. imf. org/？sk = E5DCAB7E － A5CA － 4892 － A6EA － 598B54 63A34C FAS 数据库网站

［5］https：//databank. worldbank. org/reports. aspx？source = g20－basic－set－of－financial－inclusion－indicators G20 金融包容性指标体系数据库网站

［6］https：//datacatalog. worldbank. org/dataset/global－financial－development GFDD 数据库网站

［7］http：//data. imf. org/？sk = F8032E80 － B36C － 43B1 － AC26 － 493C5B1 CD33B IMF 金融发展指数网站

［8］http：//web. pdx. edu/~ito/Chinn－Ito_ website. htm The Chinn－Ito Index 网站

附　录

附录 1　各维度下指标变量的 PCA 权重确定

表 F1-1　各维度指标变量的 KMO 和 Bartlett 球形检验结果（p 值）

检验方法	金融市场深度	金融机构包容性	金融市场包容性	金融机构效率	金融机构	金融市场	金融发展A 指数	金融深度	金融包容性	金融效率	金融发展B 指数
KMO	0.635	0.623	0.519	0.579	0.493	0.571	0.500	0.500	0.500	0.500	0.718
Bartlett	0.0	0.0	0.0	0.0	0.0	0.0	0.0	0.0	0.0	0.0	0.0

注：由于金融市场效率维度下仅股市换手率一个指标变量，故不用进行 PCA 加权。

表 F1-2　总方差解释结果（金融市场深度）

主成分	解释变量方差（%）	解释变量累积方差（%）
1	44.668	44.668
2	22.127	66.795
3	**15.745**	**82.541**
4	11.301	93.842
5	6.158	100.000

表 F1-3　金融市场深度维度下各指标变量的主成分载荷

指标变量	主成分载荷			主成分载荷平方（归一化）		
	主成分 1	主成分 2	主成分 3	主成分 1	主成分 2	主成分 3
股市总市值/GDP	0.902	0.022	0.103	**0.464**	0.000	0.010
股市交易总额/GDP	0.888	0.207	0.053	**0.450**	0.032	0.003
国内私营部门债券未偿余额/GDP	0.375	0.672	0.227	0.080	**0.335**	0.050
国内公共部门债券未偿余额/GDP	−0.016	0.912	0.055	0.000	**0.616**	0.003
国际债券未偿余额/GDP	0.099	0.152	0.978	0.006	0.017	**0.934**
Expl. Var	1.753	1.350	1.024			
Expl. /Tot	0.425	0.327	0.248			

表 F1-4　金融市场深度维度下各指标变量的主成分权重

指标变量	主成分权重	指标变量	主成分权重
股市总市值/GDP	0.212	国内公共部门债券未偿余额/GDP	0.216
股市交易总额/GDP	0.205	国际债券未偿余额/GDP	0.249
国内私营部门债券未偿余额/GDP	0.118		

表 F1-5　总方差解释结果（金融机构包容性）

主成分	解释变量方差（%）	解释变量累积方差（%）
1	47.703	47.703
2	20.533	68.237
3	**11.892**	**80.129**
4	8.140	88.268
5	5.952	94.221

主成分	解释变量方差（%）	解释变量累积方差（%）
6	3.121	97.341
7	1.339	98.681
8	0.818	99.499
9	0.501	100.000

表 F1-6　金融机构包容性维度下各指标变量的主成分载荷

指标变量	主成分载荷			主成分载荷平方（归一化）		
	主成分 1	主成分 2	主成分 3	主成分 1	主成分 2	主成分 3
商业银行数量	0.713	0.304	0.478	**0.177**	0.034	0.142
保险公司数量	0.616	0.091	0.713	0.132	0.003	**0.316**
商业银行分支机构数量	0.911	0.145	−0.052	**0.289**	0.008	0.002
ATM 机数量	0.920	0.192	−0.117	**0.295**	0.013	0.009
每 1000 公里拥有的银行分支机构数量	0.099	0.907	0.105	0.003	**0.301**	0.007
每 10 万人拥有的银行分支机构数量	0.070	0.684	0.323	0.002	**0.171**	0.065
每 1000 公里拥有的 ATM 机数量	0.210	0.878	0.065	0.015	**0.282**	0.003
每 10 万人拥有的 ATM 机数量	0.419	0.642	0.187	0.061	**0.151**	0.022
每 10 万人拥有的保险公司数量	−0.264	0.319	0.838	0.024	0.037	**0.436**
Expl. Var	2.868	2.734	1.610			
Expl. /Tot	0.398	0.379	0.838			

表 F1-7　金融机构包容性维度下各指标变量的主成分权重

指标变量	主成分权重	指标变量	主成分权重
商业银行数量	0.087	每 10 万人拥有的银行分支机构数量	0.080
保险公司数量	0.087	每 1000 公里拥有的 ATM 机数量	0.131
商业银行分支机构数量	0.141	每 10 万人拥有的 ATM 机数量	0.070
ATM 机数量	0.144	每 10 万人拥有的保险公司数量	0.120
每 1000 公里拥有的银行分支机构数量	0.140		

表 F1-8　总方差解释结果（金融市场包容性）

主成分	解释变量方差（%）	解释变量累积方差（%）
1	63.518	63.518
2	31.329	94.847
3	5.153	100.000

表 F1-9　金融市场包容性维度下各指标变量的主成分载荷

指标变量	主成分载荷		主成分载荷平方（归一化）	
	主成分 1	主成分 2	主成分 1	主成分 2
股票市场值比	0.958	0.075	0.499	0.006
股市交易量比	0.956	0.091	0.497	0.008
债券发行量比	0.086	0.996	0.004	0.986
Expl. Var	1.839	1.006		
Expl. /Tot	0.646	0.354		

表 F1-10　金融市场包容性维度下各指标变量的主成分权重

指标变量	主成分权重	指标变量	主成分权重
股票市场值比	0.325	债券发行量比	0.351
股市交易量比	0.324		

表 F1-11　总方差解释结果（金融机构效率）

主成分	解释变量方差（%）	解释变量累积方差（%）
1	40.029	40.029
2	28.044	68.073
3	**13.739**	**81.812**
4	9.358	91.170
5	5.585	96.754
6	1.836	98.590
7	1.410	100.000

表 F1-12　金融机构效率维度下各指标变量的主成分载荷

指标变量	主成分载荷			主成分载荷平方（归一化）		
	主成分 1	主成分 2	主成分 3	主成分 1	主成分 2	主成分 3
银行净息差	0.872	-0.330	-0.126	**0.322**	0.052	0.012
银行存贷利差	0.753	-0.031	0.015	**0.240**	0.000	0.000
银行非利息收入/总收入	0.011	-0.009	0.957	0.000	0.000	**0.708**
银行营业成本/总资产	0.865	-0.090	0.350	**0.317**	0.004	0.095
银行收入成本率	0.421	0.525	0.488	0.075	0.133	**0.184**
银行资产收益率（税后）	-0.310	0.907	-0.001	0.041	**0.396**	0.000
银行净资产收益率（税后）	-0.103	0.927	0.010	0.004	**0.414**	0.000
Expl. Var	2.360	2.076	1.293			

续表

指标变量	主成分载荷			主成分载荷平方（归一化）		
	主成分 1	主成分 2	主成分 3	主成分 1	主成分 2	主成分 3
Expl. /Tot	0.412	0.362	0.226			

表 F1-13 金融机构效率维度下各指标变量的主成分权重

指标变量	主成分权重	指标变量	主成分权重
银行净息差	0.155	银行收入成本率	0.048
银行存贷利差	0.115	银行资产收益率（税后）	0.167
银行非利息收入/总收入	0.186	银行净资产收益率（税后）	0.175
银行营业成本/总资产	0.152		

表 F1-14 总方差解释结果（金融机构）

主成分	解释变量方差（％）	解释变量累积方差（％）
1	58.158	58.158
2	30.770	88.928
3	11.072	100.000

表 F1-15 金融机构维度下各指标变量的主成分载荷

指标变量	主成分载荷		主成分载荷平方（归一化）	
	主成分 1	主成分 2	主成分 1	主成分 2
金融机构深度	0.865	0.279	0.463	0.074
金融机构包容性	0.926	-0.042	0.531	0.002
金融机构效率	0.098	0.986	0.006	0.924
Expl. Var	1.615	1.052		
Expl. /Tot	0.606	0.394		

表 F1-16 金融机构维度下各指标变量的主成分权重

指标变量	主成分权重	指标变量	主成分权重
金融机构深度	0.290	金融机构效率	0.377
金融机构包容性	0.333		

表 F1-17 总方差解释结果（金融市场）

主成分	解释变量方差（%）	解释变量累积方差（%）
1	57.847	57.847
2	27.228	85.076
3	14.924	100.000

表 F1-18 金融市场维度下各指标变量的主成分载荷

指标变量	主成分载荷		主成分载荷平方（归一化）	
	主成分 1	主成分 2	主成分 1	主成分 2
金融市场深度	0.908	0.012	0.551	0.000
金融市场包容性	0.140	0.978	0.013	0.906
金融市场效率	0.808	0.315	0.436	0.094
Expl. Var	1.497	1.056		
Expl. /Tot	0.586	0.414		

表 F1-19 金融市场维度下各指标变量的主成分权重

指标变量	主成分权重	指标变量	主成分权重
金融市场深度	0.339	金融市场效率	0.268
金融市场包容性	0.393		

表 F1-20 总方差解释结果（金融发展 A 指数）

主成分	解释变量方差（%）	解释变量累积方差（%）
1	81.683	81.683
2	18.317	100.000

表 F1-21 金融发展 A 指数下各指标变量的主成分载荷

指标变量	主成分载荷	主成分载荷平方（归一化）
	主成分 1	主成分 1
金融机构	0.904	0.500
金融市场	0.904	0.500
Expl. Var	1.634	
Expl. /Tot	1.000	

注：由于仅 1 个主成分，因此无法进行成分旋转，因而此处的成分载荷是未旋转的成分载荷。

表 F1-22 金融发展 A 指数下各指标变量的主成分权重

指标变量	主成分权重	指标变量	主成分权重
金融机构	0.500	金融市场	0.500

表 F1-23 总方差解释结果（金融深度）

主成分	解释变量方差（%）	解释变量累积方差（%）
1	90.497	90.497
2	9.503	100.000

表 F1-24 金融深度维度下各指标变量的主成分载荷

指标变量	主成分载荷	主成分载荷平方（归一化）
	主成分 1	主成分 1
金融机构深度	0.951	0.500

指标变量	主成分载荷	主成分载荷平方（归一化）
	主成分 1	主成分 1
金融市场深度	0.951	0.500
Expl. Var	1.801	
Expl. /Tot	1.000	

注：由于仅 1 个主成分，因此无法进行成分旋转，因而此处的成分载荷是未旋转的成分载荷。

表 F1-25　金融深度维度下各指标变量的主成分权重

指标变量	主成分权重	指标变量	主成分权重
金融机构深度	0.500	金融市场深度	0.500

表 F1-26　总方差解释结果（金融包容性）

主成分	解释变量方差（%）	解释变量累积方差（%）
1	56.063	56.063
2	43.937	100.000

表 F1-27　金融包容性维度下各指标变量的主成分载荷

指标变量	主成分载荷		主成分载荷平方（归一化）	
	主成分 1	主成分 2	主成分 1	主成分 2
金融机构包容性	0.061	0.998	0.004	0.996
金融市场包容性	0.998	0.061	0.996	0.004
Expl. Var	1.000	1.000		
Expl. /Tot	0.500	0.500		

表 F1-28　金融包容性维度下各指标变量的主成分权重

指标变量	主成分权重	指标变量	主成分权重
金融机构包容性	0.500	金融市场包容性	0.500

表 F1-29　总方差解释结果（金融效率）

主成分	解释变量方差（%）	解释变量累积方差（%）
1	55.320	55.320
2	44.680	100.000

表 F1-30　金融效率维度下各指标变量的主成分载荷

指标变量	主成分载荷		主成分载荷平方（归一化）	
	主成分1	主成分2	主成分1	主成分2
金融机构效率	0.053	0.999	0.003	0.997
金融市场效率	0.999	0.053	0.997	0.003
Expl. Var	1.001	1.001		
Expl. /Tot	0.500	0.500		

表 F1-31　金融效率维度下各指标变量的主成分权重

指标变量	主成分权重	指标变量	主成分权重
金融机构效率	0.500	金融市场效率	0.500

表 F1-32　总方差解释结果（金融发展 B 指数）

主成分	解释变量方差（%）	解释变量累积方差（%）
1	74.852	74.852
2	14.040	88.892
3	11.108	100.000

表 F1-33　金融发展 B 指数下各指标变量的主成分载荷

指标变量	主成分载荷		主成分载荷平方（归一化）	
	主成分1	主成分2	主成分1	主成分2
金融深度	0.631	0.620	0.297	0.290

续表

指标变量	主成分载荷		主成分载荷平方（归一化）	
	主成分 1	主成分 2	主成分 1	主成分 2
金融包容性	0.929	0.278	**0.644**	0.058
金融效率	0.282	0.930	0.059	**0.652**
Expl. Var	1.341	1.327		
Expl. /Tot	0.503	0.497		

表 F1-34　金融发展 B 指数下各指标变量的主成分权重

指标变量	主成分权重	指标变量	主成分权重
金融深度	0.187	金融效率	0.407
金融包容性	0.406		

附录 2　银行危机爆发时间

表 F2-1　各国家（地区）的银行危机爆发时间（LV）

国家（地区）	收入组别	爆发时间	国家（地区）	收入组别	爆发时间	国家（地区）	收入组别	爆发时间
阿尔巴尼亚	M	1994	法国	H	2008	荷兰	H	2008
阿尔及利亚	M	1990	格鲁吉亚	M	1991	尼加拉瓜	M	1990 2000
阿根廷	M	1980 1989 1995 2001	德国	H	2008	尼日尔	L	1983
亚美尼亚	M	1994	加纳	M	1982	尼日利亚	L	1991 2009

续表

国家 （地区）	收入 组别	爆发 时间	国家 （地区）	收入 组别	爆发 时间	国家 （地区）	收入 组别	爆发 时间
奥地利	H	2008	希腊	H	2008	挪威	H	1991
阿塞拜疆	M	1995	几内亚	L	1985 1993	巴拿马	H	1988
孟加拉国	M	1987	几内亚比绍	L	1995 2014	巴拉圭	M	1995
白俄罗斯	M	1995	法属圭亚那	M	1993	秘鲁	M	1983
比利时	H	2008	海地	L	1994	菲律宾	M	1983 1997
贝宁	L	1988	匈牙利	H	1991 2008	波兰	H	1992
玻利维亚	M	1986 1994	冰岛	H	2008	葡萄牙	H	2008
波斯尼亚	M	1992	印度	M	1993	罗马尼亚	M	1998
巴西	M	1990 1994	印度尼西亚	M	1997	俄罗斯	M	1998 2008
保加利亚	M	1996	爱尔兰	H	2008	圣多美和 普林西比	M	1992
布基纳法索	L	1990	以色列	H	1983	塞内加尔	M	1988
布隆迪	L	1994	意大利	H	2008	塞拉利昂	L	1990
喀麦隆	M	1987 1995	牙买加	M	1996	斯洛伐克	H	1998
佛得角	M	1993	日本	H	1997	斯洛文尼亚	H	1992 2008
中非	L	1976 1995	约旦	M	1989	西班牙	H	1977 2008
乍得	L	1983 1992	哈萨克斯坦	M	2008	斯里兰卡	M	1989
智利	H	1976 1981	肯尼亚	M	1985 1992	斯威士兰	M	1995
中国	M	1998	韩国	H	1997	瑞典	H	1991 2008

国家 （地区）	收入 组别	爆发 时间	国家 （地区）	收入 组别	爆发 时间	国家 （地区）	收入 组别	爆发 时间
哥伦比亚	M	1982 1998	科威特	H	1982	瑞士	H	2008
刚果民主 共和国	L	1983 1991 1994	吉尔吉 斯斯坦	L	1995	坦桑尼亚	L	1987
刚果共和国	M	1992	拉脱维亚	H	1995 2008	泰国	M	1983 1997
哥斯达黎加	M	1987 1994	黎巴嫩	M	1990	多哥	L	1993
科特迪瓦	M	1988	利比里亚	L	1991	突尼斯	M	1991
克罗地亚	H	1998	立陶宛	H	1995	土耳其	M	1982 2000
塞浦路斯	H	2011	卢森堡	H	2008	乌干达	L	1994
捷克	H	1996	马其顿	M	1993	乌克兰	M	1998 2008 2014
丹麦	H	2008	马达加斯加	L	1988	英国	H	2007
吉布提	M	1991	马来西亚	M	1997	美国	H	1988 2007
多米尼加	M	2003	马里	L	1987	乌拉圭	H	1981 2002
厄瓜多尔	M	1982 1998	毛里塔尼亚	M	1984	委内瑞拉	M	1994
埃及	M	1980	墨西哥	M	1981 1994	越南	M	1997
萨尔瓦多	M	1989	摩尔多瓦	M	2014	也门	L	1996
赤道几内亚	M	1983	蒙古	M	2008	赞比亚	M	1995
厄立特里亚	L	1993	摩洛哥	M	1980	津巴布韦	M	1995
爱沙尼亚	H	1992	莫桑比克	L	1987			
芬兰	H	1991	尼泊尔	L	1988			

注："H"代表高收入组别，"M"代表中等收入组别，"L"代表低收入组别。

表 F2-2　各国家（地区）的银行危机爆发时间（RR）

国家（地区）	收入组别	爆发时间	国家（地区）	收入组别	爆发时间	国家（地区）	收入组别	爆发时间
阿尔及利亚	M	1990	加纳	M	1982 1997	巴拉圭	M	1995 2002
安哥拉	M	1992	希腊	H	1991 2008	秘鲁	M	1983 1999
阿根廷	M	1980 1989 1995 2001	危地马拉	M	1990 2001	菲律宾	M	1981 1997
澳大利亚	H	1989	洪都拉斯	M	1999 2001	波兰	H	1991
奥地利	H	2008	匈牙利	H	1991 2008	葡萄牙	H	2008
比利时	H	2008	冰岛	H	1985 2007	罗马尼亚	M	1990
玻利维亚	M	1986 1994 1999	印度	M	1993	俄罗斯	M	1995 1998 2008
巴西	M	1985 1990 1994	印度尼西亚	M	1992 1994 1997	新加坡	H	1982
加拿大	H	1983	意大利	H	1990 2008	南非	M	1977 1989
中非	L	1976 1988	日本	H	1992	西班牙	H	1977 2008
乍得	L	1976 1981	肯尼亚	M	1985 1992	斯里兰卡	M	1989
中国	M	1997	韩国	H	1985 1997	瑞典	H	1991 2008
哥伦比亚	M	1982 1998	马来西亚	M	1985 1997	中国台湾		1983 1995 1997

续表

国家 （地区）	收入 组别	爆发 时间	国家 （地区）	收入 组别	爆发 时间	国家 （地区）	收入 组别	爆发 时间
哥斯达黎加	M	1987 1994	毛里求斯	M	1996	泰国	M	1979 1983 1996
科特迪瓦	M	1988	墨西哥	M	1981 1993	突尼斯	M	1991
丹麦	H	1987 2008	摩洛哥	M	1983	土耳其	M	1982 1991 1994 2000
多米尼加	M	1996 2003	缅甸	M	1996 2002	英国	H	1974 1984 1991 1995 2007
厄瓜多尔	M	1981 1996	荷兰	H	2008	美国	H	1984 2007
埃及	M	1981 1990	新西兰	H	1987	乌拉圭	H	1971 1981 2002
萨尔瓦多	M	1989 1998	尼加拉瓜	M	1987 2000	委内瑞拉	M	1978 1993 2009
芬兰	H	1991	尼日利亚	L	1992 1997 2009	赞比亚	M	1995
法国	H	1994 2008	挪威	H	1987	津巴布韦	M	1995
德国	H	1977 2008	巴拿马	H	1988			

注："H"代表高收入组别，"M"代表中等收入组别，"L"代表低收入组别，空白代表无收入组别划分。

273

附录 3. 经济恢复速度

表 F3-1　各国家（地区）的经济恢复时间（年）（LV）

国家（地区）	收入组别	爆发时间	恢复时间	国家（地区）	收入组别	爆发时间	恢复时间	国家（地区）	收入组别	爆发时间	恢复时间
阿尔巴尼亚	M	1994	1	法国	H	2008	3	荷兰	H	2008	<u>8</u>
阿尔及利亚	M	1990	2	格鲁吉亚	M	1991	4	尼加拉瓜	M	1990 2000	1 11
阿根廷	M	1980 1989 1995 2001	3 2 2 2	德国	H	2008	2	尼日尔	L	1983	2
亚美尼亚	M	1994	1	加纳	M	1982	2	尼日利亚	L	1991 2009	9 1
奥地利	H	2008	3	希腊	H	2008	<u>8</u>	挪威	H	1991	1
阿塞拜疆	M	1995	1	几内亚	L	1985 1993	NaN 2	巴拿马	H	1988	1
孟加拉国	M	1987	3	几内亚比绍	L	1995 2014	1 1	巴拉圭	M	1995	2
白俄罗斯	M	1995	1	法属圭亚那	M	1993	1	秘鲁	M	1983	1
比利时	H	2008	2	海地	L	1994	1	菲律宾	M	1983 1997	5 3
贝宁	L	1988	2	匈牙利	H	1991 2008	NaN 6	波兰	H	1992	1
玻利维亚	M	1986 1994	1 1	冰岛	H	2008	8	葡萄牙	H	2008	2
波斯尼亚	M	1992	NaN	印度	M	1993	1	罗马尼亚	M	1998	2

国家（地区）	收入组别	爆发时间	恢复时间	国家（地区）	收入组别	爆发时间	恢复时间	国家（地区）	收入组别	爆发时间	恢复时间
巴西	M	1990 1994	3 1	印度尼西亚	M	1997	19	俄罗斯	M	1998 2008	1 8
保加利亚	M	1996	1	爱尔兰	H	2008	6	圣多美和普林西比	M	1992	NaN
布基纳法索	L	1990	1	以色列	H	1983	3	塞内加尔	M	1988	1
布隆迪	L	1994	4	意大利	H	2008	2	塞拉利昂	L	1990	1
喀麦隆	M	1987 1995	7 1	牙买加	M	1996	20	斯洛伐克	H	1998	5
佛得角	M	1993	1	日本	H	1997	3	斯洛文尼亚	H	1992 2008	1 8
中非	L	1976 1995	1 2	约旦	M	1989	3	西班牙	H	1977 2008	10 7
乍得	L	1983 1992	1 2	哈萨克斯坦	M	2008	8	斯里兰卡	M	1989	1
智利	H	1976 1981	1 8	肯尼亚	M	1985 1992	1 12	斯威士兰	M	1995	18
中国	M	1998	8	韩国	H	1997	2	瑞典	H	1991 2008	3 2
哥伦比亚	M	1982 1998	4 6	科威特	H	1982	1	瑞士	H	2008	2
刚果民主共和国	L	1983 1991 1994	1 2 1	吉尔吉斯斯坦	L	1995	1	坦桑尼亚	L	1987	NaN
刚果共和国	M	1992	3	拉脱维亚	H	1995 2008	NaN 8	泰国	M	1983 1997	4 19
哥斯达黎加	M	1987 1994	1 3	黎巴嫩	M	1990	1	多哥	L	1993	1
科特迪瓦	M	1988	1	利比里亚	L	1991	NaN	突尼斯	M	1991	1 2
克罗地亚	H	1998	18	立陶宛	H	1995	NaN	土耳其	M	1982 2000	1 2

续表

国家（地区）	收入组别	爆发时间	恢复时间	国家（地区）	收入组别	爆发时间	恢复时间	国家（地区）	收入组别	爆发时间	恢复时间
塞浦路斯	H	2011	5	卢森堡	H	2008	2	乌干达	L	1994	1
捷克	H	1996	2	马其顿	M	1993	1	乌克兰	M	1998 2008 2014	1 <u>5</u> <u>2</u>
丹麦	H	2008	7	马达加斯加	L	1988	1	英国	H	2007	7
吉布提	M	1991	NaN	马来西亚	M	1997	<u>19</u>	美国	H	1988 2007	1 <u>9</u>
多米尼加	M	2003	2	马里	L	1987	1	乌拉圭	H	1981 2002	5 2
厄瓜多尔	M	1982 1998	6 3	毛里塔尼亚	M	1984	1	委内瑞拉	M	1994	1
埃及	M	1980	2	墨西哥	M	1981 1994	<u>12</u> 2	越南	M	1997	<u>19</u>
萨尔瓦多	M	1989	1	摩尔多瓦	M	2014	2	也门	L	1996	4
赤道几内亚	M	1983	2	蒙古	M	2008	3	赞比亚	M	1995	1
厄立特里亚	L	1993	NaN	摩洛哥	M	1980	2	津巴布韦	M	1995	1
爱沙尼亚	H	1992	NaN	莫桑比克	L	1987	1				
芬兰	H	1991	3	尼泊尔	L	1988	1				

注："H"代表高收入组别，"M"代表中等收入组别，"L"代表低收入组别；下划线标注的恢复时间表示归并数据，NaN表示缺失数据。

表F3-2 各国家（地区）的经济恢复时间（年）（RR）

国家（地区）	收入组别	爆发时间	恢复时间	国家（地区）	收入组别	爆发时间	恢复时间	国家（地区）	收入组别	爆发时间	恢复时间
阿尔及利亚	M	1990	2	德国	H	1977 2008	1 2	巴拉圭	M	1995 2002	2 1

国家（地区）	收入组别	爆发时间	恢复时间	国家（地区）	收入组别	爆发时间	恢复时间	国家（地区）	收入组别	爆发时间	恢复时间
阿根廷	M	1980 1989 1995 2001	3 2 2 2	加纳	M	1982 1997	2 1	秘鲁	M	1983 1999	1 6
奥地利	H	2008	3	希腊	H	1991 2008	3 8	菲律宾	M	1981 1997	7 3
比利时	H	2008	2	匈牙利	H	1991 2008	NaN 6	波兰	H	1991	NaN
玻利维亚	M	1986 1994	1 1	冰岛	H	1985 2007	1 9	葡萄牙	H	2008	2
巴西	M	1985 1990 1994	1 3 1	印度	M	1993	1	罗马尼亚	M	1990	NaN
中非	L	1976 1988	1 1	印度尼西亚	M	1992 1994 1997	1 1 19	俄罗斯	M	1995 1998 2008	1 1 8
智利	H	1976 1981	1 8	意大利	H	1990 2008	10 2	西班牙	H	1977 2008	10 7
中国	M	1997	9	日本	H	1992	24	斯里兰卡	M	1989	1
哥伦比亚	M	1982 1998	4 6	肯尼亚	M	1985 1992	1 12	瑞典	H	1991 2008	3 2
哥斯达黎加	M	1987 1994	1 3	韩国	H	1985 1997	1 2	泰国	M	1979 1983 1996	3 4 20
科特迪瓦	M	1988	1	马来西亚	M	1985 1997	3 19	突尼斯	M	1991	1
丹麦	H	1987 2008	7 7	墨西哥	M	1981 1993	12 1	土耳其	M	1982 1991 1994 2000	1 2 1 2

续表

国家（地区）	收入组别	爆发时间	恢复时间	国家（地区）	收入组别	爆发时间	恢复时间	国家（地区）	收入组别	爆发时间	恢复时间
多米尼加	M	1996 2003	1 2	摩洛哥	M	1983	1	英国	H	1974 1984 1991 1995 2007	<u>9</u> 1 3 1 7
厄瓜多尔	M	1981 1996	7 1	荷兰	H	2008	<u>8</u>	美国	H	1984 2007	1 9
埃及	M	1981 1990	1 6	尼加拉瓜	M	1987 2000	3 11	乌拉圭	H	1971 1981 2002	4 5 2
萨尔瓦多	M	1989 1998	1 8	尼日利亚	L	1992 1997 2009	<u>4</u> 1 1	委内瑞拉	M	1978 1993 2009	8 2 <u>7</u>
芬兰	H	1991	3	挪威	H	1987	7	赞比亚	M	1995	1
法国	H	1994 2008	1 3	巴拿马	H	1988	1	津巴布韦	M	1995	1

注："H"代表高收入组别，"M"代表中等收入组别，"L"代表低收入组别；下划线标注的恢复时间表示归并数据，NaN表示缺失数据。